U0126627

王國維著

觀堂集林

附別集 上册

中華書局

圖書在版編目(CIP)數據

觀堂集林/(清)王國維著. —北京:中華書局,1959.6
(2023.3 重印)
ISBN 978-7-101-00866-1

Ⅰ.觀… Ⅱ.王… Ⅲ.王國維-文集 Ⅳ.C53

中國版本圖書館 CIP 數據核字(1999)第 27520 號

責任印製:管 斌

觀 堂 集 林

(全二册)

王國維 著

*

中 華 書 局 出 版 發 行

(北京市豐臺區太平橋西里 38 號 100073)

http://www.zhbc.com.cn

E-mail:zhbc@zhbc.com.cn

北京虎彩文化傳播有限公司印刷

*

850×1168 毫米 1/32 · 39⅛印張 · 385 千字

1959 年 6 月第 1 版 2023 年 3 月第 16 次印刷

印數:27651-28250 册 定價:158.00 元

ISBN 978-7-101-00866-1

出版説明

王國維字静安，又字伯隅，號觀堂，一八七七年（光緒三年）生於浙江海寧。清末曾留學日本，歸國後做過南通、蘇州師範學堂的教習，並任職學部。辛亥革命以後，主要是在大學裏教書，晚年擔任清華大學研究院教授。一九二七年在北京頤和園昆明湖投水自盡，年五十歲。

王氏早年所作學術性論文，多散見於雪堂叢刊及廣倉學窘叢書。到一九二一年才由他本人收集增删爲觀堂集林二十卷，交烏程蔣氏刊行。王氏逝世後，羅振玉輯印了他的全集，以觀堂集林爲第一種，卷數增加到二十四卷，編次和蔣本不同。後來商務印書館又輯印全集，也把觀堂集林列爲第一種，次第復與羅本互有歧異。原來蔣本出版以後，作者本人續有增補，而輯印全集的人又各據己見加以編訂，以致書名雖同，内容却不盡一致。商務本晚出，比較完備，現在就依據這個本子斷句影印，删去了其中的詩詞雜文二卷，另將别集裏考據性文章二卷合印在一起。王氏所作關於古代史料、古器物及文字學、音韻學等重要論文，大體已包括在内。

商務本觀堂集林係據作者晚年的修改稿印行，内容較初刻本已有許多改正。惟繕校不精，反而增加了一些新的錯誤，甚至還有整行脱漏的。我們在付印前，曾參照蔣、羅兩本和雪堂叢刊、廣倉學窘叢書等覆勘。其中點畫小差的字如「桯」，誤爲「程」，「陜」誤爲「陝」等，已在原本上改正；至於顛倒脱漏和無法就原本改動的，另作校記附於書後。此外更有原稿顯然錯誤，各本都没有改正的，如引爾雅「釋魚」誤作「釋木」，水經注「淇水」、「淯水」誤作「清水」等，也查對原書校正，一併列入校記。

集林卷九有殷卜辭中所見先公先王考和續考兩篇，前考作於丁巳（一九一七年）二月，續考作於同年閏二月下旬。兩文的第一條同釋「夋」字，因作續考時發現了「癸巳貞於高祖夒」的拓本，才對前文作了補充，這從蔣本裏可以很清楚的看出。商務本前考「夋」字條根據晚年改定稿，實際上已包括了續考的補充材料，這不是初作所應有的。現在採用了商務本，對這一點不能不加以説明。

中華書局編輯部　一九五九年四月

觀堂集林目錄 附別集

第一冊 卷一 藝林一 總頁碼

卷二　藝林二

卷三　藝林三

卷六　藝林六

科斗文字說 三三七

卷八　藝林八

卷十二　史林四

第三册 卷十四 史林六

卷十五 史林七

卷十六 史林八

第四冊　卷十九　史林十一

觀堂集林卷第一

藝林一

海甯　王　國維

生霸死霸考

說文霸月始生魄然也承大月二日小月三日从月䨣聲周書曰哉生霸此所引者乃壁中古文漢書律歷志引古文尚書武成亦作霸具由孔安國寫定者則從今文作魄馬融注古文尚書康誥云魄朏也謂月三日始生兆朏名曰魄此皆古文尚書說也法言五百篇月未望則載魄於西既望則終魄於東漢書王莽傳太保王舜奏公以八月載生魄庚子奉使朝用書此平帝元始四年事據太初術是年八月己亥朔二日得庚子則以二日為載生魄白虎通日月篇月三日成魄（本禮鄉飲酒義及孝經援神契）此皆今文家說與許馬古文說同是漢儒於生霸死霸無異辭也漢志載

劉歆三統歷獨爲異說曰死霸朔也生霸望也孟康申之曰月二日以往明生魄死故言死魄魄月質也歆之說顧命曰成王三十年四月庚戌朔十五日甲子哉生霸則孟康之言洵可謂得歆意者矣僞古文尚書用其說故於武成篇造哉生明一語以配哉生魄僞孔傳用其說故以旁死魄爲月二日以魄生明死爲在十五日以後以哉生魄爲十六日相承二千年未有覺其謬者近德清俞氏樾作生霸死霸考援許馬諸儒之說以正劉歆其論篤矣然於諸日名除哉生魄外尚用歆說如以既死魄爲一日旁死魄爲二日既生魄爲十五日旁生魄爲十六日既旁生魄爲十七日此皆與名義不能相符余謂說文霸月始生魄然也朏月未盛之明也此二字同義聲亦相近故馬融曰魄朏也霸爲月始生爲月未盛之明則月之一日霸死久矣二日若承大月則霸方生謂之旁死霸可乎十五日以降霸生已

久。至是始謂之既生霸。不已晚乎。且朔與望。古自有初吉既望二名。又留鼎銘。先言六月既望。復云四月既生霸。一器之中。不容用兩種記日法。則既生霸之非望。決矣。以既生霸之非望。可知既死霸之決非朔。而旁死霸之非二日。旁生霸之非十六日。又可決矣。余覽古器物銘。而得古之所以名日者凡四。曰初吉。曰既生霸。曰既望。曰既死霸。因悟古者蓋分一月之日為四分。一曰初吉。謂自一日至七八日也。二曰既生霸。謂自八九日以降至十四五日也。三曰既望。謂十五六日以後至二十二三日。四曰既死霸。謂自二十三日以後至于晦也。八九日以降。月雖未滿。而未盛之明則生已久。二十三日以降。月雖未晦。然始生之明固已死矣。蓋月受日光之處。雖同此一面。然自地觀之。則二十三日以後月無光之處。正八日以前月有光之處。此即後世上弦下弦之由分。以始生之明既死。故謂之既死霸。此生霸死霸之確解。亦即古代一月四分之術也。若更欲明定其日。於是有哉生魄（書康誥及顧命）旁生霸（漢書律歷志引古文尚書武成逸周書世俘解均作既旁生霸既字疑衍）旁死霸（古文尚書武成及周書世俘解）諸名。哉生魄之為二日或三日。自漢已有定說。旁者溥也。義進於既。以古文武成差之。如既生霸為八日。則旁生霸為十日。既死霸為二十三日。則旁死霸為二十五日。事與義會。此其證矣。凡初吉既生霸既望既死霸。各有七日或八日。哉生魄旁生霸旁死霸。各有五日若六日。而第一日亦得專其名。書器於上諸名有作公名用者。如顧命。惟四月哉生魄。王不懌。甲子。王乃洮頮水。哉生魄不日。至甲子乃日者。明甲子乃哉生魄中之一日。而王之不懌固前乎甲子也。靜敦云。惟六月初吉。王在葊京。丁卯。王命靜司射。宂彝云。惟六月初吉。王在鄭。丁亥。王格大室。邢敦云。惟二年正月初吉。王在周邵宮。丁亥。王格于宣榭。初吉皆不日。至丁卯丁亥乃日者。明丁卯丁亥皆初吉中之一日。至王在葊在鄭在周邵宮固前乎丁卯丁亥也更證之他器則虢季子白盤云惟王十有二年正月初吉丁亥案宣王十二年正月乙酉朔丁亥乃月三日吳尊云惟二月初吉丁亥末云惟王二祀案宣王二年二月癸未朔則丁亥乃月五日師兌敦云惟三年二月初吉丁亥案幽王三年二月庚辰朔丁亥乃月之八日是一日至八日均可謂之初吉也師虎敦云惟元年六月既望甲戌案宣王元年六月丁巳朔十八日得甲戌是十八日可謂之既望也兮伯吉父盤（亦稱兮田盤）云唯五年三月既死霸庚寅此器有伯吉父之名有伐玁狁之事當即詩六月之文武吉甫所作必宣王時器而宣王五年三月乙丑朔二十六日得庚寅又如頌鼎頌敦頌壺諸器皆云惟三年五月既死霸甲戌此諸器自其文字辭命觀之皆屬宣以降之器而宣王三年六月乙亥朔三十日得甲戌是二十六日三十日皆得謂之既死霸也此為用

公名者也。其用為專名者。如古文武成云。惟一月壬辰旁死霸。若翌日癸巳。又云。粤若來二月既死霸粤五日甲子。又云惟四月既旁生霸。粤五日庚戌。召誥云。惟二月既望。越六日乙未。此皆以旁死霸既死霸既旁生霸既望等專屬第一日。然皆不日。惟武成之旁死霸獨日。顧不云旁死霸壬辰。而云惟一月壬辰旁死霸者。亦謂旁死霸自壬辰始。而非壬辰所得而專有也。故欲精紀其日。則先紀諸名之第一日。而又云粤幾日某某以定之。如武成召誥是也。否則但舉初吉既生霸諸名。以使人得知是日在是月之第幾分。如顧命及諸古器銘是也。苟由此說以攷書器所紀月日。皆四達而不悖。何以證之。古文武成云惟一月壬辰旁死霸。若翌日癸巳。武王朝步自周。于征伐紂。又云粤若來二月既死霸。粤五日甲子。咸劉商王紂。又云惟四月既旁生霸。粤五日庚戌。武王燎于周廟。由舊說推之。既以一月二日為壬辰。二月五日為甲子。則四月中不得有庚戌。史遷蓋不得其說。於是移武王伐紂於十二月。移甲子誅紂於正月。今史記周本紀作二月甲子昧爽。徐廣曰：二月一作正。劉歆不得其說。於是於二月後置閏。然商時置閏皆在歲末。故殷虛卜辭屢云十三月。武王伐紂之時。不容遽改閏法。此於制度上不可通者。不獨以既死霸為朔。旁死霸為二日。既旁生霸為十七日。為名之不正而已。若用今說。則一月戊辰朔。二十五日壬辰旁死霸。次日得癸巳。此武王伐紂興師之日也。二月戊戌朔。二十三日庚申既死霸。越五日至二十七日得甲子。是咸劉商王紂之日也。三月丁卯朔。四月丁酉朔。十日丙午既旁生霸。十四日得庚戌。是武王燎于周廟之日也。於是武成諸日月。不待改月置閏而可通。此旁生霸為十日。既死霸為二十三日。既旁死霸為二十五日之證也。或曰：如子說。則戊午為二月二十一日。一月無戊午。而太誓序言一月戊午師渡盟津。然則書序非歟。曰：史遷、劉歆之失。正由牽合武成與太誓序之故。太誓序言戊午在一月。於是不得不以武成之二月既死霸為二月朔。二月朔為庚申。則四月無庚戌。於是或改月。或置閏以通之。然史遷於太誓本有二說。周本紀以為武王十一年伐紂時作齊太公世家以為九年觀兵時作今以前說戡武成本文考之一一符合不當以繫年不足之序亂經是可決矣又曶鼎紀事凡三節第一節云惟王元年六月既望乙亥下紀王命曶司卜事曶因作牛鼎之事次三兩節皆書約劑次節云惟王四月既生霸辰在丁酉則記小子𩞁訟事三節則追紀匡人寇曶禾後償曶之事第三節之首明紀昔饉歲則首次兩節必為一歲中事今以六月既望乙亥推之假令既望為十七日則是月己未朔五月己丑朔四月庚申朔無丁酉中間當有閏月此器乃宗周中葉物周置閏不在歲終由召誥洛誥三月十二日為乙卯十二月有戊辰知之若武成在武王伐商時固不得改閏法也則四月當為庚寅朔八日得丁酉此既生霸為八日之證也要之古書殘闕古器之兼載數干支而又冠以生霸死霸諸名者又僅有曶鼎一器然據是器已足破既生霸為望既死霸為朔之說既生霸非望自當在朔望之間既死霸非朔自當在望後朔前此皆不待證明者而由是以考古書古器之存者又無乎不合故特著之後之學者可無惑於劉孟之讏說矣

高宗肜日說

尚書家於高宗肜日有二說。大傳云。武丁祭成湯。有飛雉升鼎耳而雊。武丁問諸祖己。祖己曰。雉者野鳥也。不當升鼎。今升鼎者。欲為用也。遠方將有來朝者乎。故武丁內返諸己。以思先王之道。三年。編髮重譯來朝者六國。孔子曰。吾於高宗肜日。見德之有報之疾也。史記殷本紀亦云。帝武丁祭成湯。明日有飛雉升鼎耳而呴。武丁懼。祖己曰。王勿憂。先修政事。武丁修政行德。天下咸驩。殷道復興。又云。帝武丁崩。子帝祖庚立。祖己嘉武丁之以祥雉為德。立其廟為高宗。遂作高宗肜日及訓。是史遷以此篇為武丁之事。作於祖庚之朝。其意與大傳無甚異。惟金仁山尚書注。始疑此篇為祖庚之時繹於高宗之廟而作。余謂金氏說是也。請舉三證以明之。一。高宗肜日果為武丁祭成湯而作。則從尚書書法。當如堯典舜格於文祖。伊訓伊尹祀於先王。

泰誓大子發上祭於畢之例。徑云王祭於成湯。即如史記說。亦當云高宗祭成湯。不得云高宗肜日也。肜日者。祭名。云高宗肜日者。高宗廟之繹祭也。以殷虛卜辭證之。如云丙申卜貞王賓大丁肜日亡尤。甲申卜貞王賓大甲肜日亡尤。丁未卜貞王賓武丁肜日亡尤。凡云貞王賓某甲某乙某祭者。不下百條。辭中某甲某乙。皆謂所祭之人。而非主祭之人。此經言高宗肜日。不得釋為高宗祭成湯之確證一也。二。祖己之名。亦見卜辭。云己卯卜貞王賓祖己翌日亡尤。凡兩見己酉卜貞王賓祖己祟亡尤。己酉卜貞王賓祖己□日亡尤。案卜辭中。除先公先王外。雖伊尹咸戊。亦無王賓之稱。則祖己當是是殷之先祖。而殷先王中。沃甲亦稱祖甲。般庚亦稱祖庚。小乙亦稱祖乙。武丁亦稱祖丁。而殷先王以己名者。有雍己。以沃甲盤庚等例之。亦可稱祖己。然卜辭又有一條云。癸酉卜行貞王賓父丁歲三牛眾兄己一牛兄庚一牛亡又。考殷諸帝中。凡丁之子。無名己與庚者。惟武丁之子有孝己。有祖庚。則此辭乃祖甲所卜。父丁謂武丁。兄己兄庚謂孝己祖庚也。兄庚後稱祖庚。則兄己後亦必稱祖己。殷人祀其先祖。無論兄弟嫡庶與已立未立。名禮皆同。是孝己得稱祖己無疑。孝己之名。見於荀子性惡大略二篇。莊子外物篇。戰國秦燕二策。漢書古今人表。皆無事實。而人表列之於祖己之後。祖伊之前。自以為高宗時人。世說新語言語篇陳元方曰。昔高宗放孝子孝己。注引帝王世紀云。殷高宗武丁有賢子孝己。其母蚤死。高宗惑後妻之言。放之而死。天下哀之。家語弟子解亦云高宗以後妻之言殺孝己。其言必有所本。又古訓殺為放。非必誅死之謂。則經之祖己。自必其人。顧經言祖己訓於王。如王斥高宗。則以子訓父。於辭為不順。若釋為祖己誡祖庚。則如伊尹訓大甲。於事無嫌。蓋孝己既放廢。不得立。祖庚之世。知其無罪而還之。孝己上不慧其親。下則友其弟。因雊雉之變而陳正事之諫。殷人重之。編之於書。然不云兄己父己而云祖己。則其納諫雖在祖庚之世。而其著竹帛必在武乙之後。此高宗肜日不得為武丁祭成湯之證二也。三。經云典祀無豐於昵。馬本作尼。訓為禰廟。則高宗肜日為祖庚祭高宗之廟。而非高宗祭成湯無疑。其證三也。仁山之說。雖與書序及古今文家說不同。然得其證於後出之卜辭。可知殷之史事。在周世已若存若亡。此孔子所以有文獻不足之歎歟。

余曩作殷卜辭中所見先公先王考。已疑尚書之祖己即高宗子孝己。然以單文孤證。故不著其說。繼思商書中以日名者。皆商之帝王。更無臣子稱祖之理。白虎通姓名篇。臣民亦得以生日名子者。以尚書道殷臣有巫咸有祖己也。余所見商周間彝器。臣子稱其祖父為祖甲祖乙父丙父丁者。不知凡幾。然門內之稱。不能施之於國史。故書之祖己。實非孝己不能有此稱也。至西伯戡黎之祖伊。亦疑即紂之諸父兄弟。果如此則商書之著竹帛。當在宋之初葉矣。

洛誥解

周公拜手稽首曰。朕復子明辟。

復白也。周禮。大僕掌諸侯之復逆。小臣掌三公及諸侯之復逆。御僕掌羣吏之逆及庶民之復。先鄭司農曰。復謂奏事也。辟君也。復子明辟。猶立政言告孺子王。時成王繼周公相宅至於雒。故周公白之。

王如弗敢及天基命定命。予乃胤保。大相東土。其基作民明辟。

如。而也。而汝也。弗敢。猶言弗敢弗也。周公云王弗敢弗及天基命定命。成王云公不敢不敬天之休。互相歸美。立言之體也。不言弗敢弗者。語之亟也。基始也。基命謂始受天命。周頌曰。成王不敢康。夙夜基命宥密。周受天命久矣。至是復言基命者。文王受命。僅有西土。武王伐紂。天下未寧而崩。至周公克殷踐奄。東土大定。作新邑於雒。以治東諸侯。周之一統自成王始。故曰予乃胤保大相東土。其基作民明辟。胤。繼也。公自言。公之大相東土。繼成王及天基命定命之志也。

予惟乙卯。朝至於洛師。我卜河朔黎水。我乃卜澗水東。瀍水西。惟洛食。我又卜瀍水東。亦惟洛食。伻來以圖。及獻卜。

乙卯。三月十二日。見召誥日而不月者。成王至雒與周公相見。時在五月乙卯以前故也。伻。使。圖。謀也。俾成王來雒。以謀定都之事。且獻卜兆於王。此周公所復者。皆追述王至雒以前事也。

王拜手稽首曰。公不敢不敬天之休。來相宅。其作周匹休。公既定宅。伻來來視予卜休恒吉。我二人共貞。公其以予萬億年敬

天之休拜手稽首誨言

休美匹配也伻來來者上來謂周公使來下來成王自謂己來也視示也貞當爲鼎當也謂卜之休吉王與周公共當之也

周公曰王肇稱殷禮祀于新邑咸秩無文予齊百工伻從王於周予惟曰庶有事

肇始稱舉也殷禮祀天改元之禮殷先王即位時舉之文王受命建元亦行之於周及雒邑既成成王至雒始舉此禮非有故事故曰肇稱百工百官也周謂宗周即鎬京也周公本意欲使百官從王歸宗周以行此禮故曰予惟曰庶有事

今王即命曰記功宗以功作元祀惟命曰女受命篤弼丕視功載乃女其悉自教工

記功宗以下周公述成王之言也功謂成雒邑之功殷人謂

年為祀元祀者因祀天而改元因謂是年曰元祀矣時雒邑既成天下大定周公欲王行祀天建元之禮於宗周王則歸功於雒邑之成故即命曰記功宗以功作元祀意欲於雒邑行之也載事也敎工大傅作學功學效也欲令周公效雒邑之功以示天下也

孺子其朋孺子其朋其往無若火始燄燄厥攸灼叙弗其絕厥若彝及撫事如予惟以在周工往新邑伻嚮即有僚明作有功惇大成裕女永有辭

此周公承成王之意使在宗周之百官皆往新邑助王行祀禮也有讀為友酒誥曰矧大史友内史友毛公鼎曰及玆卿事寮大史寮

公曰已女惟沖子惟終女其敬識百辟享亦識其有不享享多儀儀不及物惟曰不享惟不役志于享凡民惟曰不享惟事其

爽侮

百辟諸侯也是時諸侯皆來助祭因行享禮周禮大行人廟中將幣三享覲禮三享皆束帛加璧禮器大饗此饗當作享涉上文大饗腥而誤鄭以為祫祭先王非也郊特牲旅幣無方一節文與此畧同在賓入大門之下鄭亦以此賓為朝聘之賓也其王事與三牲魚腊四海九州之美味也籩豆之薦四時之和氣也内金示和也束帛加璧尊德也龜為前列先知也金次之見情也丹漆絲纊竹箭與衆共財也其餘無常貨各以其國之所有則致遠物也是享之物本多周公欲成王知天下歸心與否故使之不覲其物而觀其儀也

乃惟孺子頒朕不暇聽朕教汝于棐民彝女乃是不蘉乃時惟不永哉篤敘乃正父罔不若予不敢廢乃命女往敬哉茲予其明農哉彼裕我民毋遠用戾

正父皆官之長也酒誥曰庶士有正又曰有正有事又曰矧

惟若疇圻父。薄違農父。若保宏父定辟。

王若曰。公明保予沖子。公稱丕顯德。以予小子揚文武烈。奉答天命。和恆四方民。居師。惇宗將禮。稱秩元祀。咸秩無文。惟公德明。光于上下。勤施于四方。旁作穆穆。迓衡。不迷文武勤教。予沖子夙夜毖祀。王曰。公功棐迪篤。罔不若時。王曰。公。予小子其退。即辟于周。命公後。四方迪亂未定于宗禮。亦未克敉公功。迪將其後。監我士師工。誕保文武受民。亂為四輔。

前周公言。予其明農。有致仕之意。故成王極道周公之功以留之。予小子其退以下。則又成王將歸宗周。命公留守新邑之辭也。後者。王先歸宗周。周公留雒。則為後矣。宗禮。謂記功宗。作元祀之禮。時雖行宗禮。四方尚有未服者。故命公留新邑以鎮之也。敉之言彌。終也。大誥曰。敉寧武圖功。又曰。肆予曷敢不越卬敉寧王大命。立政曰。亦越武王。率惟敉功。敉皆謂終。四方迪亂。是公功未終。明公未可去也。士師工。皆官也。受民謂所受於天之民。立政曰。相我受民。又曰。以乂我受民。

盂鼎曰。粵我其勳。相先王受民受疆土。

王曰。公定。予往已。公功肅將祇歡。公無困哉。我惟無斁其康事。公勿替刑。四方其世享。周公拜手稽首曰。王命予來承保乃文祖受命民。越乃光烈考武王。宏朕恭。孺子來相宅。其大惇典殷獻民。亂為四方新辟。作周恭先。曰其自時中乂。萬邦咸休。惟王有成績。予旦以多子越御事。篤前人成烈。答其師。作周孚先。考朕昭子刑。乃單文祖德。

此周公拜受王命之辭。

伻來毖殷。乃命寧予以秬鬯二卣。曰明禋。拜手稽首休享。予不敢宿。則禋於文王武王。惠篤敘。無有遘自疾。萬年厭于乃德。殷乃引考。王伻殷乃承敘。萬年其永觀朕子懷德。

寧安也詩曰歸寧父母盂爵曰惟王初□于成周王命盂寧
鄧伯是上下相存問通稱寧也王以秬鬯寧周公周公尊也
公嘉王賜故禋于文王武王精意以享曰禋明禋以下八字
亦周公述成王之言朕子謂成王
戊辰王在新邑烝祭歲文王騂牛一武王騂牛一王命作册逸
祝册惟告周公其後王賓殺禋咸格王入太室祼王命周公後
作册逸誥在十有二月惟周公誕保文武受命惟七年
戊辰是歲十二月之晦也作册官名逸人名顧命命作册度
畢命序康王命作册畢分居里成周郊彝器多稱作册某或
云作册内史某或但云内史某其長云作册尹亦曰内史尹
亦單稱尹氏皆掌册命臣工之事此云作册逸猶他書云史
佚尹佚矣祝册猶金縢言册祝告者告於文王武王也王賓
謂文王武王死而賓之因謂之賓殷人卜文屢云卜貞王賓

某某。王賓下皆殷先王名。知此王賓即謂文武矣。殺。殺牲禋禋祀也。周禮大宗伯。以禋祀祀昊天上帝。以實柴祀日月星辰。以槱燎祀司中司命風師雨師。三者互言。皆實牲於柴而燎之。使煙徹於上。禋之言煙也。殷人祀人鬼亦用此禮（見殷虛書契考釋）逸。武成云。燎于周廟。知周初亦然矣。咸格者。言文王武王皆因禋祀而來格也。先爟燎而後祼者。亦周初禮。大宗伯以肆獻祼享先王。肆獻在祼前。知既灌迎牲為後起之禮矣。王命周公後者。因烝祭告神。復於廟中以留守新邑之事册命周公。已面命而復册命者。重其事也。誥謂告天下。成王既命周公。因命史佚書王與周公問答之語。並命周公時之典禮。以誥天下。故此篇名洛誥。尚書記作書人名者。惟此一篇。惟周公誕保文武受命惟七年者。上紀事。下紀年。猶彝器云惟王來正人方。惟王廿有五祀矣。誕保文武受命。即上成王所謂誕保文武受民周公所謂承保乃文祖受命民皆指留守新邑之事周公留雒自是年始故書以結之書法先日次月次年者乃殷周間記事之體殷人卜文及庚申父丁角戊辰彝皆然周初之器或先月後日然年皆在文末知此為殷周間文辭通例矣是歲既作元祀猶稱七年者因元祀二字前已兩見不煩複舉故變文云惟七年明今之元祀即前之七年也自後人不知誕保文武受命指留雒邑監東土之事又不知此經紀事紀年各為一句遂生周公攝政七年之説蓋自先秦以來然矣

與林浩卿博士論洛誥書

浩卿先生講席夏間駕涖京都獲親道範嗣讀大著周公及其時代一書深佩研鑽之博與論斷之精於考定周官及禮經二書編撰時代尤徵卓識誠不朽之盛事也國學叢刊中拙著小

篇。乃荷稱許。又加以攻錯。敝國近日承學之士日鮮。又闕討論機關。是以罕獲切磋之益。今乃得此於先生。何其幸也。茲就先生所賜教者。畧陳述鄙見。祈再正之。既灌迎牲。自郊特牲以降至於近世。記無異辭。誠如尊教。非獨七十子後學之說然也。周禮春官司尊彝於四時之祭及追享朝享。皆先言灌尊而後及朝踐再獻之尊。與大宗伯肆獻祼次序不同。然天子諸侯祭禮既佚。無以定其是非。而郊特牲等篇又出於七十子後學。即謂作記者親見禮經全文。約之為是說。然亦僅足以言宗周中葉以後之祭禮。未足以定殷周間之祭禮也。殷周間之祭禮僅可據詩書以為說。詩言祼將而無其次。書洛誥祼次在殺禋之後。曩釋洛誥時。以經有明文。而周禮大宗伯肆獻祼之次適與之合。故亦牽連及之。實則以洛誥本文為據。猶大著考周公事專據詩書而以周禮禮經為旁證之意也。今以禮意言之。則祼者古非專用於神。其用於神也。亦非專為降神之用。周禮小宰職。凡賓客贊祼。大宗伯職。大賓客則攝而載果。小宗伯職。凡祭祀賓客。以時將瓚果。肆師職。大賓客贊果將。鬱人職。掌凡祭祀賓客之祼事。大行人職。上公之禮。王禮再祼而酢。諸侯諸伯壹祼而酢。諸子諸男壹祼不酢。郊特牲。諸侯為賓。灌用鬱鬯。是古於賓客亦以鬯為獻酢。其於神亦當用以歆之。而不徒用以降之矣。殷虛卜辭紀祭祀所用之鬯。自六卣以至於百。其多如此。又此諸條中別無酒醴之文。則祼之事所以歆神。而不徒以降神明矣。知祼之為歆神。而不徒以降神。則無惑乎其在殺禋之後矣。古求神之道亦多端矣。或以氣。或以聲。或以臭。其次雖有不同。而其用則無或異。周人先求諸陰。（謂周中世以後）故先灌。殷人先求諸陽。郊特牲以樂當之。然燔燎之事。亦求諸陽之一道。魂氣歸天。其說蓋古。殷周之間。此意尤盛。書召誥曰。茲殷多先哲王在天。

詩大雅曰文王在上於昭于天又曰文王陟降在帝左右神旣在天於是有燔燎之禮以格之煙炎之徹於上較聲音之號之詔告於天地之間者尤爲有象矣觀殷虛卜辭所紀祀先王禮大抵先賓次卯次䙴沈或先賓後沈或先賓後卯周禮之取膟膋燔燎與焫蕭合羶薌亦商賓禮之具體而微者其次雖異其用則同知禋祀之用以降神而不徒以歆神則無惑乎其在祼之先矣至王賓之釋之當否則視卜辭賓字之釋之確否案卜辭賓字多作[illegible]或作[illegible]作[illegible]作[illegible]虘鐘作[illegible]邾公鐘作[illegible]其所从之宀宀與冂同意皆象屋形古文自有宀宀二部首[illegible][illegible][illegible]諸字皆从之又冂𠆢二部首即宀宀之省亼部亦然（舍會諸字从亼可證）[illegible]上从屋下从人从止象人至屋下其義爲賓各客二字从夊意皆如此金文及小篆易从止爲从貝者乃後起之字古者賓客至必有物以贈之其贈之之事謂之賓故其字从貝其義即禮經

之儐字也。如大敦、蓋、史頌敦、𠭁卣、貿鼎諸器之賓字从貝者。其義皆為儐也。後世以賓為賓客字。而別造儐字以代賓字。賓則𡧊乃賓之本字。賓則儐之本字也。賓之本字。其省者从𠆢从丂。其譌變也。乃以𠆢中之一畫屬於人上。如虘鐘之賓作𡧊。若此字从冂从丂。蓋已非其朔。羅君卜辭中賓字之釋。似尚可信。又稱先祖為賓。經典亦無明文。然檀弓。孔子謂周人殯於西階之上。則猶賓之。雜記。曾子論遣奠曰。父母而賓客之。所以為哀也。是生則親之。死則賓之。古代當有此義。於禮。卿大夫之繹祭謂之賓尸。則殷周間稱先王為王賓。亦不足怪也。洛誥時代去商甚近。其所云王賓。當與卜辭義同。若釋為周公。則下文咸格之咸字。無所施之。若以為助祭諸侯。則與本事無涉。故前釋為文王武王。鄙見如此。敢盡布之。以俟討論。如蒙教正。幸甚。天寒。惟自衛不宣。

再與林溥士論洛誥書

浩卿先生講席。承寄東亞研究雜誌。知前所寄一書。又荷審正。學術正賴如此違覆。乃有進步。所獲益於先生者不鮮矣。承教以祼字之義。謂灌地降神為第一義。歆神為第二義。用於賓客為第三義。周中世以後。尚多用第一義。不應周初作洛誥時。却用第二義。剖晰至精。甚佩甚佩。今當就此字再陳鄙見。諸惟裁正。案此字。書洛誥詩大雅皆作祼。周禮小宰大宗伯小宗伯肆師鬱人鬯人司尊彝典瑞大行人考工記玉人。皆祼果雜出。康成于大行人注云。故書祼作果。於玉人注云。祼或作果。或作淉。案殷周古文未見从示之祼。以示部諸字言之。如祿古文作彔。祥。古文作羊。祖古文作且。鬃古文作彭。禘古文作帝。禦古文作御。社古文作土。知古祼字即借用果木之果。周禮故書之果。乃其最初之假借字。而祼乃其孳乳之形聲字也。故果字最古。祼字次之惟論語戴記始有灌字此灌字果為先秦以前所用之字歟抑漢人以詁訓字代本字歟疑不能明也此祼灌二字之不同也祼字之音陸德明音義以降皆讀如灌唐本切韻亦入換韻（孫愐唐韻古玩切亦同）段氏玉裁說文注始正之曰此字从果為聲古音在十七部（即歌戈韻）周禮注兩言祼之言灌凡云之言者皆通其音義以為詁訓非如讀為之易其字讀如之擬其音也如載師載之言事族師師之言帥襢衣襢之言亶翣柳柳之言聚副編次副之言覆禋祀禋之言煙卝人卝之言礦未嘗曰禋即讀煙副即讀覆也以是言之祼之音本讀如果卝之音本為卵讀如鯤與灌礦為雙聲後人竟讀灌讀礦全失鄭意段氏此言自音學上觀之則祼灌雙聲又祼在歌部灌在元部為陰陽對轉之字然與同部之字究未達一間此祼灌二音之不同也至祼之字義毛詩文王傳云祼灌鬯也說文則云灌祭也鄭於周禮小宰大

宗伯玉人三注皆云祼之言灌然祼與灌不過以聲相訓凡文字惟指事象形會意三種可得其本義至形聲之字則凡同母同韻者其義多可相訓而不能以相專故訓祼為灌可也訓以他雙聲之字如嘏畀假等字亦無不可也考先秦以前所用祼字非必有灌地之義大雅殷士膚敏祼將于京毛以灌鬯鄭以助祭釋之然祼神之事除王與小宰大宗伯外非助祭之殷士所得與則詩之祼將果為祼神抑為朝事儀中酢王之事尚不可知也周語王耕籍田祼鬯享醴乃行此非祀事則祼鬯非灌地降神之謂也左氏襄五年傳君冠必以祼享之禮行之諸侯冠禮之祼享正當士冠禮之醴或醮則祼享非灌地降神之謂也投壺當飲者皆跪奉觴曰賜灌勝者跪曰敬養注灌猶飲也此明明是灌人非灌地矣祭統君執圭瓚灌尸大宗執璋瓚亞灌又明明云灌尸非灌地矣灌地之意始見於郊特牲曰周人

尚臭灌用鬯臭鬱合鬯臭陰達於淵泉鄭注始以灌地為說然灌地之事不過祼中之一節凡以酒醴獻者亦無不然鄭於尚書大傳注（皇侃論語集解義疏所引）云灌是獻尸尸既得獻乃祭酒以灌地也夫祼之事以獻尸為重而不以尸之祭酒為重此治禮者人人所首肯也若如說文莤字下說謂束茅加於祼圭而灌鬯酒是為莤象神歆之也案周禮甸師祭紀供蕭茅鄭大夫云蕭字或為莤莤讀為縮束茅立之祭前沃酒其上酒滲下去若神飲之故謂之縮許說本此但鄭大夫不云是祼許君以莤祼為一耳然古說莤縮二字皆與鄭許異郊特牲云縮酌用茅明酌也醆酒涚於清汁獻涚於醆酒皆言泲酒之事詩小雅有酒湑我毛傳湑莤之也以藪曰湑後鄭於甸師注亦云縮酒泲酒也是古謂泲酒為莤與祼事固無涉且如許君之說（皇侃論語疏所引一說畧同）此乃士喪禮祭苴之禮（士虞禮未迎尸佐食取黍稷祭於苴亦三取膚祭如初祝取奠觶祭亦如之）大夫士之吉祭猶未有行之者

況天子宗廟之祭乎。且古天子於賓客皆裸。豈有尸而不裸者。故裸之義。自當取裸尸之說。而不當取灌地之說。故鄭於周禮典瑞注曰爵行曰裸。於禮器注曰。裸。獻也。此裸與灌地二義之不必同者也。裸字形聲義三者皆不必與灌同。則不必釋爲灌地降神之祭。既非降神之祭。則雖在殺牲燔燎之後。固無嫌也。竊謂郊特牲一篇。乃後人言禮意之書。具求陰求陽之說。雖廣大精微。固不可執是以定上古之事實。毛公許鄭之釋裸字。亦後人詁經之法。雖得其一端。未必即具本義。吾儕前後所論。亦多涉理論。此事惟當以事實決之。詩書周禮三經與左傳國語。有裸字。無灌字。事實也。裸。周禮故書作果。事實也。裸从果聲。與灌从雚聲。部類不同。事實也。周禮諸書。裸字兼用於神人。事實也。大宗伯以肆獻裸爲序。與司尊彝之先裸尊而後朝獻再獻之尊。亦皆事實而互相異者也。吾儕當以事實決事實。而不當

以後世之理論決事實此又今日為學者之所當然也故敢再布其區區惟是正而詳辨之不宣

周書顧命考

周書顧命一篇記成王没康王即位之事其時當武王克殷周公致太平之後周室極盛之時其事為天子登假嗣王繼體之大事其君則以聖繼聖其公卿猶多文武之舊臣其册命之禮質而重文而不失其情史官紀之為顧命一篇古禮經既佚後世得考周室一代之大典者惟此篇而已顧年代久遠其禮絕無他經可證書今文家説是篇者畧見於白虎通及吳志虞翻傳注所引翻别傳而殊無理致古文家如馬融鄭玄雖禮學大師其注是篇亦多違失虞翻所奏鄭注尚書違失三事是篇居其二翻所難固無當然鄭以册命之禮行於殯所祭咤之事謂為對神其失遠在仲翔所舉二事之

上作僞孔傳者亦從其說有周一代鉅典晷闇而弗章者二千有餘年矣今以彝器册命之制與禮經之例銓釋之其中儀文節目遂犁然可解世之君子弗以易古注爲責則幸矣

丙辰二月

王麻冕黼裳由賓階隮卿士邦君麻冕蟻裳入即位大保大史大宗皆麻冕彤裳大保承介圭上宗奉同瑁由阼階隮大史秉書由賓階隮御王册命

案上文狄設黼扆綴衣以下紀布几筵事越玉五重以下紀陳宗器二人雀弁以下紀設兵衞此以下則專紀册命事也王謂康王上言子釗此變言王者上紀成王崩日事繫於成王故曰予此距成王崩已八日稱王無嫌也鄭云黼裳冕服有文者也蟻謂色玄也案考工記白與黑謂之黼王黼裳卿士邦君蟻裳者居喪釋服不純吉也大保大史大宗彤裳純

吉者。大保攝成王。為册命之主。大宗相之。大史命之。皆以神道自處。故純吉也。王由賓階隮者。未受册。不敢當主位也。大保由阼階者。攝主。故由主階。何以知大保攝主也。曰大保受顧命於成王。而傳之於康王。有王道焉。成王不親命康王而命大保者何也。曰康王之為元子久矣。顧命也者。命之為王也。成王未崩。則天下不得有二王。既崩。則不得親命。故大保攝王以命之。册命之有攝主。猶祭之有尸矣。大宗從大保者何也。曰儐也。周禮大宗伯職。王命諸侯則儐。古彝器記王册命諸臣事。必有右之者。器所謂右。即大宗伯所謂儐也。周册命之制。王與受册者外。率右者一人。命者一人。故册嗣王亦用是禮也。介圭與瑁。皆天子之瑞信。奉先王之命。授天下之重。故以天子之瑞信將之。同者。鄭云酒杯。江氏聲以為圭瓚。奉圭瓚者。將祼王也。書。册書。古者命必有辭。辭書於册。謂之命書。覲禮諸公奉篋服。加命書于其上。頌鼎寰盤皆云尹氏受王命書。宂敦王受（假為授）作册尹書。俾册命。宂是命書本王或攝王者所持。此大史秉書者。大保承介圭。介圭重器。不能復持命書以授大史。故大史秉之。由賓階隮者。大史居大保右也。覲禮天子賜侯氏以車服。大史是（鄭注古文是為氏）右。少儀贊幣自左。詔辭自右。祭統史由君右。執册命之。是大史位在大保之右。時大保在阼階上西面。大史後升。不可越大保而趨其右。故由賓階也。御王册命者。鄭云御。猶嚮也。王此時正立賓階上少東。大史東面于殯西南而讀册書。今案鄭説非也。此册命之地決非殯所。蓋成王之殯。若尚用殷禮。當在兩楹之間。若用周禮。當在西序。今據上文則牖間南嚮西序東嚮皆布几筵。而赤刀大訓宏璧琬琰亦在西序。若成王之殯在則几筵宗器何所容之。故知册命之地非殯所也。鄭不知大保攝主。

嫌非殯所則無所受命。故為此說。其言王與大史之位亦不確。以禮言之。則大保當在阼階上西面。大宗居左。大史居右。王在賓階上東面。大史迎而命之。御之言迓也。迎也。古彝器紀王命諸臣事。皆王即位。受命者立中廷北鄉。祭統亦云所命北面。此册命王用賓主禮者。大保雖攝先王。身本是臣。故於堂上以賓主之禮行之。攝主者禮不全於君。受册者禮不全於臣。全於子。此賓禮之至精極微而無可擬議者矣。

曰。皇后憑玉几導揚末命。命女嗣訓。臨君周邦。率循大卞。燮和天下。用答揚文武之光訓。

此大史所讀册書之辭。

王再拜。興。答曰。眇眇余末小子。具能而亂四方。以敬忌天威。

此王答命書之辭。

乃受同瑁。

案此瑁字疑涉上文而衍。受同者王授之者大宗也。大保之介圭與大史之册書。當於此時同授王。不書者畧也。獨書受同瑁者。起下文也。授同者何。獻王也。大宗奉同大保拜送王。拜受不書者亦畧也。何以知大保獻王也。曰下云大保受同降。盥以異同。秉璋以酢。又云大保受同。祭嚌宅。古禮有獻始有酢。不獻王則何酢之有矣。何以知大宗授同也。曰。周禮大宗伯職大賓客則攝而載果。鄭注。載為也。果讀為祼。代王祼賓客以鬯。君無酌臣之禮。言為者攝酌獻耳。拜送則王也。時大保攝主以命康王。故知授同者大宗也。册命嗣王。何以獻也。曰。古者爵祿之爵。用爵觶字。知古之授爵祿者必以爵將之。有命亦以爵將之。祭統古者明君爵有德而祿有功。必賜爵祿於大廟。示不敢專也。故祭之日。一獻。君降立於阼階之南。南鄉。所命北面。史由君右執策命之。一獻。鄭以為一酳尸。

竊謂當獻所命之人。以諸侯冊命諸臣之用一獻。知冊嗣王之亦有獻矣。彼先獻後命。此先命後獻者。彼因祭而命。此特行冊命禮故也。冠禮賓之醮冠者也。諸侯以上則用祼享之禮昏禮。父之醮子也。女父之醴女也。舅姑之饗婦以一獻之禮。以著代也。皆古禮之尚存於周世者也。此述先王之命。付天下之重。故行以祼享之禮。鄭不知此為大保獻王。乃云王既對神。一手受同。一手受瑁。僞孔傳亦云受同以祭。於是自此以下至篇終。全失其解。若釋為大保獻王。王受獻。則怡然理順。無字不可解矣。

王三宿。三祭。三咤。上宗曰饗。

案宿。進也。咤。奠酒爵也。王受同者。重先王之命。祭之奠之。而不啐酒不卒爵者。居喪故也。士虞禮尸酢主人。主人坐祭卒爵者。此初殯。彼既葬也。宿祭咤皆以三者。周禮大行人職上公。王禮再祼而酢。諸侯諸伯。王禮壹祼而酢。諸子諸男。王禮壹祼不酢。此所獻為嗣王。尊於上公。當三祼而酢。此云三宿三祭三咤。不云三祼。或三獻者。互文也。饗者。上宗侑王之辭既酌獻之。又從而侑之。所謂攝而載果也。

大保受同降盥。以異同秉璋以酢。授宗人同。拜王答拜。大保受同祭嚌宅授宗人同。拜王答拜。

案此大保既獻王。乃自酢也。古敵者之禮。皆主人獻賓。賓酢主人。惟獻尊者。乃酌以自酢。燕禮主人獻公畢。更爵洗升酌膳酒以降。酢于阼階下。北面坐奠爵。再拜稽首。公答再拜。主人坐祭。遂卒爵。再拜稽首。公答再拜。主人奠爵于篚。(大射儀同)此大保自酢。節目畧同。所異者。惟酢於堂上。又不奠爵不卒爵耳。大保自酢。用臣禮者。嗣册命時攝主以行先王之命。故以鬼神之尊自處。既命之後。嗣王已即王位。故退而以臣自處也。以異同秉璋以酢。此異同謂璋瓚。（江氏聲說）以異同自酢者。不敢襲尊者之爵也。王祭而奠之。大保祭而嚌之者。王兼居君父之喪。大保但居君喪。哀有間也。

大保降。收。諸侯出廟門俟。

案此云大保降。知大保自酢在堂上也。不言王與大宗大史降者。畧也。士昏禮。舅姑共饗婦以一獻之禮。奠酬。舅姑先降自西階。婦降自阼階。今册命禮成。大保攝主事已畢。當先自西階降。而王降自阼階也。

周書顧命後考

丙辰春二月。余草周書顧命考一篇。據禮經通例及彝器所載册命制度。以大保承介圭由阼階隮為攝成王。以乃受同瑁一節為康王受獻事。以大保受同降盥一節為大保自酢事。以正鄭注（尚書正義引）及孔傳之誤。自謂得此解。則顧命一篇文字與其儀制怡然理順矣若如鄭注則受册之禮行於殯所祭咤之事所以對神君臣吉服拜起尸柩之側獻酢同事分於二人之手凡此數者無一與禮意相合鄭君禮學大師豈宜不見及此嗣讀通典(卷十七)魏尚書所奏王侯在喪襲爵議(後附奪情議實則一議而杜氏分載之)引鄭君又一説則與正義所引鄭注大異而與余説正合通典此議當出魏臺訪議或六朝人所集禮論禮論鈔諸書其後又載王肅駁議足與鄭説相發明而自宋王深甯及近世江艮庭王鳳喈孫伯淵諸家輯尚書鄭注者全不及此故取而銓釋之不獨為古人表微亦深喜余前説之非無根據也重陽前一日

魏尚書奏以故漢獻帝嫡孫杜氏鄉侯劉康襲爵假授使者拜授康素服奪情議按成王崩康王即位上宗奉同瑁王再拜三祭按鄭玄曰即位必醴之者以神之以神之者以醴嚌成之也

以醴嚌成之者。醴濁，飲至齒不入口曰嚌。既居重喪，但行其禮而不取其味。按自鄭玄曰至此，通典皆小注，今知為原議中語者，以王肅駁議引之，且通典引他書往往以正文作注故也。又禮，始冠加爵，亦皆醴之，所以加重以成其尊也。又漢舊儀，諸王嫡子嗣位，受拜畢，使者既出，拜送，還，升嚌醴訖，又再拜。正與康王即位事合。古今相參，禮無違者。以上尚書議 王肅又議：凡奉神祭祀，則有受祚當為酢之爵，嘉慶事則有醮醴之儀。若君薨而太子即位，孤之位無醮醴之儀。成王病困，乃召羣臣，訓以敬保元子。明日，成王崩。既大歛，羣臣以策書宣成王命，以命康王，是為受顧命之戒，非即位之事。王從三宿三祭，上宗曰饗，而不嚌醴也。案鄭云嚌醴，據今文尚書；王云不嚌醴，據古文尚書。故與正義所引鄭注古文尚書同，而不與其又一說同。說見後。此王者隨時之禮，非常行之典，不可以為拜諸侯嫡子之儀。襲爵之日，乃孝子孝孫所以增哀戚之懷，非禮當作醴之所施。且謂之王命所加，而使者又既出，謂之受神之醴，復非饋奠之時。案此專駁漢舊儀拜諸王時使者既出拜送還升嚌醴之事也。案拜陳思王子志為濟北王，又與今異，猶須王嚌醴畢。然後使者乃出。今據鄭玄說。即位醴之。以成其禮。猶愈於使者既出。不設饋奠而獨嚌醴。臣猶以為非禮之衷。（案魏拜濟非王志嚌醴在使者出之前。是用鄭說以天子之命禮之。故肅以為愈於漢舊儀。然猶以為非禮之衷者。以肅據古文尚書無即位醴之說故也。）今京師廷拜諸侯嗣子。無事有嚌醴。天子賜諸侯大夫冕弁服於太廟。歸設奠服賜服於斯乎有冠醮而無冠醴。（自天子以下至此禮記曾子問文）此謂諸侯大夫以平吉受賜衣於天子太廟。歸設祭於其廟。服賜服而受冠醴之事也。可依此。使者既出。公猶服命服設奠而告。又禮小祥之祭。然後嚌之。（此禮記雜記文）此自告其廟。非王命之所加。如禮不嚌。既告。反服即位而哭。既合於禮。又合人情。詔從之。

考曰。魏尚書及王肅二議。皆引鄭君說。而尚書議於王再拜三祭下引鄭說四十八字。必鄭君說此經之語。然鄭君說中有嚌字。似經文三咤作三嚌。而今經文無之。說文解字宀部。託。奠祭爵也。从宀。託聲。周書曰。王三宿三祭三託。又口部。嚌。嘗也。从口齊聲。周書。大保受同祭嚌。兩引周書。知許君所見壁中古文。除咤作⿱罒託外。與今本無異也。釋文。咤馬本作詫。正義引鄭注。却行曰咤。託即⿱罒託之譌。咤又由託而譌。是馬鄭注皆與壁中本同。無嚌字。王肅云。王從三宿三祭上宗曰饗。而不嚌醴。是王肅本此節亦無嚌字。此皆古文尚書也。然今文尚書正作王三宿三祭三嚌。今本白虎通爵篇引尚書再拜興對。乃受同瑁。而通典九十三引白虎通則云。尚書曰。王再拜興祭嚌。乃授宗人同。白虎通用今文尚書。知今文尚書咤本作嚌。而今本白虎通作王再拜興對者。乃後人以古文尚書改之也。鄭注古文尚書不破咤字。故曰却行曰咤。此條自述今文尚書。亦不從古文破嚌字。故曰以醴嚌成之也。鄭傳古文尚書而亦述今文說者。猶其箋毛詩亦用三家詩也。魏時。鄭君弟子存者尚多。此條或鄭君尚書初注如此。或其一時口說。均不可知。然漢舊儀已有諸王嗣位嚌醴之事。恐為今文家舊說非出於鄭君矣。苟如此。則三宿三祭三咤為王受醴之事。受醴必有禮之者。則大保其人也。士之冠也。賓醴之。賓者攝父者也。昏禮婦之見舅姑也。贊醴之。贊者攝舅姑者也。此篇康王之受册也。大保醴之。大保者攝先王者也。賓之攝父。贊之攝舅姑。以冠與見舅姑事輕。父與舅姑尊。不宜與子婦為禮也。大保攝成王者。以成王既崩。不能與嗣王為禮也。若成王倦勤而生傳位於康王。則王當親獻。何則。女之嫁。父親醴之。士之親迎。父親醮之。舅姑之饗婦。以著代也。亦親獻之。此嗣位之事。其重相同故也。於禮凡醴皆有獻無酢。而此有酢者。曰。此余前說所謂祼享之禮。鄭以此為醴。意雖是而名則非也。古獻有三種。以鬯曰祼。以醴曰醴。以酒則曰醮。曰獻。醴與醮有獻無酢。祼與獻則有獻有酢。天子諸侯之祼。即大夫士之醴也。故士冠禮用醴或醮。而諸侯之冠則用祼享之禮。聘禮。諸侯於聘卿用醴。而天子之於諸侯灌用鬱鬯。有再祼一祼酢與不酢之差。是諸侯以下用醴者天子以祼代之。故曰鄭君云即位而醴之者。意是而名非也。雖然由鄭君此説以釋經。則經無滯義矣。故君臣吉服者為接神也。大保大宗由阼階隮者。大保攝先王。大宗相之也。乃受同瑁者。以祼成册命禮也。秉璋以酢者。大保既獻王而自酢也。凡余前所訂正者。皆得由此一語推之。而鄭君注尚書。乃不用此説。惟魏時曾一引之。而王肅復駁其不然。非余由古代册命之制及禮經通例以發明此篇之真解。則鄭君此説雖存於通典中。亦若存若亡。不能知其真意矣。段氏玉裁古文尚書撰異凡書最為深博然不引通典所引白虎通王再升祭嚌乃授宗人同之異文以為今文知是蓋緣疏證無他據疑通典所引或誤是亦未嘗注意鄭君之説也

鄭注御王册命曰。王此時正立賓階上少東。大史東面於殯西南而讀册書。是鄭以行禮之地為殯所也。余前以為不然。以牖間西序皆布几筵。若成王之殯在。則几筵宗器無所容之故也。

難者將曰曾子問奠幣於殯東几上是殯前有几筵矣曰否廟命之几筵乃嘉禮賓禮中泛設之几筵士昏禮納采主人筵於户西西上右几注主人女父也筵為神布席也將以先祖之遺體許人故受其禮於禰廟也納吉納徵請期皆如初禮又壻至于門外主人筵于户西西上右几聘禮賓及廟門几筵既設注有几筵者以其廟受宜依神也賓至廟門司宮乃於依前設之神尊不與事也是古於嘉禮賓禮皆設几筵以明有所受命此大保攝成王以行册命之禮傳天下之重故亦設几筵以依神其所依之神乃兼周之先王非為成王也昏禮與聘禮之几筵一而此獨四者曰牖間東序西序三席蓋為大王王季文王而西夾南嚮之席則為武王然則何以不為成王設也曰成王方在殯去升祔尚遠未可以入廟且大保方攝成王以命康王更無緣設成王席也然則册命之地自禮經通例言之自當為廟

而非寢畢門應門蓋廟與寢皆有之藉云寢也則必成王之殯不在於此也古者賜爵祿於大廟豈有傳天子之位付天下之重而不於廟行之者下經云諸侯出廟門俟是冊命之地之非殯所明矣然則鄭說無徵乎曰否曾子問諸侯薨而世子生三日衆主人卿大夫士如初位（西階南）北面大宰大宗大祝皆裨冕少師奉子以衰祝先子從宰宗人從入門哭者止子升自西階殯前北面祝立于殯東南隅祝聲三曰某之子某從執事敢見鄭注顧命依曾子問為說以此篇之大保上宗當彼之大宰大宗以此篇之大史當彼之大祝不知此二禮絕不相同彼以子見於父此以死者之命傳於生者彼非殯所無所見父此則有攝先王者固不必於殯所行之也鄭既以冊命之地為殯所故以三宿三祭三咤為對神不悟康王獻神而大保自酢於禮之通例固不可通也通典魏尚書奏所引鄭注蓋其初說從今文改

古文後蓋因與曾子問不同故尚書注仍用古文說然二說孰為短長深於禮意者必有以知之矣

陳寶說

書顧命越玉五重陳寶赤刀大訓弘璧琬琰在西序大玉夷玉天球河圖在東序書疏引鄭注云方有事陳之以華國僞孔傳畧同余謂如鄭孔說則陳寶二字乃目下文當在越玉五重之上不當在其下以文義言則西序東序所陳即五重之玉也重者非一玉之謂蓋陳寶赤刀為一重大訓弘璧為一重琬琰為一重在西序者三重大玉夷玉為一重天球河圖為一重在東序者二重合為五重何以言之史記秦本紀文公十九年獲陳寶而封禪書言文公獲若石云於陳倉北坂城祠之其神或歲不至或歲數來來也常以夜光輝若流星從東南來集於祠城則若雄雞其聲殷云野雞夜雊以一牢祠名曰陳寶是秦所得

陳寶。其質在玉石閒。蓋漢益州金馬碧雞之比。秦人殆以為周書顧命之陳寶。故以名之。是陳寶亦玉名也。赤刀亦然。內府藏古玉赤刀。屢見於高宗純皇帝御製詩集。又溧陽端氏舊藏一玉刀。長三尺許。上塗以朱。赤色爛然。書之赤刀。殆亦此類。大訓蓋鐫刻古之謨訓於玉。河圖則玉之自然成文者。數者雖無確證。然涵泳經文。蓋無以易此解也。（廣雅釋器陳寶刀也是張揖說已不從鄭注）

書顧命同瑁說

書顧命。上宗奉同瑁。又乃受同瑁。今文尚書同作銅。無瑁字。白虎通爵篇引書。王再拜興對。乃受銅。此雖與通典所引白虎通古本不合。（見周書顧命條考）然下文申釋之曰。吉冕服受銅稱王以接諸侯。明已繼體為君也。釋冕藏銅反喪服。明未稱王以統事也。兩言銅。不及瑁。是今文經無瑁字。而銅之釋則與瑁略同。吳志虞翻傳注引翻別傳云。今經（謂今文經）益金作銅。詁訓謂天子副璽。此非謂今文家以璽釋銅乃謂其釋周之銅其用如秦漢之璽也周時天子諸侯皆以玉為瑞考工記玉人之事鎮圭尺有二寸天子守之又云天子執冒四寸以朝諸侯天子之瑞有此二等上經言大保承介圭今文家蓋以為天子正璽此釋銅云天子副璽則與考工記之冒正相當矣尚書大傳古者圭必有冒言不敢專達之義也天子執冒以朝諸侯白虎通瑞贄篇瑁之為言冒也上有所覆下有所冒也蓋以天子之瑁盡冒公侯伯之命圭如秦漢之右符今文家說意蓋如此馬融從古文作同而釋之曰同者大同天下意蓋從今文家說以同為瑁也虞翻別傳又云古曰似同從誤作同則古文家中更有以同字為曰之誤者康成本乃兼存同瑁二字而訓同為酒杯原鄭之所以易舊注者以經言乃受同王三宿三祭三咤大保受同降盥大保受同祭嚌宅明同是酒器不得釋為瑁而瑁字又今古文家舊說不

敢遽易故並存之余謂同瑁一物即古圭瓚蓋圭瓚之制可合可分天子之瓚與諸侯之命圭相為牝牡諸侯朝天子天子受其命圭聘禮有受玉之事朝覲禮亦宜然免與所謂授瑁也冒之以瓚因以行祼將之禮以其冒圭之首故謂之瑁以其盡冒公侯伯三等之圭故謂之同此說雖無根據然味經文以異同秉璋以酢一語古秉柄一字大保自酢以璋為同柄其獻王時自必以介圭為同柄矣余曩作顧命考早懷此解以其單文孤證故不欲著其說繼思古今二家經文異同與其師說必得此而後可通故姑著之以俟後人論定至玉人所記冒與祼圭為二物則出於周末制度亡失之後固不足以難此說也

肅霜滌場說

詩豳風九月肅霜十月滌場傳肅縮也霜降而收縮萬物滌埽也場工畢入也案此二句乃與一之日觱發二之日栗烈同例

而不與七月流火九月授衣同例肅霜滌場皆互為雙聲乃古之聯緜字不容分別釋之肅霜猶言肅爽滌場猶言滌蕩也春秋左氏傳定三年有兩肅爽馬正義爽或作霜賈逵云色如霜紈馬融說肅爽鴈也其羽如練高首而修頸馬似之是肅爽白馬也楚辭大招曼鷫鷞只釋文鷞一作鸘說文鷫鷞西方神鳥也東方發明南方焦朋西方鷫鷞北方幽昌中央鳳皇西方之色白則鷫鷞亦白鳥也西京雜記司馬相如取鷫鷞裘為卓文君貰酒鷫鸘裘亦當謂白裘也中山經沅澧之風交瀟湘之淵水經湘水注瀟者水清深也湘中記曰湘川清照五六丈下見底石如樗蒲矢五色鮮明白沙如霜雪赤崖若朝霞是納瀟湘之名矣案瀟字說文本作潚潚湘亦以水之清白得名矣故馬有肅爽鳥有鷫鷞裘有鷫鸘水有潚湘皆以清白得稱則詩之肅霜亦即大招天白顥顥九辯天高氣清之意不當如毛傳之說

也滌場即滌蕩與肅霜俱為雙聲字禮記郊特牲臭味未成滌蕩其聲蕩亦作盪說文盪滌器也既滌盪則必清肅必廣大故又有廣大之義漢郊祀歌天門開詄蕩蕩如淳曰詄讀如迭詄蕩即滌蕩之轉語廣大則必條達故又轉而為條暢為條鬯樂記感條暢之氣白虎通說秬鬯曰芬香條鬯以通神靈鄭君箋詩注禮皆本之條暢條鬯亦滌蕩之轉語也廣大者必卓絶故又有卓異之義廣雅俶儻卓異也司馬相如封禪文俶儻窮變史記太史公自序扶義俶儻漢書司馬遷報任少卿書惟俶儻非常之人稱焉其字文選作倜儻俶儻倜儻亦滌蕩之轉語也廣大則有動作之餘地故又有放蕩之義穀梁文十一年兄弟三人佚宕中國釋文佚大結反說文跌跌踼也江淹恨賦跌宕文史佚宕跌踼跌宕亦皆滌蕩之轉語也詩之滌場則肅清之義九月肅霜謂九月之氣清高顥白而已至十月則萬物搖落

無餘矣。與膚發栗烈由風寒而進於氣寒者。遣詞正同。癸亥之歲。余再来京師。離南方之卑濕。樂北土之爽塏。九十月之交。天高日晶。木葉盡脫。因會得肅霜滌場二語之妙。因為之說云。

觀堂集林卷第二

藝林二

海寧　王國維

與友人論詩書中成語書

詩書為人人誦習之書。然於六藝中最難讀。以弟之愚闇。於書所不能解者殆十之五。於詩亦十之一二。此非獨弟所不能解也。漢魏以來諸大師未嘗不強為之說。然其說終不可通。以是知先儒亦不能解也。其難解之故有三。譌闕。一也。（此以尚書為甚）古語與今語不同。二也。古人頗用成語。其成語之意義與其中單語分別之意義又不同。三也。唐宋之成語。吾得由漢魏六朝人書解之。漢魏之成語。吾得由周秦人書解之。至於詩書。則書更無古於是者。其成語之數數見者。得比校之而求其相沿之意義。否則不能贊一辭。若但合其中之單語解之。未有不齟齬者。試舉一二例言之如不淑一語其本意謂不善也不善或以性行言或以遭際言而不淑古多用為遭際不善之專名雜記記諸侯相弔辭相者請事客曰寡人使某如何不淑致命曰寡君聞君之喪寡君使某如何不淑曲禮注云相傳有弔辭云皇天降災子遭罹之如何不淑如何不淑者謂遭此不幸將如之何也左莊十年傳宋大水公使弔焉曰天作淫雨害于粢盛若之何不弔又襄十四年傳公使厚成叔弔于衛曰寡君使瘠聞君不撫社稷而越在他竟若之何不弔古弔淑同字若之何不弔亦即如何不淑也是如何不淑者古之成語於弔死唁生皆用之詩鄘風子之不淑云如之何正用此語意謂宣姜本宜與君子偕老而宣公先卒則子之不淑云如之何矣不斥宣姜之失德而但言其遭際之不幸詩人之厚也王風遇人之不淑亦猶言遇人之艱難不責其夫之見弃而但言其遭際之不幸亦詩人之

厚也詩人所用皆當時成語有相沿之意義毛鄭胥以不善釋之失其旨矣古又有陟降一語古人言陟降猶今人言往來不必兼陟與降二義周頌念兹皇祖陟降庭止陟降厥士日監在兹意以降為主而兼言陟者也大雅文王陟降在帝左右此以陟為主而兼言降者也故陟降者古之成語也陟降亦作陟各左昭七年傳叔父陟恪在我先王之左右正用大雅語恪者各之借字是陟各即陟降也古陟登聲相近各格假字又相通故陟各又作登假曲禮告喪曰天王登假莊子德充符彼且擇日而登假大宗師是知之能登假於道也若此登假亦即陟降也又作登遐墨子節葬篇秦之西有儀渠之國者其親戚死聚柴薪而焚之燻上則謂之登遐登遐亦即陟降也登假登遐後世用為崩薨之專語而通語之陟降別以登降升降二語代之然四語所從出之源尚歷歷可指書文侯之命言昭登于上今書作昭升于上然

（史記魯世家與引徐邕注皆引書昭登于上蓋今文如是）詩大雅言昭假于下。登與假相對為文。是登假即陟降之證也。左傳之陟恪。曲禮之登假。墨子之登遐。皆謂登而不謂降。此又大雅之陟降不當分釋為上下二義之證也。詩書中語此類者頗多。姑舉其一二可知者。知字義之有轉移。又知古代已有成語。則讀古書者可無以文害辭以辭害志之失矣。

與友人論詩書中成語書二

古之成語有可由詩書本文比校知之者。如高郵王氏之釋書猷裕。詩靡監。瑞安孫氏之釋書棐忱棐彝。詩不殄不瑕。皆是也。今尚有可說者。如書康誥云汝陳時臬司。孔傳讀司字下屬。案下文云汝陳時臬事。古司事通用。（詩小雅擇三有事毛公鼎亯粤三有嗣）則臬司即臬事。孔讀失之。又云我時其惟殷先哲王德用康乂民作求。傳說未了。案詩大雅王配于京世德作求。求者仇之假借字。仇匹也。作求猶書言作匹作配詩言作對也康誥言與殷先王之德能安治民者爲仇匹大雅言與先世之有德者爲仇匹故同用此語鄭箋訓求爲終者亦失之酒誥云惟天降命肇我民天降命正與下文天降威相對爲文多方云天大降顯休命于成湯是也傳以爲天下教令者失之天降命於君謂付以天下君降命於民則謂全其生命多士云昔朕來自奄予大降爾四國民命多方云予惟大降爾命爾罔不知又云我惟大降爾四國民命又云乃有不用我降爾命我乃其大罰殛之蓋四國之民與武庚爲亂成王不殺而遷之是重予以性命也傳以民命爲四國君以降爲殺大失經旨矣酒誥云汝劼毖殷獻臣劼毖義不可通案上文厥誥毖庶邦庶士劼毖殆誥毖之譌又云汝典聽朕毖亦與上其爾典聽朕教文例正同則毖與誥教同義傳釋劼爲固釋毖爲慎亦大失經旨矣梓材云庶邦享作兄弟方來兄弟方

與易之不寧方詩之不庭方皆三字為句方猶國也傳於兄弟句絕又以方為萬方亦失經旨魯頌魯邦是常箋云常守也商頌曰商是常箋云成湯之時乃氐羌遠夷之國來獻來見曰是我常君也實則常當讀為尚大雅肆皇天弗尚墨子非命下引去發曰謂人有命謂敬不可行謂祭無益謂暴無傷上帝不常九有以亡上帝不常即上帝弗尚陳侯因資敦永為典尚典尚即典常古常尚二字通用尚之言右也此皆可由詩書比校知之者也其餘詩書中語不經見於本書而旁見彝器者亦得比校而定其意義如書金縢云敷佑四方傳云布其德教以佑助四方案盂鼎云匍有四方知佑為有之假借非佑助之謂矣多方云越惟有胥伯小大多正爾罔不克臬胥伯尚書大傳作胥賦案毛公鼎云埶小大楚賦楚胥皆以疋為聲是大傳作胥賦為長而小大多正當亦指布縷粟米力役諸征非孔傳伯長正

官之謂矣詩羔裘云舍命不渝箋云是子處命不變謂守死善道見危授命之等案克鼎云王使善夫克舍命於成周毛公鼎云厥非先告父厝父厝舍命毋有敢惷尃命于外是舍命與尃命同意舍命不渝謂如晉解揚之致其君命非處命之謂也楚茨云先祖是皇神保是饗又云神保是格又云鼓鐘送尸神保聿歸傳箋皆訓保為安不以神保為一語朱子始引楚辭靈保以正之今案克鼎云巠念厥聖保祖師華父是神保聖保皆祖考之異名詩之先祖是皇神保是饗皇尸載起神保聿歸皆相互為文非安饗安歸之謂也文王永言配命自求多福傳云永長言我也我長配天命而行案毛公鼎皇天弘厭厥德配我有周膺受大命又云丕巩先王配命配命謂天所畀之命亦一成語永言配命猶云永我畀命非我長配天命之謂也思齊云不顯亦臨無射亦保傳云以顯臨之保安無厭也箋云臨視也保

猶居也。文王之在辟雍也，有賢才之質而不明者，亦得觀於禮於六藝。無射才者，亦得居於位。說尤迂曲。案毛公鼎云：肆皇天無射臨保我有周。師⿰亻亯敦云：肆皇帝無斁臨保我有周。則臨猶保也。大明云：上帝臨女。雲漢云：上帝不臨。上帝不臨猶書多士云上帝不保也。然則詩思齊蓋臨保互文。又知上云雝雝在宮，肅肅在廟，亦宮廟互文，非辟雍宮之謂也。卷阿云：俾爾彌爾性。傳云：彌，終也。案尨姞敦云：用蘄眉壽綰綽永命彌厥生。齊子仲姜鎛云：用求考命彌生。是彌性即彌生，猶言永命矣。韓奕：榦不庭方，傳云：庭，直也。箋云：當與不直違失法度之方作貞榦。案毛公鼎云：率懷不廷方。左隱十年傳：以王命討不庭。則不庭方謂不朝之國，非不直之謂也。江漢云：肇敏戎公。傳云：戎，大也。公，事也。箋云：戎，猶女也。案不𡢁敦云：女肇誨於戎工。虢季子白盤云：庸武于戎工，皆謂兵事。訓大訓汝皆失之。商頌殷武云：天命降監下民有嚴。傳云嚴敬也。箋云天乃下視下民有嚴明之君。案有嚴一語古人多以之斥神祇祖考。齊侯鎛鐘云虩虩成唐有嚴在帝所。宗周鐘云先王其嚴在上。熊熊數數降余多福。虢叔旅鐘云皇考嚴在上。翼在下。畨生敦云不顯皇祖考嚴在上廣啟厥孫子于下。是天命降監下民有嚴者。意謂天命有嚴降監下民。句或倒者以就韻耳。箋以為下視下民有嚴明之君者失之。又康誥要囚服念五六日至於旬時丕蔽要囚。多方要囚殄戮多罪。又我惟時其戰要囚之。傳云要囚謂察其要辭以斷獄。案要囚即幽囚。古要幽同音。詩豳風四月秀葽。夏小正作四月秀幽。楚辭湘君遠游之要眇。韓非子七之要妙。亦即幽眇幽妙也。傳以為察要辭者失之。如書君奭云在讓後人于丕時。詩大雅云帝命不時。周頌云裒時之對。丕時不時裒時當是一語。洛誥云。敍弗其絶厥若。立政云我其克灼知厥若。康王之誥云用

奉恤厥若厥若亦當是成語此等成語無不有相沿之意義在今日固無以知之學者姑從蓋闕可矣

釋樂次

凡樂以金奏始以金奏終金奏者所以迎送賓亦以優天子諸侯及賓客以爲行禮及步趨之節也

燕禮記若以樂納賓則賓及庭奏肆夏注肆夏樂章也今亡以金鎛播之鼓磬應之所謂金奏也

郊特牲賓入大門而奏肆夏

仲尼燕居兩君相見揖讓而入門入門而縣興又入門而金作示情也

左氏成十二年傳晉郤至如楚聘且涖盟楚子享之子反相爲地室而縣焉郤至將登金奏作於下驚而走出

左氏襄四年傳穆叔如晉晉侯享之金奏肆夏之三不拜

案以上五事，金奏皆作於賓入門或及庭之時，所以迎賓也。

鄉飲酒禮：賓出奏陔。注：陔，陔夏也。陔之言戒也，終日燕飲酒，以陔為節，明無失禮也。

鄉射禮：賓興，樂正命奏陔，賓降及階，陔作，賓出，衆賓皆出。注：陔，陔夏。其詩亡。周禮：賓醉而出，奏陔夏。

燕禮：賓醉，北面坐取其薦脯以降，奏陔。

大射儀：賓醉，北面坐取其薦脯以降，奏陔。

郊特牲：大饗，其出也，肆夏而送之，蓋重禮也。注：出，謂諸侯之賓也。禮畢而出，作樂以節之，肆夏當為陔夏。

案以上五事，皆於賓出時奏之，所以送賓也。

周禮大司樂：大祭祀，王出入則令奏王夏，尸出入則令奏肆夏，牲出入則令奏昭夏。大饗不入牲，其他皆如祭祀。大射，王

出入令奏王夏

案此兼言送迎

周禮樂師教樂儀行以肆夏趨以采薺車亦如之凡環拜以鍾鼓爲節

燕禮記若以樂納賓則賓及庭奏肆夏賓拜酒主人答拜而樂闋公拜受爵而奏肆夏公卒爵主人升受爵以下而樂闋

大射儀擯者納賓賓及庭公降一等揖賓賓辟公升即席奏肆夏賓升自西階主人從之賓右北面至再拜賓答再拜主人降洗洗南西北面賓降階西東面主人辭降賓對主人北面盥坐取觚洗賓少進辭洗主人坐奠觚于篚興對賓反位主人卒洗賓揖升主人升賓拜洗主人賓右奠觚答拜降盥賓降主人辭降賓對卒盥賓揖升主人升坐取觚執冪者舉冪主人酌膳執冪者蓋冪酌者加勺又反之筵前獻賓賓西

階上拜受爵于筵前反位主人賓右拜送爵宰胥薦脯醢賓升筵庶子設折俎賓坐左執觶右祭脯醢奠爵于薦右興取肺坐絶祭嚌之興加于俎坐挩手執爵遂祭酒興席末坐啐酒降席坐奠爵拜告旨執爵興主人答拜樂闋

又主人盥洗象觚升酌膳東北面獻于公公拜受爵乃奏肆夏主人降自西階阼階下北面拜送爵宰胥薦脯醢由左房庶子設折俎升自西階公祭如賓禮庶子贊授肺不拜酒立飲卒爵坐奠爵拜執爵興主人答拜樂闋升受爵降奠于篚

郊特牲賓入大門而奏肆夏示易以敬也卒爵而樂闋孔子屢歎之

案此三事肆夏之奏非徒以納賓兼以為行禮及步趨之節惟為賓與公奏之所以優尊者也

凡金奏之詩以九夏

周禮。鍾師掌金奏。凡樂事。以鍾鼓奏九夏。王夏肆夏昭夏納夏章夏齊夏族夏祴夏驁夏。

大夫士有送賓之樂而無迎賓之樂。其送賓也以陔夏。

鄉飲酒禮。賓出奏陔。

鄉射禮。賓興樂正命奏陔。賓降及階陔作。

諸侯。迎以肆夏。送以陔夏。

燕禮記。若以樂納賓。則賓及庭奏肆夏。

大射儀。擯者納賓。賓及庭。公降一等揖賓。賓辟。公升。即席。奏肆夏。

又賓醉。北面坐。取其薦脯以降。奏陔。

天子。迎以肆夏。送以肆夏。

周禮。大司樂。大祭祀。尸出入則令奏肆夏。大饗如祭祀。

郊特牲。大饗。其出也肆夏而送之。

左傳。三夏。天子所以享元侯也

而天子諸侯出入。又自有樂。其樂。天子以王夏。諸侯以驁夏。諸侯大射。惟入用樂

周禮大司樂。大祭祀王出入則令奏王夏。大饗如祭祀。大射。王出入令奏王夏。

大射儀。公入驁。

案鍾師注引杜子春曰。王出入奏王夏。尸出入奏肆夏。牲出入奏昭夏。四方賓來奏納夏。臣有功奏章夏。夫人祭奏齊夏。族人侍奏族夏。客醉而出奏祴夏。公出入奏驁夏。案此前三事。本大司樂職文。末二事亦有禮經可據。中間說納夏章夏齊夏族夏用處。不過望文爲說。別無他據。然皆謂出入同樂也。而據燕禮記及大射儀。納賓用肆夏。賓出奏陔。則諸侯於賓。迎送異樂。又尚書大傳。天子將出則撞

黃鐘。右五鐘皆應。入則撞蕤賓。左五鐘皆應。則似天子出入。樂亦不同。均與大司樂職文異。或大司樂言王出入宗廟射宮之樂。大傳言王出入路寢之樂。故不同歟。抑大傳所言。出撞黃鐘。入撞蕤賓。雖異律而仍同樂歟。不可考矣。

金奏既闋。獻酬之禮畢。則工升歌。歌升者。所以樂賓也。祭祀則樂尸。尸亦賓類也。

升歌之詩以雅頌。大夫士用小雅。

鄉飲酒禮。工歌鹿鳴四牡皇皇者華。

諸侯燕其臣及他國之臣。亦用小雅。

燕禮。工歌鹿鳴四牡皇皇者華。

大射儀。乃歌鹿鳴三終。

左氏襄四年傳。又歌鹿鳴之三。三拜。

又鹿鳴。君所以嘉寡君也。敢不拜嘉。四牡。君所以勞使臣也。敢不重拜。皇皇者華。君教使臣曰云云。

兩君相見則用大雅

左氏襄四年傳工歌文王之三又不拜

又文王兩君相見之樂也

或用頌

仲尼燕居兩君相見升歌清廟

案左氏傳叔孫豹謂文王兩君相見之樂而仲尼燕居則云兩君相見升歌清廟一雅一頌用樂不同疑叔孫所説乃諸侯相見之通禮惟魯太廟用天子禮樂升歌清廟遂推而用之於賓客仲尼燕居云云殆就魯現制言觀禮經諸侯燕其臣及四方之賓皆升歌鹿鳴之三則兩君相見自當升歌文王之三不得越大雅而用頌也仲尼燕居自是七十子後學所記未必為孔子之言

天子則用頌焉

祭統夫大嘗禘升歌清廟下管象朱干玉戚以舞大武八佾以舞大夏此天子之樂也

明堂位成王命魯公世世祀周公以天子之禮樂季夏六月以禘禮祀周公於大廟升歌清廟

文王世子天子視學登歌清廟

尚書大傳古者帝王升歌清廟之樂

升歌既畢則笙入笙之詩南陔白華華黍也

鄉飲酒禮笙入堂下磬南北面立樂南陔白華華黍

燕禮笙入立于縣中奏南陔白華華黍

歌者在上匏竹在下於是有間有合間之詩歌則魚麗南有嘉魚南山有臺笙則由庚崇邱由儀也

鄉飲酒禮乃間歌魚麗笙由庚歌南有嘉魚笙崇邱歌南山有臺笙由儀

燕禮文同上。

合之詩。周南關雎葛覃卷耳。召南鵲巢采蘩采蘋也。

鄉飲酒禮。乃合樂周南關雎葛覃卷耳。召南鵲巢采蘩采蘋。

鄉射禮。工四人二瑟。升自西階北面東上。笙入立于縣中。乃合樂。周南關雎葛覃卷耳。召南鵲巢采蘩采蘋。

燕禮。遂歌鄉樂。周南關雎葛覃卷耳。召南鵲巢采蘩采蘋。

燕禮記。升歌鹿鳴。下管新宮。笙入三成。遂合鄉樂。

自笙以下諸詩。大夫士至諸侯共之。

鄉飲酒禮。鄉射禮。燕禮均見上。

案笙與間歌合樂所用諸詩。據現存禮經言之。大夫士與諸侯無異。鄭氏詩譜云。其用於樂國君以小雅。天子以大雅。然而饗賓或上取。燕或下就。何者。天子饗元侯。歌肆夏合文王。諸侯歌文王合鹿鳴。諸侯於鄰國之君。與天子於諸侯同天子諸侯燕羣臣及聘問之賓皆歌鹿鳴合鄉樂其於鄉飲酒禮燕禮注亦云小雅為諸侯之樂大雅頌為天子之樂鄉飲酒升歌小雅禮盛者可以進取也燕合鄉樂禮輕者可以逮下也春秋傳曰肆夏樊遏渠天子所以享元侯也文王大明緜兩君相見之樂也然則諸侯相與燕升歌大雅合小雅天子與次國小國之君燕亦如之與大國之君燕升歌頌合大雅其笙間之篇未聞此二說畧同原鄭所以為此說者彼據鄉飲酒禮燕禮凡合樂所用之詩皆下升歌一等遂推之天子享元侯與諸侯相見以為皆如是因以左氏內外傳之金奏肆夏為升歌工歌文王為合樂不知金奏自金奏升歌自升歌合樂自合樂內外傳明云金奏肆夏之三工歌文王之三則所云天子合大雅者無據矣至謂諸侯相與燕升歌大雅合小雅則據

內傳工歌文王之三又歌鹿鳴之三魯語作歌文王大明緜伶簫詠歌及鹿鳴之三伶簫並言或為合樂之證然古天子諸侯禮之重者皆但有升歌下管舞而無間歌合樂然則鄭由鄉飲酒禮燕禮以推天子諸侯之合樂其根據未免薄弱矣

諸侯以上禮之盛者以管易笙笙與歌異工故有間歌有合樂管與歌同工故升而歌下而管而無間歌合樂下管之詩諸侯新宮天子象也

燕禮記升歌鹿鳴下管新宮笙入三成遂合鄉樂若舞則勺

大射儀乃席工于西階上少東小臣納工工六人四瑟僕人正徒相大師僕人師相少師僕人士相上工相者在左何瑟後首內弦挎越右手相後者徒相入小樂正從之升自西階北面東上坐授瑟乃降小樂正立于西階東乃歌鹿鳴三終

主人洗升實爵獻工工不興左瑟一人拜受爵主人西階上北面拜送爵薦脯醢使人相祭卒爵不拜主人受虛爵衆工不拜受爵坐祭遂卒爵辯有脯醢不祭主人受爵降奠于篚大師及少師上工皆降立于鼓北羣工陪于後乃管新宮三終卒管大師少師上工皆東坫之東南西面北上坐

文王世子天子視學登歌清廟下管象舞大武

明堂位季夏六月以禘禮祀周公于大廟升歌清廟下管象朱干玉戚冕而舞大武皮弁素積裼而舞大夏

祭統夫大嘗禘升歌清廟下而管象朱干玉戚以舞大武八佾以舞大夏

仲尼燕居兩君相見升歌清廟下管象武夏籥序興又下而管象示事也

案此上六事凡有管者皆無笙亦無間歌合樂而皆有舞

惟燕禮記則有管有笙有合樂有舞記舉禮之變故備言之實則有管則當無笙而以舞代合樂有笙則當無管而以合樂代舞以他經例之當然記言之未晳耳禮經中記之作遠在經後據大射儀經文則下管乃升歌之工自降而吹管管與歌同工既管又笙於事為贅故鄭於燕禮記笙入三成下云管之入三終以管與笙為一此在燕禮記或可如此解然以此解大射儀則全與經文牴牾鄭於大射儀乃管新宮三終下曰笙從工而入既管不獻畧下樂也是亦以管為笙且謂歌管異工然經於獻工後云大師少師上工皆降立于鼓北羣工陪于後乃管新宮三終卒管大師及少師上工皆東坫之東南西面北上坐繫管於大師六人皆降之後又繫大師等東於卒管之後是經謂管者即大師少師上工羣工至為明顯否則未管之前何

以不書管入卒管之後何以不書獻管且管者既別有人則大師等六人升歌受獻之後既已無事何以須降立於鼓北又何以須卒管而後東可知注之無一當矣故祭統與仲尼燕居皆云升歌清廟下而管象於下字下沾而字明下管之工即升歌之工升歌下管非異人也鄉飲鄉射燕禮有間歌合樂故歌笙異工大射無間歌合樂既歌之後堂上無事故歌管同工鄭即以鄉飲酒燕禮之笙入擬之殊乖經旨鄭於大師少師上工皆降立于鼓北羣工陪于後注曰鼓北西縣之北言鼓北者與鼓而餘長在後也羣工陪于後三人為列也又於乃管新宮三終下注曰笙立於東縣之中按鄭既以歌者管者異工故以為大師六人降立於西縣之北管者立於東縣之中此大誤也大師等降立於鼓北者鼓謂兩建鼓經云建鼓在阼階西南鼓一建鼓在西階之東南面蕩在建鼓之間則鼓北謂兩建鼓之北立於鼓北者以就蕩也其地在兩階之間非西縣之北亦非東縣之中故卒管後云大師等皆東鄭之失全在誤認歌管異工故無一合若如今說則四達不悖矣以大射儀推之燕禮記所云升歌鹿鳴下管新宮者謂歌管同工此用樂之一種所云笙入三成遂合鄉樂者則笙歌異工此用樂之又一種二種任用其一不能兼用所云若舞則勺者則與

弟一種為類不與弟二種為類以文王世子明堂位祭統仲尼燕居四事證之有餘矣記文備記禮變往往如此特語父明辨當以大射儀經文為正矣（歌管同工元敖繼公儀禮集說已有此說因明諸儒或申鄭難鄭具引見）

凡升歌用雅者管與笙皆用雅升歌用頌者管亦用頌

鄉飲酒禮工歌鹿鳴四牡皇皇者華笙入樂南陔白華華黍

燕禮工歌鹿鳴四牡皇皇者華笙入奏南陔白華華黍

燕禮記升歌鹿鳴下管新宮注新宮小雅逸篇也

大射儀乃歌鹿鳴三終乃管新宮三終

文王世子登歌清廟下管象

明堂位升歌清廟下管象

祭統升歌清廟下而管象

仲尼燕居升歌清廟下管象武夏籥序興

案毛詩周頌序維清奏象舞也下管象當謂管維清之詩

十三

升歌清廟下管維清皆頌也仲尼燕居云下管象武夏籥序興鄭讀下管象武為句然下云升歌清廟示德也下而管象示事也則當讀下管象為句武夏籥序興為句武大武夏籥大夏也呂氏春秋古樂篇禹命皋陶作為夏籥九成以昭其功是夏籥即大夏夏者夏翟羽（鄭氏周禮天官序官夏采注）詩邶風左手執籥右手秉翟謂此舞也明堂位升歌清廟下管象朱干玉戚冕而舞大武皮弁素積裼而舞大夏祭統升歌清廟下而管象朱干玉戚以舞大武八佾以舞大夏文王世子登歌清廟下管象舞大武皆歌清廟者管象舞大武大夏之證則仲尼燕居之武不當屬上讀明矣

凡有管則有舞舞之詩諸侯勺天子大武大夏也

燕禮記文王世子明堂位祭統仲尼燕居（均見上）

案禮經傳上言下管者下必言舞而不言閒歌合樂其言

間歌合樂者皆不言舞是二者可以相代又案天子諸侯祭祀賓客之禮皆有舞則以用舞者爲重用間歌合樂者爲輕矣

凡金奏之樂用鐘鼓

周禮鍾師掌金奏以金鼓奏九夏

天子諸侯全用之大夫士鼓而已

鄉飲酒禮注周禮鍾師以金鼓奏九夏是奏陔夏則有鍾鼓矣鍾鼓者天子諸侯備用之大夫士鼓而已蓋建于阼階之西南鼓

鄉射禮注陔夏者天子諸侯以鍾鼓大夫士鼓而已

歌用瑟及搏拊

書益稷搏拊琴瑟以詠

鄉飲酒禮鄉射禮燕禮工四人二瑟

大射儀。工六人四瑟。

樂記。清廟之瑟朱弦而疏越。一倡而三歎。有遺音者矣

荀子禮論。清廟之歌。一倡而三歎也。懸一磬而尚拊搏。朱弦而通越。一也。

尚書大傳。古者帝王升歌清廟之樂。大琴練弦達越。大瑟朱弦達越。以韋為鼓。謂之搏拊。

案禮經。記升歌有瑟無琴。亦無搏拊。大傳所言。殆異代禮

笙與管皆如其名。舞則大武用干戚。大夏用羽籥。

明堂位。祭統。仲尼燕居。均見上

案公羊昭二十四年傳。朱干玉戚以舞大夏。八佾以舞大武。以明堂位祭統證之。夏武二字互誤。

此其大略也。

附天子諸侯大夫士用樂表

	金奏	升歌	管	笙	間歌（歌）	間歌（笙）	合樂	舞	金奏
大夫士鄉飲酒禮	無	鹿鳴四牡皇皇者華	無	南陔白華華黍	魚麗南有嘉魚南山有臺	由庚崇邱由儀	周南關雎葛覃卷耳召南鵲巢采蘩采蘋	無	陔夏
大夫士鄉射禮	無	無	無	無	無	無	周南關雎葛覃卷耳召南鵲巢采蘩采蘋	無	陔夏
諸侯燕禮之甲「據燕禮經」	無	鹿鳴四牡皇皇者華	無	南陔白華華黍	魚麗南有嘉魚南山有臺	由庚崇邱由儀	周南關雎葛覃卷耳召南鵲巢采蘩采蘋	無	陔夏
諸侯燕禮之乙「據燕禮記」	肆夏肆夏	鹿鳴	「新宮」	「笙入三成」			鄉樂	勺	陔夏
諸侯大射儀	肆夏肆夏	鹿鳴三終	新宮三終						陔夏驁夏

	兩君相見	魯禘	天子大射	天子大饗	天子視學養老	天子大祭祀
			王夏（肆夏）	王夏肆夏	（王夏）（肆夏）	王夏肆夏昭夏
文王之三	清廟	清廟	（清廟）	（清廟）	清廟	清廟
	象	象	（象）	（象）	象	象
鹿鳴之三						
	武夏籥	大武大夏	弓矢舞		大武	大武大夏
			（肆夏）王夏	肆夏王夏	（肆夏）王夏	肆夏王夏

表內加「」者不必備有加（）者經傳無明文以意推之

周大武樂章考

樂記。夫武始而北出。再成而滅商。三成而南。四成而南國是疆。五成而分周公左召公右。六成復綴以崇。是武之舞凡六成。其詩當有六篇也。據毛詩序。於武曰奏大武也。於酌曰告成大武也。則六篇得其二。春秋左氏宣十二年傳。楚莊王曰。武王克商作武。其卒章曰。耆定爾功。其三曰。鋪時繹思。我徂惟求定。其六曰綏萬邦婁豐年是以賚爲武之三成以桓爲武之六成則六篇得其四其詩皆在周頌其餘二篇自古無說案祭統云舞莫重於武宿夜是尚有宿夜一篇鄭注宿夜武曲名也疏引皇氏云師說書傳云武王伐紂至於商郊停止宿夜士卒皆歡樂歌舞以待旦因名焉武宿夜其樂亡也熊氏云此即大武之樂也案宿古夙字說文解字夕部夙早敬也㐁古文夙从人㐁亦古文夙从人西宿从此又宀部宿止也从宀佰聲佰古文夙豐姞敦云豐姞憝用夙夜享孝于𧧑公于室叔朋友夙正作㐁是武宿夜即武夙夜其詩中當有夙夜二字因以名篇如時邁有肆于時夏語因稱肆夏矣皇侃所稱師說非也大武六篇其四篇皆在周頌則此篇亦當於頌中求之今考周頌三十一篇其有夙夜字者凡四昊天有成命曰夙夜基命宥密我將曰我其夙夜畏天之威振鷺曰庶幾夙夜以永終譽閔予小子曰維予

小子夙夜敬止而我將為祀文王於明堂之詩振鷺為二王之後助祭之詩閔予小子為嗣王朝廟之詩質以經文序說不誤惟昊天有成命序云郊祀天地也然郊祀天地之詩不應詠歌文武之德又郊以后稷配天尤與文武無涉蓋作序者見此詩有昊天字而望文言之若武夙夜而在今周頌中則舍此篇莫屬矣（詩有成王不敢康語周語及賈子新書載叔向說此詩以成王為武王之子文王之孫然書酒誥云成王畏相又云惟助成王德顯是成王乃殷周閒成語箋云文王武王成此王功殆是也）如此則大武之詩已得五篇其餘一篇疑當為般何則酌桓賚般四篇次在頌末又皆取詩之義以名篇前三篇既為武詩則後一篇亦宜然此武詩六篇之可考者也至其次弟則毛詩與楚樂歌不同楚以賚為弟三桓為弟六毛則六篇分居三處其次則夙夜弟一武弟二酌弟三桓弟四賚弟五般弟六此殆古之次弟案祭統云獻之屬莫重於祼聲莫重於升歌舞莫重於武宿夜考祼者獻之始升歌者樂之始則武宿夜自當為舞之始是夙夜

當居第一之證也。其餘五篇次第亦與樂記所紀舞次相合。武云勝殷遏劉，而記云再成而滅商，是武爲第二成之證也。武爲第二成，則告成大武之酌自當爲第三成。至桓云綏萬邦，又云于以四方，則與四成疆南國之事相合。賚之義爲封功臣，則與五成分周公左召公右之事相合。般云於皇時周，陟其高山，則與六成復綴以崇之事相合。是毛詩次第與樂記同。蔡邕獨斷所載周頌諸篇次第一如毛詩。或疑是魯詩說，恐亦據毛也。恐是周初舊第，勝於楚樂歌之次第遠矣。又此六篇語意一貫，皆以文武受命爲言。其首篇云昊天有成命，二后受之，又云夙夜基命宥密。其二篇云嗣武受之。三篇云我龍受之。皆謂受此成命也。其四篇云天命匪解。其五篇云文王既勤止，我膺受之。勤謂勤大命。單伯鐘與毛公鼎皆云勞勤大命。膺受謂膺受大命也。逸周書克殷解、毛公鼎、益公敦皆云膺受大命。六篇云桓時之對。桓時即不時，亦即丕時。大雅云帝命不時，書君奭云在讓後人于丕時。桓、不、丕聲相近。桓時之對，猶言帝命之對。如文王下武言配命矣。五篇六篇之末皆云時周之命。又與首篇相應。又第一篇兼言文武。第二篇詠武王而原本於文王之克開厥後。第三第四專言武王。而第五篇復追言文王之勤命。六篇語意相承。不獨為一詩之證。其次序亦較然矣。今以上所論者列表明之。

	所象之事	舞容	舞詩篇名	舞詩
一成	北出	總干立山	武宿夜	昊天有成命二后受之成王不敢康夙夜基命宥密於緝熙單厥心肆其靖之
再成	滅商	發揚蹈厲	武	於皇武王無競維烈允文文王克開厥後嗣武受之勝殷遏劉耆定爾功
三成			酌	於鑠王師遵養時晦時純熙矣是用大介我龍受之蹻蹻王之造載用有嗣實維爾公允師
四成	南國是疆		桓	綏萬邦屢豐年天命匪解桓桓武王保有厥士于以四方克定厥家於昭于天皇以閒之
五成	分周公左召公右	分夾而進	賚	文王既勤止我應受之敷時繹思我徂維求定時周之命於繹思
六成	復綴以崇	武亂皆坐	般	於皇時周陟其高山嶞山喬嶽允猶翕河敷天之下裒時之對時周之命

周一代之大舞曰大武，其小舞曰勺曰象。內則十有三年學樂誦詩舞勺，成童舞象。鄭注：先學勺，後學象，文武之次也。疏引熊安生云：勺，籥也。言十三之時學此舞籥之文舞也。又云：象謂用干戈之小舞也。是勺與象皆小舞，與大武大夏之為大舞者不同。然漢人皆以勺象與大武為一。燕禮記若舞則勺注：勺，頌篇告成大武之樂歌也。又明堂位下管象注曰：象謂周頌武也。是以勺為酌，象為武，皆大武之一成。白虎通禮樂篇：周樂曰大武象（象上奪武王之樂曰五字，校以下文自明），周公之樂曰酌，合曰大武。周公曰酌者，言周公輔成王能斟酌文武之道而成之也。武王曰象者，象太平而作樂示已太平也。合曰大武者，天下始樂周之征伐行武云云。是亦以勺與象皆大武之一節也。呂氏春秋古樂篇：武王即位，以六師伐殷，六師未至，以銳兵克之於牧野，歸乃薦俘馘於京大室，乃命周公作為大武。成王立，殷民反，王命周公踐伐之，商人服象為虐於東夷周公遂以師逐之至於江南乃為三象以嘉其德（淮南齊俗訓亦云周樂大武三象棘下）此雖別武與象為二又以象為周公之樂與白虎通說正相反然以三象為繼大武而作又以象為周公南征之事正與樂記大武四成而南國是疆五成而分周公左召公右及武亂皆坐周召之治相合疑武之六成本是大舞周人不必全用之取其弟二成用之謂之武取其弟三成用之謂之勺取其四成五成六成用之謂之三象故白虎通謂酌象合曰大武而鄭君注禮亦以武象為一也然謂武亦有象名則可謂詩序之象舞與禮下管所奏之象即大武之一節則不可詩序維清奏象舞也以武奏大武也例之象舞當用維清之詩而維清之詩自詠文王之文德與清廟維天之命為類則禮之升歌清廟下管象者自當下管維清不當管武宿夜以下六篇也且禮言升歌清廟下管象者皆繼以舞大武管與舞不同時自不得同

用一詩。左傳見舞象箾南籥者。見舞大武者。是大武之外又自有象舞。且與南籥連言。自係文舞。與武之為武舞有別。維清之所奏。與升歌清廟後之所管。內則之所舞。自當為文舞之象。而非武舞之象也。二者同名異實。後世往往相淆。故畧論之。

說周頌

阮文達釋頌一篇。具釋頌之本義。至確。然謂三頌各章皆是舞容。則恐不然。周頌三十一篇。惟維清為象舞之詩。昊天有成命、武、酌、桓、賚、般為武舞之詩。其餘二十四篇為舞詩與否。均無確證。至清廟為升歌之詩。時邁為金奏之詩。（據周禮鍾師注引呂叔玉說。則執競思文亦金奏之詩。）尤可證其非舞曲。毛詩序云。頌者美盛德之形容。以其成功告於神明者也。盛德之形容。以貌表之可也。以聲表之亦可也。竊謂風雅頌之別。當於聲求之。頌之所以異於雅頌者。雖不可得而知。今就其著者言之。則頌之聲較風雅為緩也。何以證之。曰風雅有韻而頌多無韻也凡樂詩之所以用韻者以同部之音間時而作足以娛人耳也故其聲促者韻之感人也深其聲緩者韻之感人也淺韻之娛耳其相去不能越十言或十五言若越十五言以上則有韻與無韻同即令二韻相距在十言以內若以歌二十言之時歌此十言則有韻亦與無韻同然則風雅所以有韻者其聲促也頌之所以多無韻者其聲緩而失韻之用故不用韻此一證也其所以不分章者亦然風雅皆分章且後章句法多疊前章其所以相疊者亦以相同之音間時而作足以娛人耳也若聲過緩則雖前後相疊聽之亦與不疊同頌之所以不分章不疊句者當以此此二證也頌如清廟之篇不過八句不獨視鹿鳴文王長短迥殊即比關雎鵲巢亦復簡短此亦當由聲緩之故此三證也燕禮記若以樂納賓則賓及庭奏肆夏賓拜酒主人答拜而樂闋公拜受爵而奏肆夏公卒爵主人

升。受爵以下。而樂闋。又大射儀。自奏肆夏以至樂闋。中間容賓升。主人拜。至降洗。賓降。主人辭。賓對。主人盥。洗觚。賓辭洗。主人對。主人升。賓拜洗。主人答拜。降盥。賓降。主人辭降。賓對。卒盥。升。主人酌膳。獻賓。賓拜受爵。主人拜送爵。宰胥薦脯醢。庶子設折俎。賓祭脯醢。祭肺。嚌肺。祭酒。啐酒。拜告旨。主人答拜。凡三十四節。為公奏肆夏時亦然。肆夏一詩不過八句。而自始奏。以至樂闋。所容禮文之繁如此。則聲緩可知。此四證也。然則頌之所以異於風雅者。在聲而不在容。則其所以美盛德之形容者。亦在聲而不在容可知。以名頌而皆視為舞詩。未免執一之見矣。

說商頌上

商頌諸詩作於何時。毛韓說異。毛詩序謂微子至於戴公。其間禮樂廢壞。有正考父者。得商頌十二篇於周之大師。以那為首。是毛以商頌為商詩也。史記宋世家。襄公之時。修行仁義。欲為盟主其大夫正考父美之故追道契湯高宗殷所以興作商頌集解駰案韓詩章句亦美襄公案集解雖但引薛漢章句疑是韓嬰舊說史遷從之楊子法言學行篇正考父嘗睎尹吉甫矣公子奚斯嘗睎正考父矣亦以商頌為考父作皆在薛漢前後漢曹褒及刻石之文亦皆從韓說是韓以商頌為宋詩也襄公考父時代不同韓說固誤然以為考父所作則固與毛詩同本魯語未可以臆定其是非也魯語閔馬父謂正考父校商之名頌十二篇於周大師以那為首考漢以前初無校書之說即令校字作校理解亦必考父自有一本然後取周大師之本以校之不得言得是毛詩序改校為得已失魯語之意矣余疑魯語校字當讀為效效者獻也謂正考父獻此十二篇於周大師韓說本之若如毛詩序說則所得之本自有次弟不得復云以那為首也且以正考父時代考之亦以獻詩之說為長左氏昭七

年傳。及正考父佐戴武宣。世本。正考父生孔父嘉。詩商頌正義引潛夫論氏姓志亦云。考孔父之卒在宋殤公十年。自是上推之。則殤公十年。穆公九年。宣公十九年。武公十八年。戴公三十四年。自孔父之卒上距戴公之立。凡九十年。孔父佐穆殤二公。則其父恐不必逮事戴公。即令早與政事。亦當在戴公暮年。而戴公之三十年。平王東遷。其時宗周既滅。文物隨之。宋在東土。未有亡國之禍。先代禮樂。自當無恙。故獻之周太師。以備四代之樂。較之毛詩序說。於事實為近也。然則商頌為考父所獻。即為考父所作歟。曰。否。魯語引那之詩。而曰先聖王之傳。恭猶不敢專稱曰自古古曰在昔昔曰先民。可知閔馬父以那為先聖王之詩。而非考父自作也。韓詩以為考父所作。蓋無所據矣。

說商頌下

然則商頌果為商人之詩與。曰。否。殷武之卒章曰。陟彼景山松柏丸丸毛鄭於景山均無說魯頌擬此章則云徂徠之松新甫之柏則古自以景山為山名不當如鄘風定之方中傳大山之說也案左氏傳商湯有景亳之命水經注濟水篇黄溝枝流北逕已氏縣故城西又北逕景山東此山離湯所都之北亳不遠商邱蒙亳以北惟有此山商頌所詠當即是矣而商自般庚至於帝乙居殷虛紂居朝歌皆在河北則造高宗寢廟不得遠伐河南景山之木惟宋居商邱距景山僅百數十里又周圍數百里内別無名山則伐景山之木以造宗廟於事為宜此商頌當為宋詩不為商詩之一證也又自其文辭觀之則殷虛卜辭所紀祭禮與制度文物於商頌中無一可尋其所見之人地名與殷時之稱不類而反與周時之稱相類所用之成語并不與周初類而與宗周中葉以後相類此尤不可不察也卜辭稱國都曰商不曰殷而頌則殷商錯出卜辭稱湯曰大乙不曰湯而頌

則曰湯曰烈祖曰武王此稱名之異也其語句中亦多與周詩相襲如那之猗那即檜風萇楚之阿儺小雅濕桑之阿難石鼓文之亞箬也長發之昭假遲遲即雲漢之昭假無贏烝民之昭假于下也殷武之有截其所即常武之截彼淮浦王師之所也又如烈祖之時靡有爭與江漢句同約軝錯衡八鸞鶬鶬與采芑句同凡所同者皆宗周中葉以後之詩而烝民江漢常武序皆以為尹吉甫所作揚雄謂正考父睎尹吉甫或非無據矣顧此數者其為商頌襲風雅抑風雅襲商頌或二者均不相襲而同用當時之成語皆不可知然魯頌之襲商頌則灼然事實夫魯之於周親則同姓尊則王朝乃其作頌不摹周頌而摹商頌蓋以與宋同為列國同用天子之禮樂且商頌之作時代較近易於摹擬故也由是言之則商頌蓋宗周中葉宋人所作以祀其先王正考父獻之於周太師而太師次之於周頌之後逮魯

頌既作又次之於魯後若果爲商人作則當如尚書例在周頌前不當次魯頌後矣然則韓詩以商頌爲宋人所作雖與魯語閔馬父之說不盡合然由商頌之詩證之固長於毛說遠矣

漢以後所傳周樂考

大戴禮記投壺篇凡雅二十六篇其八篇可歌歌鹿鳴貍首鵲巢采蘩采蘋伐檀白駒騶虞八篇廢不可歌七篇商齊可歌也三篇閒歌史辟史義史見史童史謗史賓拾聲叡挾（史辟以下八篇孔氏廣森補注以爲即廢不可歌之八篇）案此二十六篇今鵲巢采蘩采蘋騶虞在召南伐檀在魏風商齊七篇或在齊風或在商頌貍首史辟諸篇均佚惟鹿鳴白駒與閒歌三篇（魚麗南有嘉魚南山有臺）在小雅投壺所紀詩之部居次第均與四家詩不同蓋出先秦以後樂家之所傳案樂記師乙言聲歌有頌有大雅有小雅有風有商有齊今此二十六篇亦有雅有風有商齊與魯太師所傳者同不過春秋末魯太師所傳者雅

自雅風自風商齊自商齊不相雜也厥後發闕所存僅二十六篇其中兼有各類以其首篇爲鹿鳴遂悉以雅名之至作投壺時又亡其八篇（史辟史義諸篇聲與詩俱亡樂人口耳相傳篇名不無譌舛其實未必不在三百篇中也）乃備記其存亡之目蓋在戰國以後矣投壺所存十八篇至漢猶有存者琴操云古琴曲有歌詩五曲一曰鹿鳴二曰伐檀三曰騶虞四曰鵲巢五曰白駒皆在上十八篇中宋書樂志云漢章帝元和二年宗廟樂食舉故事有鹿鳴承元氣二曲又云漢大樂食舉十三曲一曰鹿鳴又云魏雅樂四曲一曰鹿鳴後改曰於赫詠武帝二曰騶虞後改曰巍巍詠文帝三曰伐檀後省除四曰文王後改曰洋洋詠明帝騶虞伐檀文王並左延年改其聲晉書樂志云杜夔傳舊雅樂四曲一曰鹿鳴二曰騶虞三曰伐檀四曰文王皆古聲辭及太和中左延年改夔騶虞伐檀文王三曲更自作聲節其名雖存而聲實異惟因夔鹿鳴全不改易是漢魏所存周樂

四篇鹿鳴騶虞伐檀亦在投壺可歌八篇中惟文王一篇不知得自何所漢雅樂有三源漢書禮樂志漢興樂家有制氏以雅樂聲律世世在大樂官服虔曰制氏魯人也此魯樂也又高祖時叔孫通因秦樂人制宗廟樂此秦樂也景十三王傳武帝時河間獻王來朝獻雅樂此趙樂也投壺所存十八篇蓋魯樂家之所傳杜夔為漢雅樂郎蓋又習秦趙所傳雅樂故文王一篇乃出於十八篇之外也由前後觀之則投壺所存古樂十八篇風雅商齊上同師乙之分類鹿鳴伐檀騶虞下同杜夔之所傳其為周秦之間樂家舊弟無疑案古樂家所傳詩之次弟本與詩家不同左氏傳季札觀周樂豳在秦前魏唐在秦後今詩則魏風唐風在齊風之次豳在曹風之次此相異者一也鄉飲酒禮鄉射禮燕禮合樂周南關雎葛覃卷耳召南鵲巢采蘩采蘋周南三篇相次則召南三篇亦當相次今詩采蘩采蘋之間尚有草蟲一篇此相異者二也鄉飲酒禮燕禮笙南陔白華華黍間歌魚麗笙由庚歌南由嘉魚笙崇邱歌南山有臺笙由儀是樂次當如此而毛詩舊弟據六月序則南陔在杕杜之後魚麗之前與禮經樂次不合今毛詩由庚崇邱由儀又皆在

南山有臺後鄭箋所謂毛公為詁訓傳推改什首者是也此相異者三也左氏傳楚莊王以賚為武之三篇桓為武之六篇杜預以為楚樂歌之次弟而前大武考所定夙夜武酌桓賚般蓋周大武之舊弟而毛詩則夙夜在清廟之什武在臣工之什之末酌桓賚般在閔予小子之什之末此相異者四也此詩樂二家春秋之季已自分途詩家習其義出於古師儒孔子所云言詩誦詩學詩者皆就其義言之其流為齊魯韓毛四家樂家傳其聲出於古太師氏子貢所問於師乙者專以其聲言之其流為制氏諸家詩家之詩士大夫習之故詩三百篇至秦漢具存樂家之詩惟伶人世守之故子貢時尚有風雅頌商齊諸聲而先秦以後僅存二十六篇又亡其八篇且均被以雅名漢魏之際僅存四五篇（王深寧漢書藝文志考證樂家雅歌詩四篇即杜夔所傳四篇是西漢末已只存四篇）後又易其三訖永嘉之亂而三代之樂遂全亡矣二家本自殊途不能相通世或有以

此繩彼者，均未可謂爲篤論也。

觀堂集林卷第三

藝林三

海甯　王國維

明堂廟寢通考

宮室惡乎始乎。易傳曰。上古穴居而野處。後世聖人易之以宮室。穴居者。穿土而居其中。野處則復土於地而居之。詩所謂陶復陶穴是者也。（說文寝地室也）當是之時。唯有室而已。而堂與房無有也。初為宮室時亦然。故室者。宮室之始也。後世彌文。而擴其外而為堂。擴其旁而為房。或更擴堂之左右而為箱。為夾。為个。（三者異名同實）然堂後及左右房閒之正室。必名之曰室。此名之不可易者也。故通言之。則宮謂之室。室謂之宮。析言之。則所謂室者。必指堂後之正室。而堂也。房也。箱也。均不得蒙此名也。說文。室。實也。以堂非人所常處。而室則無不實也。晝居於是。（玉藻君子之居恆當戶。戶謂室戶也）夜息於是賓客於是曲禮將入戶視必下又戶外有二屨言聞則入皆謂室戶其在庶人之祭於寢者則詔祝於是筵尸於是其用如斯其重也後庭前堂左右有房有戶牖以達於堂有側戶以達於房有向以啟於庭東北隅謂之宧東南隅謂之窔西南隅謂之奥西北隅謂之屋漏其名如斯其備也故室者又宮室之主也明乎室為宮室之始及宮室之主而古宮室之制始可得而言焉

我國家族之制古矣一家之中有父子有兄弟而父子兄弟又各有其匹偶焉即就一男子言而其貴者有一妻焉有若干妾焉一家之人斷非一室所能容而堂與房又非可居之地也故穴居野處時其情狀余不敢知其既為宮室也必使一家之人所居之室相距至近而後情足以相親焉功足以相助焉然欲諸室相接非四阿之屋不可四阿者四棟也為四棟之屋使其堂各向東西南北於外則四堂後之四室亦自向東西南北而

湊於中庭矣。此置室最近之法，最利於用，而亦足以為觀美。明堂、辟雍、宗廟、大小寢之制，皆不外由此而擴大之、緣飾之者也。古制中之聚訟不決者，未有如明堂之甚者也。考工記言五室，言堂而不言堂之數。呂氏春秋十二紀、小戴記月令均言一太室、四堂、八个。尚書大傳畧同，唯改四大廟為正室。大戴記盛德篇則言九室。此三者之說已不相合。今試由上章所言考之，則呂氏春秋之四堂一太室實為古制。考工記中世室、五室、四旁、兩夾、四阿、重屋等語，均與古宮室之制度合。唯五室凡室二筵之文，則顯與自說相牴牾。至大戴九室之說，實為秦制。隋書宇文愷傳引禮圖，并見聶崇義三禮圖。恐秦時據考工記五室、呂覽四堂之文，昧古代堂與室之分，而以室之名概之。尚書大傳以四堂為四正室，是秦漢間人不知堂與室之分之證也。并四與五，則為九矣。說明堂月令者又云明堂九室十二堂。見玉藻、明堂位疏引鄭玄駁五經異義，後人誤僻入大戴記盛德篇中。則又恐據古之四堂八个、秦之九室而兼數之，所謂歧路之中又有歧者也。自漢以後，或主五室說或主九室說主五室者多主一堂之說而其位置此五室也各不同或置諸堂之中央及四正（藝文類聚禮部引古三禮圖說）或置諸中央及四隅（鄭玄考工記注許玉藻明堂位疏引鄭駁五經異義）或置諸堂个之後（汪中明堂通釋與孔廣森明堂億說略同）其主四隅說者或謂四室接太室之四角為之（聶崇義三禮圖如此戴震考工記圖張惠言儀禮圖從之而又參以月令之四堂八个）或謂四室不與太室相屬而遠在堂之四隅（汪中明堂通釋所圖鄭說如此）即同主一說者其殊固已如此矣其主九室說者則或接太室之四角為四室又接四室之四角為四室（聶氏云禮圖謂為秦制任啓運朝廟宮室考從之）或三三相重房間通街（後魏李謐所述如此見隋書牛弘及宇文愷傳）又主調停說者則有若賈思伯於太室四角為四室以一室充二个之用以當考工記之五室月令之四堂八个者矣（魏書賈思伯傳）有若焦循於太室之角接以四室而又兩分四室為句股形者八以充五室及四堂八个者矣（羣經宮室圖）有若唐仲友於一堂中畫東西南北以為四堂八个而置五室於四堂之間者矣（帝王經世圖譜）有若阮元以考工記雖言一堂而實有四堂故為廣九筵修

七筵之堂四於外。而於其中央方九筵之地置方二筵之室五。則又合唐氏之說以考工記之度矣。（揅經室續集卷一）然太室二筵。褊陋已甚。四隅四室取義云何。魏李謐隋牛弘之所諍者不可奪也。又據阮氏之說。則中央之地。修廣九筵。今五室所占縱橫僅得六筵。則所餘三筵之地如何。於是有若陳澧以三筵之地當五室之壁之厚。而謂壁厚半筵者矣。此外如白虎通蔡邕明堂論牛弘明堂議李覯明堂定制圖等。但務勦說而不能以圖明之者。其數尚多。蓋斯塗之荊棘久矣。自余說言之。則明堂之制。本有四屋四堂相背於外。其左右各有个。故亦可謂之十二堂。堂後四室相對於內。中央有太室。是為五室。太室之上。為圓屋以覆之。而出於四屋之上。是為重屋。其中除太室為明堂宗廟特制外。餘皆與尋常宮室無異。其五室四堂四旁兩夾四阿重屋。皆出於其制度之自然。不然。則雖使巧匠為之。或煩碎而失宜。或

宏侈而無當而其堂與室終不免窮於位置矣

明堂之制外有四堂東西南北兩兩相背每堂又各有左右二个其名則月令諸書謂之青陽太廟青陽左个青陽右个明堂太廟明堂左个明堂右个總章太廟總章左个總章右个玄堂太廟玄堂左个玄堂右个此四堂之名除明堂外青陽之名僅見於爾雅總章之名一見於尸子而玄堂則無聞焉其名或出後人之緣飾然其制則古矣蓋此四堂八个實與聽朔布政之事相關聽朔之為古制亦可由文字上旁證之於文王居門中為閏周禮春官大史閏月詔王居門終月玉藻閏月則闔門左扉立於其中先鄭注周禮云月令十二月分在青陽明堂總章玄堂左右之位惟閏月無所居居於門故於文王在門中為閏說文亦云告朔之禮天子居宗廟閏月居門中閏从王在門中周禮玉藻之說雖有可存疑之處然文字之證據不可誣也要

之明堂為古宮室之通制，未必為聽朔布政而設，而其四堂八个適符十二月之數，先王因之而月異其居，以聽朔布政焉，此自然之勢也。然則古者聽朔之事可以閏字證之，而四堂八个之制，又可由聽朔證之，月令之說固非全無依據矣。且考工記之記明堂，世所視為與月令絕異者也，記但言堂之修廣而不言堂數，故自漢以來多以一堂解之，然其所言世室五室四旁兩夾四阿重屋，無不可見四堂之制。古者室在堂後，有室斯有堂，又一堂止一室，故房有東西也，夾有東西也，个有左右也，而從不聞有二室。今既有五室，則除中央太室外，他室之前必有一堂，有四室斯有四堂矣。四旁兩夾亦然，（古夾个兩字音義皆同，書顧命及考工記之夾，即月令之个也。考工記此句，自漢以來皆讀四旁兩夾窗為句，孔廣森禮學卮言始讀四旁兩夾為句，而以窗字屬下讀，窗白盛為句，證以大戴禮之赤綴户也白綴牖也，其讀確不可易。）每堂各有兩夾，而四堂分居四旁，此所謂四旁兩夾也。若四阿之釋，則或以為四注屋，（鄭氏考工記四阿重屋注）或以阿為屋翼，（唐仲友帝王經世圖譜）或以阿為楣，（程瑤田釋宮小記）然鄭氏於考工記匠人王宮門阿之制五雉注及士昏禮當阿注皆云阿棟也蓋屋當棟處最高計屋之高必自其最高處計之門阿之制五雉謂自屋之最高處至地凡五雉自不能以屋翼及楣當之矣鄭以明堂止有一堂一堂不能有四棟故於四阿下解為四注屋然此四阿與王宮門阿同在匠人一職不容前後異義自當從鄭君後說既有四棟則為四堂無疑故考工記所言明堂之制為四堂而非一堂自其本文證之而有餘明堂合四堂而為一故又有合宮之稱尸子曰黄帝合宮殷人總章殷人陽館周人明堂益知四堂之說不可易也

四堂之後各有一室古者宮室之制堂後有室室與堂同在一屋中未有舍此不數而別求之於他處者也則明堂五室中除太室外他四室必為四堂後之正室乃主一堂說者以為在堂上之四正或以為在其四隅其主四堂說者則以在中庭之四

隅其說詭僻不合於古宮室之制且古之宮室未有有堂而無室者有之則惟習射之榭為然明堂非習射之所故具五室中之四必為堂後之正室與太室而五焉四堂四室制度宜然不是之求而以堂上庭中之四正四隅當之可謂舍康莊而行蹊徑者矣

四堂四室兩兩對峙則其中有廣庭焉庭之形正方其廣袤實與一堂之廣相等左氏傳所謂埋璧於太室之庭史記封禪書載中公之言曰黃帝接萬靈明庭蓋均謂此庭也此庭之上有圜屋以覆之故謂之太室太室者以居四室之中又比四室絕大故得此名太者大也其在月令則謂之太廟太室此太廟者非中央别有一廟即青陽明堂總章玄堂之四太廟也太廟之太對左右个而言太室之太對四室而言又謂之世室世亦大也古者太大同字世太為通用字故春秋經之世子傳作太子

論語之世叔。左氏傳作太叔。又如伯父之稱世父。皆以大為義。故書洛誥禮月令春秋左氏穀梁傳之太室。考工記明堂位公羊傳並稱世室。又太室居四堂四室之中。故他物之在中央者或用以為名。嵩高在五嶽之中。故古謂之太室。即以明堂太室之名名之也。然則太室者。以居中央及絕大為名。即此一語之中。而明堂之制已畧具矣。

明堂之制。既為古代宮室之通制。故宗廟之宮室亦如之。古宗廟之有太室。即足證其制與明堂無異。殷商卜文中兩見太室。殷虛書契卷一第三十六葉又卷二第三十六葉此殷宗廟中之太室也。周則各廟皆有之。書洛誥王入太室裸。王肅曰。太室清廟中央之室。此東都文王廟之太室也。明堂位又言文世室武世室。吳彝蓋云。王在周成太室。君夫敦蓋云。王在周康宮太室。鬲攸从鼎云。王在周康宮辟太室。曶鼎云。王在周穆王太□此字摩滅疑是室字。伊敦云。王格穆太室。則成王康王穆王諸廟皆有太室。不獨文武廟矣。至太室四面各有一廟。亦得於古金文字中證之。克鐘云。王在周康剌宮。（剌宮即烈宮古金文皆假剌為烈）頌鼎（頌敦頌壺頌盤文同）云。王在周康卲宮。（卲字从召从卩卩即古人字說文作侶經傳通用昭字）㝨盤云。王在周康穆宮。望敦云。王在周康宮新宮。同在宗周之中。又同為康王之廟而有昭穆烈新四宮。則雖欲不視為一廟中之四堂不可得也。康宮如此。他亦宜然。此由太室之制度言之。固當如是。若從先儒所說古宗廟之制。則更無太室之可言矣。

明堂之制。太室之外。四堂各有一室。故為五室。宗廟之制亦然。古者寢廟之分。蓋不甚嚴。廟之四宮。後王亦寢處焉。則其有室也必矣。請舉其證。望敦云。唯王十有三年六月初吉戊戌。王在周康宮新宮。旦王格太室。㝨盤云。唯廿有八年五月既望庚寅。王在周康穆宮。旦王格太室。頌鼎云。唯三年五月既死霸甲戌。王在周康卲宮。旦王格太室。此三器之文。皆云旦王格太室。則上所云王在某宮者。必謂未旦以前王所寢處之地也。且此事不獨見於古金文。雖經傳亦多言之。左傳昭二十二年。單子逆悼王於莊宮。以歸王子。還夜取王以如莊宮。二十三年。王子朝入於王城。郭羅納諸莊宮。案莊宮莊王之廟。而傳文曰逆曰如曰納。皆示居處之意。禮運。天子適諸侯。必舍其祖廟。周語。襄王使太宰文公及內史興賜晉文公命。上卿逆於境。晉侯郊勞。館諸宗廟。聘禮記。卿館於大夫。大夫館於士。士館於工商。鄭注。館者必於廟。不於敵者之廟。為太尊也。以此觀之。祖廟可以舍國賓。亦可以自處矣。既為居息之地。自不能無室。又所居不恒在一宮。故每宮皆當有之。四宮四室。并太室為五。與明堂同。而明堂五室。其四當分屬於四堂。又可於此得其確證矣。

廟中太室之為四宮中之廣廷。又可由古代冊命之禮證之。古天子諸侯之命羣臣也。必於廟中。周禮春官司几筵。凡封國命諸侯王位設黼依依前南鄉設莞筵左右玉几又大宗伯王命諸侯則擯鄭注王將出命假祖廟立依前南鄉擯者進當命者延之命使登内史由王右以策命之降再拜稽首登受策以出祭統祭之日一獻君降立於阼階之南南鄉所命北面史由君右執策命之前者為天子命諸侯之禮後者為諸侯命諸臣之禮然古金文所紀册命之禮頗與此殊頌鼎云唯二年五月既死霸甲戌王在周康卲宮旦王格太室即位宰弘右頌入門立中廷尹氏受王命書王呼史虢生册命頌中畧頌拜稽首受命册佩以出反入覲章寰盤唯廿有八年五月既望庚寅王在周康穆宮旦王格太室即位宰頵右寰入門立中廷北鄉史黹受王命書王呼史減册錫寰他器文類此者頗多凡上言王格太室者下均言所命者立中庭北鄉就所謂中廷之地頗有尋繹者焉案禮經中言庭皆謂自堂下至門之庭其言中庭者則謂此

庭南北之中。然則上諸器文係中廷於入門後。自當為門內之廷。又云立中廷北鄉。則又當為南鄉屋之廷也。然有大不可解者。如上諸器所言。臣立中廷北鄉。而王即位於太室。則王必於太室之北設黼依几筵而立焉。假使依考工所記堂脩七筵廣九筵。而正方形之太室。其脩當如堂九筵之廣。則王位與中廷閒有太室之脩九筵。堂脩七筵。又加以庭脩之半。（前人謂庭脩當堂脩之三倍）則王與所命者之閒。相距在二十六筵以上。（即二百二十二尺）即令堂室之脩大減於考工所記。亦必在十筵以上。況以室之南北墉與庭北之碑三重隔之。面不得相覿。語不得相聞。決非天子命臣之意也。余謂此中廷當謂太室之廷。但器文於所命者入門後畧去升堂入室諸節耳。蓋太室之地。在尋常宮室中本為廣廷。太室雖上有重屋。然太室屋與四宮屋之間。四旁通明。漢時猶謂之通天屋。（隋書牛宏傳引蔡邕明堂論）故可謂之廷。而此廷南北之中。亦謂之中廷。此中廷與禮經所謂中庭指前廷南北之中者絶異。太室之脩九筵。則所命者立於中廷。距王位不過四筵。故史得受命書於王。所命者得佩命册以出。而册命之禮乃得行焉。且古人於太室本有廷稱。左傳。楚共王與巴姬密埋璧於太室之廷。亦指此地。否則太室居四屋之中。何緣有廷。若指四屋之前廷。則不得系之太室。所謂太室之廷。猶班固言承明金馬著作之廷云爾。故余斷言諸器中之中廷。即太室南北之中也。凡此册命之禮皆與古宮室之制相關。故不得不詳辨之也。然則宗廟之制。有太室。有四宮。而每宮又各有一室。四宮五室與明堂之制無異。且明堂五室之四分屬四堂。亦於宗廟中始得其最確之證明。而明堂為古宮室之通制。亦至是而益明矣。

明堂之制。既為古宮室之通制。故宗廟同之。然則路寢如何。鄭玄於毛詩箋考工記及玉藻注。均謂明堂宗廟路寢同制。而於顧命所紀路寢之制不得其解遂謂成王崩時在西都文王遷豐鎬作靈臺辟雍而已其餘猶諸侯制度焉蓋視顧命所紀路寢之制與明堂異也以余觀之路寢無太室自與明堂宗廟異至於四屋相對則為一切宮室之通制顧命所紀乃康王即位受册之禮於路寢正屋行之自無從紀東西北三屋即就正屋言之但紀西夾而不紀東夾然則謂無東夾乎因所不紀而遂疑其無此可謂目論者矣余意竊從明堂宗廟燕寢之制以推定路寢之制亦有東西南北四屋似較妥也

至燕寢之四屋相對則有可言者焉古之燕寢有東宮有西宮有南宮有北宮其南宮之室謂之適室（士以下無正寢即以燕寢之南宮為正寢）北宮之室謂之下室東西宮之室則謂之側室四宮相背於外四室相對於內與明堂宗廟同制其所異者唯無太室耳何以言之公羊僖二十年傳西宮災西宮者小寢也小寢則曷謂之西宮有西宮

則有東宮矣。曾子曰。以有西宮。亦知諸侯之有三宮也。何休注禮。夫人居中宮。少在前。右媵居西宮。左媵居東宮。少在後。然喪服傳言大夫士庶人之通制。乃有四宮。傳曰。昆弟之義無分。故有東宮。有西宮。有南宮。有北宮。異居而同財。諸侯三宮。每宮當有相對之四屋。至士庶人四宮。當即此相對之四屋之名。內則所謂自命士以上。父子皆異宮。殆謂是也。士喪禮云。死於適室。又云。朔月若薦新。則不饋于下室。喪大記。大夫世婦卒於適寢。內子未命則死於下室。遷尸於寢。此適室下室兩兩對舉。則適室下室為南北相對之室矣。適室下室苟為南北相對之室。則側室當為東西相對之室。內則。妻將生子。及月辰居側室是也。又云。庶人無側室者。及月辰。夫出居羣室。羣室當謂門塾之室則或以東西宮之室為昆弟所居。或以僅有南鄉一屋而已。

然則燕寢南北東西四宮。何以知其非各為一宮而必為相對之四屋乎。曰以古宮室之中霤知之也。中霤一語。自來注家皆失其解。釋名室中央曰中霤。古者寝穴。後室之霤。當今之棟下直室之中。鄭注月令亦曰中霤。猶中室也。古者複穴。是以名室為霤云。正義引庾蔚之云。復穴皆開其上取明。故雨霤之。是以後因名室為中霤。鄭又云。祀中霤之禮。主設于牖下。正義以此為鄭引逸中霤禮文正義申之曰。開牖象霤。故設主於牖下也。余謂復穴兩霤。其理難通。開牖象霤。義尤迂曲。其實中霤者。對東西南北四霤言之。而非四屋相對之宮室。不能兼有東西南北四霤及中霤也。案燕禮。設洗當東霤。鄭注當東霤者人君為殿屋也。正義云漢時殿屋四向注水。故引漢以況周鄉飲酒禮。磬階間縮霤北面鼓之。此南霤也。凡四注屋有東西南北四霤。兩下屋有南北二霤。而皆不能有中霤。今若四屋相對。如明堂之制。則無論其為四注屋。或兩下屋。凡在東者皆可謂之東霤。在西者均可謂之西霤。南北放此。若夫南屋之北霤。北屋之南霤。東屋之西霤。

西屋之東霤將何以名之哉雖欲不謂之中霤不可得也其地在宮室之中為一家之要地故曰家主中霤而國主社然則此說於古有徵乎曰有檀弓曰掘中霤而浴毀竈以綴足殷道也學者行之案士喪禮浴時甸人掘坎于階間少西巾柶鬐蚤埋于坎周人所掘既在階間則殷人所掘之中霤必在室外而不在室内矣說文广部廇中庭也按古文但有廷字後世加广作庭義則無異由說文之例庭字當為廷下重文然說文收廷字於廴部庭字於广部而釋之曰廷中朝也庭宮中也則許君之疏也然廷庭二字之釋辭雖微異而義則無殊段氏說文注乃謂無屋曰廷有屋曰庭並援鄭君中霤猶中室之言亂許君廇中庭之古義不知許君釋庭為宮中正指無屋之處證之本書闈宮中之門也壼宮中道也皆指無屋之處言若在屋下則有户無門又惡得有道乎故廷中朝也庭宮中也其義一也然則

許君所云廇中庭也。亦指中央無屋之處。與上文所言中霤之地位合。固非余之創説矣。故中庭者。對東西南北四屋之前庭言之。中霤者。對東西南北四霤言之。中庭之四旁。以中霤爲之界。故曰廇中庭也。然非發見古宮室之通制。亦無以定中霤之地位。而由中霤之地位。又足以證四屋相對之爲古宮室之通制矣。

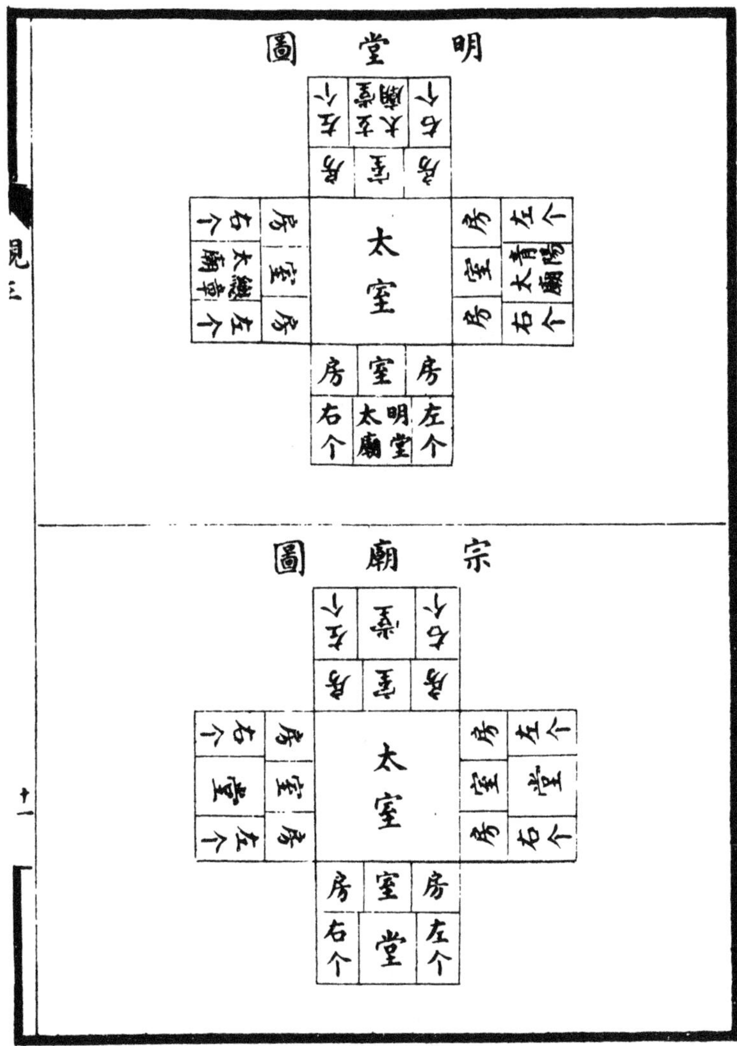

明堂圖
太室
房 室 房
左个 玄堂太廟 右个
右个 總章太廟 左个
左个 青陽太廟 右个
右个 明堂太廟 左个
宗廟圖
太室
房 室 房
左个 堂 右个
右个 堂 左个
左个 堂 右个
右个 堂 左个

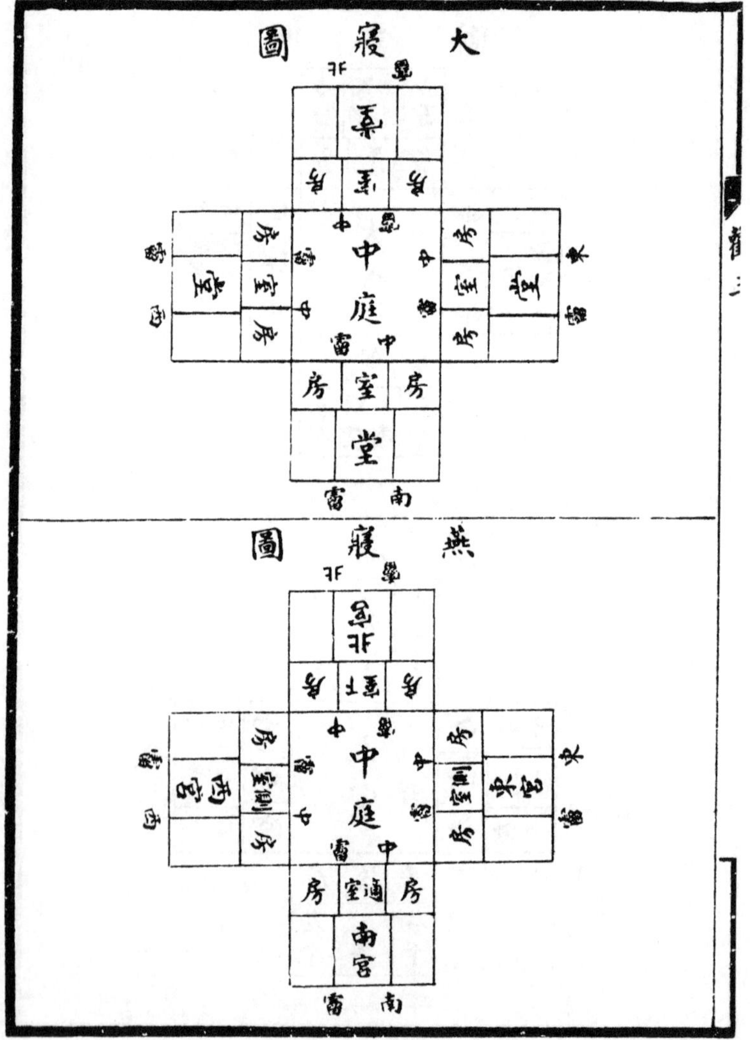
大寢圖
中庭
房
室
房
堂
南
霤
燕寢圖
中庭
房
通室
房
南宮
東宮
西宮
南
霤

說斝

說文解字。斝从吅从斗冂。象形。與爵同意。羅參事振玉殷虛書契考釋云。案斝从吅。不見與爵同意之狀。从冂亦不能象斝形。卜辭斝字作[古字]。上象柱。下象足。形似爵而腹加碩。甚得斝狀。知許書从吅作者。乃由竹而譌。卜辭从夂。象手持之。許書所从之斗。殆又由此轉譌者也。又古彝文有[古字]字。與此正同。但省夂耳。其形亦象二柱三足一耳。而無流與尾。與傳世古斝形狀脗合。可為卜辭[古字]字之證。又古散字作[古字]。與[古字]字形頗相近。故後人誤認斝為散。韓詩說諸飲器有散無斝。今傳世古酒器有斝無散。大於角者惟斝而已。諸經中散字疑皆斝字之譌云云。余案參事說是也。溧陽端忠敏方所藏古斯禁上備列諸酒器。具飲器中有爵一。觚一。觶二。角一。斝一。與特牲饋食禮之實二爵二觚四觶一角一散數雖不同。而器則相若。其證一也。禮言飲器之大者。皆散角或斝角連文。禮器禮有以小為貴者。宗廟之祭。尊者獻以爵。卑者獻以散。尊者舉觶。卑者舉角。明堂位加以璧散璧角。而郊特牲則云舉斝角。詔妥尸。皆與角連文。言散則不言斝。言斝則不言散。明二者同物。其證二也。斝為爵之大者。故名曰斝。斝者假也。大也。古人不獨以為飲器。又以為灌尊。周禮司尊彝。秋嘗冬烝。祼用斝彝黃彝。（余見日本住友男爵家所藏一斝。其器至大。殆與壺尊之大者所受同。蓋即古之灌尊。則斝彝者。其器即以斝為之。鄭君彝未豫之說。決不然矣。）明堂位。灌尊。夏后氏以雞夷。殷以斝。周以黃目。左氏昭十七年傳。若我用瓘斝玉瓚。案瓘當作灌。灌斝即灌尊。斝所以盛鬯。瓚所用以灌也。是古之灌尊亦以斝為之。而周禮鬯人職則云。凡𩞄事用散。散既為飲器。又為灌尊。明係斝字之訛。其證三也。詩邶風。赫如渥赭。公言錫爵。毛傳云。祭有畀煇胞翟閽者。惠下之道。見惠不過一散。經言爵而傳言散。雖以禮詁詩。為毛傳通例。然疑經文爵字本作斝。轉訛為散。後人因散字不得其韻。

故改爲爵。實則散乃斝之譌字。赭斝爲韻。不與上文籥翟爲韻。其證四也。禮有散爵。乃雜爵之意。燕禮與大射儀。公與諸臣異尊。公尊謂之膳尊。諸臣之尊謂之散。酌於公尊謂之酌膳。酌於諸臣之尊謂之酌散。公爵謂之膳爵。諸臣之爵謂之散爵。是散者對膳言之。祭統以散爵獻士。亦對獻卿之玉爵獻大夫之瑤爵言之。散爵。猶言雜爵也。是散本非器名。其證五也。比而書之。知小學上之所得。有證之古制而悉合者。蓋如斯也。

說觥

凡傳世古禮器之名。皆宋人所定也。曰鐘。曰鼎。曰鬲。曰甗。曰敦。曰簠。曰簋。曰尊。曰壺。曰盉。曰盤。曰匜。曰盦。皆古器自載其名。而宋人因以名之者也。曰爵。曰觚。曰觶。曰角。曰斝。古器銘辭中均無明文。宋人但以大小之差定之。然至今日仍無以易其說。知宋代古器之學。其說雖疏。其識則不可及也。若國朝人所命名則頗有可議者。如阮文達元所藏器有子燮兕觥。其器今在吳縣潘氏。不可得見。據文達所記則云。器制似爵而高大。蓋作犧首形。有兩角。文達名之曰兕觥。又為之說曰。毛詩卷耳我姑酌彼兕觥。傳云。角爵也。毛說蓋以兕觥為似角之爵。其制無雙柱無流同於角。有三足同於爵。詁訓甚明。非謂以兕角為之也。云云。案阮釋毛傳非是。然由其所說。足知此器無雙柱而有三足。又比爵為高大。與宋以來所名為角者無一不合。惟蓋作牛首形。與他角蓋異。余謂此亦角也。其蓋作牛首者。亦由浭陽端氏所藏飛燕角。其蓋作燕張兩翅形。皆古人隨意象物。未足為兕觥之明證也。揅經室四集（七）賦得周兕觥詩注云觥高七寸下器皆如爵上有蓋蓋作犧首其詩云兕觥高似爵有蓋制特強蓋流作犧首斛然類角長蓋葉亦如葉相合誠相當左右各有缺雙柱居其旁則又有流有柱與積古齋款識跋中所記互異去歲見貝子溥倫延鴻閣所藏父丙角蓋亦作犧首形有流無柱端氏飛燕角則並無流不知阮氏器究何如也又濰縣陳氏有婦闔兕觥未見原器及全形拓本其制或與阮氏器同然則傳世古器中無兕觥乎。曰有。兕觥之為物。自宋以來冒他器之名。而國朝以後又以他器冒兕觥之名。故知真兕觥者寡矣。

案自宋以來所謂匜者有二種。其一器淺而鉅，有足而無蓋，其流狹而長。其一器稍小而深，或有足（惟博古圖之文姬匜有之，他器則否），或無足，而皆有蓋（其無蓋者乃出土時失之），其流侈而短，蓋皆作牛首形（估人謂之虎頭匜，實則牛首也）。博古圖十四匜中之啟匜、鳳匜、三夔匜、父癸匜、文姬匜、偏地雷紋匜、鳳夔匜七器，西清古鑑三十匜中之司寇匜、祖匜、伯和匜、女匜、山匜、般匜、利匜、舉匜、二犧匜、饕餮匜十一器，及端氏所藏諸女匜、賁弘匜、甫人匜三器，皆屬此種。（餘如積古齋著錄之父辛匜、父癸匜蓋，筠清館著錄之秦冊匜、父辛匜、冊父乙匜，攈古錄著錄之亞匜蓋、叔匜、文父丁匜、諸女匜，並予所見拓本中之析子孫父乙匜、父戊匜、作父乙匜，雖未見原器，然觀其銘文，屬乙類無疑，中有二匜蓋，尤其證也。）余以為此非匜也。何以明之？甲類之匜，其銘皆云某作寶匜，或云作旅匜，或云作媵匜，皆有匜字，而乙類三十餘器中絕無匜字。（惟端氏之甫人匜銘云「甫人父作旅匜，其萬人用」，然其銘後刻，乃摹吳縣曹氏之甫人匜為之者，曹匜有圖，乃甲類，非乙類也。）此一證也。匜乃燕器，非以施之鬼神，而乙類之器，其銘多云作父某寶尊彝。（如父辛匜乃與吳縣曹氏、諸城劉氏之父辛尊同文，諸女匜亦與浭陽端氏之諸女方尊同文，皆祭器之證。）其為孝享之器而非沃盥之器可知，此二證也。古者盥水盛於盤，洗匜惟於沃盥時一用之無須有蓋而乙類皆有之此三證也然則既非匜矣果何物乎曰所謂兕觥者是已何以明之曰此乙類二十餘器中具有蓋者居五分之四其蓋端皆作牛首絕無他形非如阮氏兕觥僅有一器也其證一詩小雅周頌皆云兕觥其觩毛於觩字無訓鄭惟云觩然陳設而已案觩說文作觓當與朻木（今詩作樛木）之朻音義同觓者曲也（从丩得聲之字如句茍糾等皆有曲意）今詩作觩又假借作捄以詩證之則大東云有捄棘匕又云有捄天畢良耜云有捄其角泮水云角弓其觩凡匕與角與弓其形無不曲者畢之首有歧亦作曲形則兕觥形制亦可知矣今乙類匜器蓋皆前昂後低當流處必高於當柄處若干此由使飲酒時酒不外溢而設故器蓋二者均觩然有曲意與小雅周頌合其證二詩疏引五經異義述毛說幷禮圖皆云觥大七升是於飲器中為最大今乙類匜比受五升（韓詩說）若六升（說文引或說）之斝尤大其為觥無疑斝者假也觥者

光也充也廓也皆大之意其證三觥有至大者所容與尊壺同詩卷耳我姑酌彼兕觥與上章我姑酌彼金罍文例正同金罍為尊則兕觥亦尊也七月稱彼兕觥則為飲器蓋觥兼盛酒與飲酒二用與斝同也立此六證乙類匜之為兕觥甚明然此說雖定於余亦自宋人發之宋無名氏續考古圖有兕觥二具器皆屬匜之乙類此書僞器錯出定名亦多誤獨名乙類匜為兕觥乃至當不可易今特為疏通證明之然則古禮器之名雖謂之全定自宋人無不可也

說盉

盉見於宋人書中為最早歐陽公集古錄已著錄一器其銘曰伯玉殼子作寶盉然古未嘗知有是器亦未嘗有是名也說文盉調味也不云器名自宋以後知其為器名然皆依傍許氏之說以為調味之器也余觀浭陽端氏所藏殷時斯禁上列諸酒器有尊二卣二皆盛酒之器古之所謂尊也有爵一觚一觶二角一斝一皆飲酒之器古之所謂爵也有勺二則自尊挹酒於

爵者也。諸酒器外惟有一盉。不雜他器。使盉謂調味之器。則宜與鼎鬲同列。今廁於酒器中。是何説也。余謂盉者。蓋和水於酒之器。所以節酒之厚薄者也。古之設尊也。必有玄酒。故用兩壺。其無玄酒而但用酒若醴者。謂之側尊。乃禮之簡且古者。惟冠禮父之醴子。昏禮贊之醴婦。醴媵及聘禮禮賓等用之。其餘嘉禮賓禮吉禮。其尊也無不有玄酒。此玄酒者。豈真虛設而但貴其質乎哉。蓋古者賓主獻酢。無不卒爵。又爵之大者恆至數升。其必飲者禮也。其能飲或不能飲者量也。先王不欲禮之不成。又不欲人以成禮爲苦。故爲之玄酒以節之。其用玄酒奈何。曰和之於酒而已矣。昏禮記。婦人入寢門。贊者徹尊冪。酌玄酒三屬於尊。此和之於尊者也。周禮春官司尊彝。凡六尊六彝之酌。鬱齊獻酌。醴齊縮酌。盎齊涚酌。凡酒脩酌。鄭注。凡酒謂三酒也。脩讀如滌濯之滌。滌酌以水和而泲之。今齊人命浩酒曰滌。是脩酌用水也。郊特牲云：明水涚齊，貴新也。是涚酌亦用水也。此和之於酌時者也。和水於尊者，挹彼注茲而已。至於酌酒時以水和而沖之，於尊則已鉅，於爵則已細。此盉者，蓋用以和水之器。自其形制言之，具有梁或鋬者，所以持而蕩滌之也；具有蓋及細長之喙者，所以使蕩滌時酒不泛溢也；具有喙者，所以注酒於爵也。然則盉之為用，在受尊中之酒與玄酒而和之，而注之於爵。故端氏銅禁所列諸酒器中有是物。若以為調味之器，則失之遠矣。

說彝

尊彝皆禮器之總名也。古人作器，皆云作寶尊彝，或云作寶尊，或云作寶彝。然尊有大共名之尊（禮器全部），有小共名之尊（壺卣罍等總稱），又有專名之尊（盛酒器之侈口者）。彝則為共名而非專名。呂與叔考古圖雖列彝目，其中諸器有無足方鼎，有甗，有尊，有卣，有博古圖以降所謂彝則呂氏亦未嘗以彝為一專名也博古圖始以似敦而小者為彝謂為古代盛明水及鬱鬯之器即以周禮司尊彝之六彝當之嗣後金文家及圖錄家均從其說曩竊疑諸家所謂彝之形制與尊壺卣等絶不類當為盛黍稷之器而非盛酒之器苦不得其證後見濰縣陳氏所藏陳侯彝銘曰用作孝武桓公祭器錞（即敦字異文）浭陽端氏所藏玑彝（陶齋吉金錄作□彝）其銘曰玑作厥敦兩其萬年用鄉賓上虞羅氏所藏一彝其銘曰白作寶敦其器皆世之所謂彝而其銘皆作敦可知凡彝皆敦也第世所謂彝以商器為多而敦則大半周器蓋商敦恒小周敦恒大世以其大小不同加以異名耳此説亦非余始發之陳氏簠齋藏器目有敦無彝其所藏陳侯彝著錄家名之為彝而陳自作敦吳縣潘文勤攀古樓彝器款識中有伯矩彝等四器然其家拓本流傳者亦有敦無彝伯矩彝四器拓本上皆有敦字朱記蓋簠齋晚年已

確知彝之為敦故毅然去彝目文勤聞其說而從之然陳潘皆無說故特記之以正博古圖以來千載之誤耳

說俎上

傳世古器樂器如鐘磬煮器如鼎鬲甗鬴醯器如豆黍稷器如敦與簠簋酒器如尊壺卣罍勺爵觚觶角斝盉洗器如盤匜兵器如戈戟矛劍世皆有之惟俎用木為之歲久腐朽是以形制無傳焉案說文俎禮俎也从半肉在且上詩魯頌籩豆大房毛傳云大房半體之俎也鄭箋則云大房玉飾俎也其制足閒有橫下有跗似乎堂後有房少牢饋食禮腸三胃三長皆及俎拒鄭注拒讀為介距之距俎距脛中當橫節也明堂位俎有虞氏以梡夏后氏以嶡殷以椇周以房俎鄭注梡斷木為四足而已嶡之言蹷也謂中足為橫距之象周禮謂之距椇之言枳椇也謂曲橈之也房謂足下跗也上下兩間有似於堂房總鄭君詩

禮三注則俎之為物下有四足足間有木以相距所謂橫（說文橫闌木也）也橫或中足或在足脛其足當橫以下謂之距（同柎說文柎闌足也）亦謂之房與毛語大異然有不可通者周語禘郊之事則有全烝王公立飫則有房烝親戚饗宴則有餚烝韋注全烝全其牲體而升之房大俎也謂半解其體升之房也餚烝升體解節折之俎也則房烝者對全烝言之蓋升半體之俎當有兩房半體各置其一合兩房而牲體全故謂之房俎毛公云大房半體之俎許君云俎从半肉在且上意正如此既有兩房則中必有以隔之者案公食大夫禮腸胃膚皆橫諸俎垂之既垂於俎外則鄭注俎足之說是也由文字上證之則俎字篆文作俎象半肉在且旁而殷虛卜文及貉子卣則作□作□具見兩房兩肉之形而其中之橫畫即所以隔之之物也由是言之則有虞氏之梡梡者完也殷以椇椇者具也皆全烝之俎周用半體之俎以其似宮室

之有左右房，故謂之房俎。若足跗，則不具房形。鄭君堂房之說殊為迂遠矣。

說俎下

方言、廣雅皆云：「俎，几也。」此蓋古訓。說文：「俎，从半肉在且上。」又：「且，薦也。从几，足有二橫，一其下地也。且，古文以為且，又以為几字。此十一字出小徐本，大徐無。」則篆字俎从且，且从几，古文又且、几同字，蓋古時俎、几形制畧同，故以一字象之。此說有徵乎？曰：有。許書篆文几字與古文且字，皆作從正面視形，然金文作[illegible]或[illegible][illegible]二形，皆作從側面視形。案殷禮器銘屢有[illegible]語，其異文或作[illegible]父癸爵，或作[illegible]齊婦鬲。殷虛書契卷七第二葉亦有此字。自宋以來均釋為析子孫三字。余謂此乃一字，象大人抱子置諸几間之形。子者，尸也。曲禮曰：「君子抱孫不抱子。」此言孫可以為王父尸，子不可為父尸。曾子問：孔子曰：「祭成喪者必有尸，尸必以孫，孫幼則使人抱之。」是古之為尸者，其年恒𢻼。故作大人抱子之形其上或兩旁之非。則周禮所謂左右玉几也。周禮司几筵。凡大朝覲大饗射。凡封國命諸侯。王位設黼依。依左右玉几。祀先王昨席亦如之。不言祭祀席。然下言諸侯祭祀席。右彫几。昨席左彤几。則天子祭祀席左右玉几可知。冢宰職享先王贊玉几玉爵。注。玉几所以依神。天子左右玉几書顧命牖間西序東序西夾神席皆有几。則左右几者。天子尸之几也。其但作□者。諸侯以下尸右几也。几在尸左右。故以□二形象之。依几之尸。象正面左右之几。不得不象側面矣。此□□二形象几之證也。其又象俎者何。曰古□字象匕肉於鼎之形。古者鼎中之肉皆載於俎。又匕載之時。匕在鼎左。俎在鼎右。今鼏字之左从匕。則其右之□象俎明矣。俎作□形者。象其西縮有司徹也。據禮經。俎或西肆。或西縮。而獨象其西縮者。从文字結構之便也。此又古以□并象俎之證也。□字變縱為橫。則為丌字。說文丌下基也。薦物之丌。象形。讀若箕同。其所以與HH異形者。薦物之時加諸其上而已。作丌形而義已見。又文三字之結構亦當如是。其與HH固非有二字有二義也。說文所載古文且字。亦丌字（丌亦古文。金文中且與宜均从之）之變。自丌行而HH廢。遂以H為片字。H為爿字。義別而音亦大變。遂忘其朔矣。由是言之。則俎几二物。始象以H。繼象以且。其同形可知。但俎或加闌而界為二。几乃無之。餘則無不同也。秦漢之俎與几全同。故直名几為俎。史記項羽本紀為高俎置太公其上。如淳曰。高俎。几之上。又名切肉之器為俎。項羽本紀如今人方為刀俎。我為魚肉。今傳世漢畫象所圖切肉之器。正作丌形。漢之俎几形制如此。則三代俎几之形。蓋可知矣。要之古文圓字與篆文且字。象自上觀下之形。HH乃自其側觀之。丌與几自其正面觀之。合此三形。俎制畧具矣。

說環玦

爾雅釋器肉倍好謂之璧好倍肉謂之瑗肉好若一謂之環環與璧瑗之異但以肉之大小別之意其制度殆與璧同顧余讀春秋左氏傳宣子有環其一在鄭商知環非一玉所成歲在己未見上虞羅氏所藏古玉一共三片每片上侈下斂合三而成規片之兩邊各有一孔古蓋以物系之余謂此即古之環也環者完也對玦而言闕其一則為玦玦者缺也古者城缺其南方謂之𩫖環缺其一故謂之玦矣以此讀左氏乃得其解後世日趨簡易環與玦皆以一玉為之遂失其制而又知古環之非一玉於是有連環莊子天下篇連環可解也齊策秦始皇遺君王后玉連環曰齊多知而解此環者不君王后引椎椎破之謝秦使曰謹以解矣不知古之環制如羅氏所藏者固無不可解也

說玨朋

殷時。玉與貝皆貨幣也。商書盤庚曰。茲予有亂政同位。具乃貝玉。於文寶字从玉从貝缶聲。殷虛卜辭有𡨦字（殷虛書契前編卷六第三十一葉）及𡧰字（同上後編卷下第十八葉）皆从宀从玉从貝而闕其聲。蓋商時玉之用與貝同也。貝玉之大者。車渠之大以為宗器。圭璧之屬以為瑞信。皆不以為貨幣。其用為貨幣及服御者。皆小玉小貝。而有物焉以系之。所系之貝玉。於玉則謂之珏。於貝則謂之朋。然二者於古實為一字。珏字殷虛卜辭作丰（後編卷上第二十六葉）作丯（前編卷六第六十五葉）或作羊（後編卷下第二十及第四十三葉）金文亦作丰（乙亥敦云玉十丰）皆古珏字也。說文玉象三畫之連。丨其貫也。丰意正同。其作丯作羊者。丫丫皆象其系。如束字上下从丫木也。古系貝之法與系玉同。故謂之朋。其字卜辭作拜（前編卷一第三十葉）作𤥎（卷五第十葉）金文作拜（遣伯寰敦）作拜（庚贏卣）作拜（且子鼎）又公中彝之貝五朋作拜。撫叔敦蓋之貝十朋作拜。戊午爵乃作拜。甚似珏字。而朋友之朋。卜辭作朋（前編卷二第三十葉）金文作朋（杜伯盨）或作朋（豐姞敦）或从拜朋从玨。知玨朋本一字。可由字形證之也。更以字音證之。玨自來讀古岳反。說文亦以㱿字為玨之重文。是當从㱿聲。然竊意玨與㱿義同意異。古玨字當與瑴同讀。說文瑴讀與服同。詩與士喪禮作服。古文作箙。古服葡同音。玨亦同之。故瑴字以之為聲。古者玉亦以備計。即玨之假借。齊侯壺云璧二備。即二玨也。古音服備二字皆在之部。朋字在蒸部。之蒸二部陰陽對轉。故音變為朋。音既屢變。形亦小殊。後世遂以玨專屬之玉。以朋專屬之貝。不知其本一字也。又舊說二玉為玨。五貝為朋。詩小雅菁菁者莪箋。然以玨拜諸字形觀之。則一玨之玉。一朋之貝。至少當有六枚。余意古制貝玉皆五枚為一系。合二系為一玨。若一朋。釋器玉十謂之區。區㱿雙聲。且同在侯部。知區即㱿矣。知區之即㱿。則知區之即為玨矣。貝制雖不可考。然古文朋字確象二系。康成云五貝為朋。五貝不能分為二系。蓋緣古者五貝一系。二系一朋。後失其傳。遂誤謂五貝一朋耳。觀珏拜二字。若止一系三枚。不具五者。古者三以上之數。亦以三象之。如手指之列五。而字作彐。許君所謂指之列不過三也。余目驗古貝。其長不過寸許。必如余說。五貝一系。二系一朋。乃成制度。古文字之學。足以考證古制者如此。

女字說

曲禮曰。女子許嫁。笄而字。是古女子有字。然古書所以稱女子者。名與字與。今不可得而知也。說文解字女部。於嬿至奻十三字。皆注曰女字。其中除婴娟姶三字外。皆於經典無徵。其所說者。古制與。抑漢制與。亦不可得而知也。余讀彝器文字而得周之女字十有七焉。蘇冶妊鼎曰。蘇冶妊作虢改魚母媵鼎。（是字亦年以上二器附之器有此字）改者。蘇國之姓。（改器作妃。从己不从巳。古文己姓之己作妃。妃匹之字作妃。迥別。其[illegible]鄭語曰。己姓昆吾蘇顧溫董。[illegible]非是）魚母。其字也。陳侯鼎曰。陳侯作□嬀囧母媵鼎。陳侯匜曰。陳子作𠪚孟嬀穀母媵匜。嬀者。陳姓。囧母㲄母。其字也。又王作鬲曰。王作姬□母尊鬲。戲伯鬲曰。戲白作姬大母尊鬲。應侯敦曰。應侯作姬邍母尊敦。鑄公簠曰。鑄公作孟妊車母媵簠。伯侯父盤曰。白侯父媵叔□（此字从女亦女姓）𡚬母盤。干氏叔子盤曰。干氏叔子作中姬客母媵盤。凡此九器。皆母氏為其女作器。而稱之曰某母者也。齊侯匜曰。齊侯作虢孟姬良母寶匜。此夫氏為其婦作器。而稱之曰某母者也。辛仲姬鼎曰。辛中姬皇母作尊鼎。京姜鬲曰。京姜庚母作尊鬲。姬𡠡母鬲曰。姬𡠡母作尊鬲。姬𡚬母鬲曰。姬𡚬母作尊鬲。郳始鬲曰。郳始（此字从女亦女姓）□母鑄其羞鬲。南旁敦曰。⿰女弋（即詩美孟弋矣之弋亦女姓）貍母作南旁寶敦。仲姞匜曰。中姞義母作旅匜。此皆女子自作器或為他人作器。而自稱曰某母者也。余謂此皆女字。女子之字曰某母。猶男子之字曰某父。案士冠禮記男子之字曰伯某甫。仲叔季惟其所當。注云。甫者。男子之美稱。說文甫字注亦云。男子美稱也。然經典男子之字多作某父。彝器則皆作父。無作甫者。知父為本字也。男子字曰某父。女子曰某母。蓋男子之美稱莫過於父。女子之美稱莫過於母。男女既冠笄。有為父母之道。故以某父某母字之也。漢人以某甫之甫為且字。顏氏家訓幷譏北人讀某父之父與父母之父無別。胥失之矣。

觀堂集林卷第四

藝林四

海甯　王國維

書春秋公羊傳解詁後

今之春秋公羊傳。為何氏一家之學。至何氏之學出於誰氏。書闕無考。後漢書儒林傳。惟言休與其師博士羊弼追述李育意以難二傳。李育亦為博士。在儒林傳。傳亦但言其少習公羊春秋。未著其為嚴氏或顏氏也。故何氏學出何人。其書用何本。自來無以說之。余以漢石經校記考之。知何氏實兼用嚴顏二家本也。漢石經公羊校記每稱顏氏。蓋用嚴氏本而以顏氏異同附之。猶其詩經校記中有齊韓字。乃用魯詩而以齊韓異同附之也。今其校記見於隸釋者四條。其一曰。傳桓公二年。顏氏有所見異辭。所聞異。下闕 其三曰。卅年。顏氏言君出則己入。今何氏本於桓二年僖卅年皆有此文。是從顏氏也。又其二云。何以書記災也。此上當闕顏氏言三字。又此條下空一格有卅年字。則此條當爲僖二十年傳西宮災何以書記異也之校語。校語旣出何以書記災也之異文。則其本文災當作異。唐石經公羊傳作災。與顏氏合。宋十行本作異。則與嚴氏合。其四云。顏氏無伐而不言圍者。非取邑之辭也。何本有此十二字。亦從嚴而不從顏。然則邵公之本。實兼採嚴顏二家。與康成注禮經論語體例畧同。知後漢之季。雖今文學家亦尚兼綜。而先漢專己守殘之風一變。家法亦不可問矣。

書論語鄭氏注殘卷後

法國伯希和教授於敦煌千佛洞得論語鄭注卷二殘卷。存述而泰伯子罕鄉黨四篇。述而篇首闕。餘篇首則題泰伯篇第八子罕篇第九。鄉黨篇第十。篇下皆題孔氏本鄭氏注。鄉黨篇後有後題云論語卷第二。又日本橘瑞超氏於吐魯番吐峪溝得論語斷片存子路篇末及憲問篇首十行。憲問篇題下亦有孔氏本三字。其注亦鄭注也。案何晏論語集解序云。古論惟博士孔安國為之訓說。而世不傳。漢末。鄭大司農就魯論篇章考之齊古以為之注。經典釋文敘錄云。鄭元就魯論張包周之篇章考之齊古。為之注。又云。鄭校周之本。以齊古正讀凡五十事。隋書經籍志說亦畧同。是鄭注用張包周之本。包周皆出張氏。張氏初受魯論。後受齊論。均與孔氏無與也。且皇侃謂古論篇次鄉黨第二。此本則泰伯第八。子罕第九。鄉黨第十。悉用魯論篇次。尤與孔本不合。而此題孔氏本。殊不可解。余謂何陸所說與此本所題皆是也。鄭氏所據本固為自魯論出之張侯論。及以古論校之。則篇章雖仍魯舊。而字句全從古文。釋文雖云鄭以齊古正讀凡五十事。然其所引廿四事及此本所存三事。皆以古正魯。無以齊正魯者。知鄭但以古校魯。未以齊校魯也。又鄭於禮經。或從古文改今文。或以今文改古文。而正論語讀五十事中所存二十七事。皆以古改魯。無以魯改古者。故鄭注論語。以其篇章言則為魯論。以其字句言實同孔本。雖鄭氏容別有以齊校魯之本。然此本及陸氏釋文所見者。固明明以古校魯之本。非以齊古校魯之本也。後漢以後。張侯論盛行。而齊魯皆微。石經所刊魯論。雖不知為誰氏之本。而其校記但列盍毛包周異同。不復云齊。盍毛雖無考。然包周則固張氏之學也。疑當時齊論已罕傳習。何氏考之齊古之說。或因古論而牽連及之也。今將釋文及此本所著以古改魯之條。羅列如左。可以知其題孔氏本之故矣。

學而篇。傳不習乎。　鄭注云。魯讀傳為專。今從古。

公冶長篇。崔子。　鄭注云。魯讀崔為高。今從古。

述而篇吾未嘗無誨焉。魯讀為悔字。今從古。
又五十以學易。魯讀易為亦。今從古。
又正唯弟子不能學也。魯讀正為誠。今從古。
又君子坦蕩蕩。魯讀坦蕩為坦湯。今從古。
子罕篇冕衣裳者。鄭本作弁。云魯讀弁為絻。今從古。鄉黨篇亦然。
鄉黨篇下如授。魯讀下為趨。今從古。
又瓜祭。魯讀瓜為必。今從古。
又鄉人儺。魯讀儺為獻。今從古。
又君賜生。魯讀生為牲。今從古。
又車中不內顧。魯讀車中內顧。今從古也。
先進篇仍舊貫。魯讀仍為仁。今從古。
又詠而歸。鄭本作饋。饋酒食也。魯讀饋為歸。今從古。

顏淵篇片言可以折獄者　魯讀折為制今從古

衛靈公篇好行小慧　魯讀慧為惠今從古

季氏篇謂之躁　魯讀躁為傲今從古

陽貨篇歸孔子豚　鄭本作饋魯讀饋為歸今從古

又古之矜也廉　魯讀廉為貶今從古

又天何言哉　魯讀天為夫今從古

又惡果敢而窒者　魯讀窒為室今從古

微子篇已而已而今之從政者殆而　魯讀期斯已矣今之從政者殆今從古

堯曰篇孔子曰不知命無以為君子也　魯論無此章今從古以上未經典釋文

子罕篇弁衣裳者　注魯讀弁為絻今從古

又沽之哉沽之哉　注魯讀沽之哉不重今從古也

又不爲酒困　注、魯讀困爲魁、今從古。以上出鄭注殘本

以上二十七事、除一事複重、得廿六事、已過五十事之半、顧鄭注在六朝隋唐間、傳習至廣、寫本亦多、其存魯讀之注、往往爲寫書者所刪、故陸氏所見鄭注別本、已有全無此注者、又述而以下四篇中、陸氏所見鄭注本、注以古改魯者凡十條、此本惟存一條、此本所有二條、陸氏所見本亦無之、此皆由寫書者因其與訓釋無關、任意刪節、故今日不能見其全、然釋文所出鄭本異文二十五事、雖無從古改魯之注、然頗有數事足證其從古者、如爲政篇之先生饌、釋文云、鄭作餕、案特牲饋食禮祝命嘗食餋者注、古文餋皆作餕、古餋饌同字鄭本作餕、是亦從古改魯也、公冶長篇可使治其賦也、釋文、梁武云、魯論作傅、孔云兵賦、鄭云軍賦、是亦從古改魯也、述而篇子之燕居、釋文、鄭本作宴、案元應一切經音義云、宴、石經古文爲燕、卷三卷七卷九卷二十三凡四見此石經殘字三字石經是宴居

與季氏篇樂宴樂之宴。亦從古改魯也。微子篇齊人歸女樂釋文。鄭本作饋。此亦當與詠而饋饋孔子豚同例。而其注皆為後人刪去。遂使五十事湮沒殆半。然則鄭本文字固全從孔本。與其注他經不同。此本直題為孔氏本。雖篇章之次不同。固未為失實也。

漢魏博士考

博士一官。蓋置於六國之末。而秦因之。

漢書百官公卿表序。博士。秦官。

宋書百官志。博士。班固云秦官。史臣案六國時往往有博士。

案班沈二説不同。考史記循吏傳。公儀休魯博士也。褚先生補龜策傳。宋有博士衛平。漢書賈山傳。祖祛。故魏王時博士弟子也。沈約所謂六國時往往有博士者指此。公儀休即孟子之公儀子。繆公時為魯相。時在戰國之初。衛平在宋元王時，亦與孟子同時，疑當時未必置博士一官。史記所云博士者，猶言儒生云爾。惟賈祛爲魏王博士弟子，則六國末確有此官，且教授弟子，與秦漢博士同矣。至秦之博士則有定員。史記秦始皇本紀，始皇置酒咸陽宮，博士七十人前爲壽。又侯生盧生相與謀曰：博士雖七十人，特備員不用。是秦博士員多至七十人。其姓名可考者，博士僕射有周青臣。（漢書百官公卿表僕射秦官自侍中尚書博士郎皆有始皇本紀上言博士七十人前爲壽下言僕射周青臣進頌是青臣爲博士僕射也）博士有淳于越，（齊人史記秦始皇本紀）有伏生，（濟南人史記儒林傳）有叔孫通，（薛人史記本傳）有羊子，（漢書藝文志儒家羊子四篇自注百章故秦博士）有黃疵，（同上名家黃公四篇自注名疵爲秦博士）有正先，（漢書京房傳昔秦時趙高用事有正先者非刺高而死孟康曰姓正名先秦博士也）有鮑白令之，（說苑至公篇）僅七人。其中蓋不盡經術之士，如黃公之書七畧列於法家，而秦始皇本紀云，使博士爲僊真人詩，又有占夢博士，殆諸子詩賦術數方技皆立博士，非徒六藝而已。又始皇本紀有諸生，叔孫通傳則連言博士諸生。是秦博士亦置弟子。又始皇二十六年議帝號。丞相綰等奏。臣等謹與博士議云云。是秦博士亦議典禮政事。與漢制同矣。

漢興因秦制。員至數十人。

漢書百官公卿表序。博士。秦官。掌通古今。員多至數十人。

漢官儀。(大唐六典卷二十二國子博士注引)文帝博士七十餘人。

案此漢初之制。未置五經博士前事也。員數與秦畧同。亦不盡用通經之士。如高帝二年即以叔孫通為博士。通非專經之士也。又文帝時。齊人公孫臣上書。陳終始五德傳。文帝召以為博士。臣亦非專經之士也。蓋猶襲秦時諸子百家各立博士之制。

文帝始置一經博士。

後漢書翟酺傳。孝文皇帝始置一經博士。(案北宋景祐刊本若定本作一經何焯校宋本作五經)

案漢書武帝紀及百官公卿表皆云。武帝始置五經博士。翟酺乃言孝文皇帝始置一經博士者。蓋為經置博士。始於文帝。而限以五經。則自武帝建元五年始也。考文景時博士。如張生。如鼂錯。乃書博士。如申公。如轅固。如韓嬰。皆詩博士。如胡母生。如董仲舒。乃春秋博士。是專經博士。文景時已有之。但未備五經。而復有傳記博士。故班固言置五經博士自武帝始也。

並立傳記。

漢書劉歆傳。至孝文皇帝。始使掌故鼂錯從伏生受尚書。詩始萌牙。天下衆書往往頗出。皆諸子傳記。猶廣立於學宮。為置博士。

趙岐孟子題辭。孝文皇帝欲廣游學之路。論語孝經孟子爾雅皆置博士。

武帝始罷黜百家。專立五經。而博士之員大減。

漢書武帝紀。建元五年春。置五經博士。百官公卿表序同

趙岐孟子題辭。後罷傳記博士。獨立五經而已。

案文景時已有詩書春秋博士。則武帝所新置者。易與禮而已。易之有博士。始於田王孫。在武帝時。禮之有博士。可考者始於后蒼。在昭宣二帝之世。而蒼又兼傳齊詩。不知為齊詩博士與。禮博士與。疑武帝時禮博士或闕而未補。或以他經博士兼之。未能詳也。

又案傳記博士之罷。錢氏大昕以為即在置五經博士時。其說蓋信。然論語孝經孟子爾雅雖同時並罷。其罷之之意則不同。孟子。以其為諸子而罷之也。至論語孝經。則以受經與不受經者皆誦習之。不宜限於博士而罷之者也。

劉向父子作七畧。六藝一百三家。於易書詩禮樂春秋之

後附以論語孝經附爾雅小學三目六藝與此三者皆漢時學之校誦習之書以後世之制明之小學諸書者漢小學之科目論語孝經者漢中學之科目而六藝則大學之科目也武帝罷傳記博士專立五經乃除中學科目於大學之中非遂廢中小學也漢時教初學之所名曰書館其師名曰書師其書用倉頡凡將急就元尚諸篇其旨在使學童識字習字論衡自紀篇充八歲出於書館書館小僮百人以上皆以過失袒謫或以書醜得鞭充書日進又無過失後漢書皇后紀鄧皇后六歲能史書十二通詩論語梁皇后少善女工好史書九歲能誦論語是漢人就學首學書法其業成者得試為吏此一級也其進則授爾雅孝經論語有以一師專授者亦有由經師兼授者漢書平帝紀元始三年立學官郡國曰學縣道邑侯國曰校校學置經師一

七

人鄉曰庠聚曰序序庠置孝經師一人魏志邴原傳注引原別傳鄰有書舍原遂就書一冬之間誦孝經論語此由一師專授者也平帝紀元始四年徵天下以一經論語孝經爾雅教授者此由經師兼授者也且漢時但有受論語孝經小學而不受一經者無受一經而不先受論語孝經者漢書昭帝紀詔曰朕通保傅傳孝經論語尚書未云有明宣帝紀霍光議奏曰孝武皇帝曾孫病已有詔掖庭養視師受詩論語孝經景十三王傳廣川王去師受易論語孝經皆通疏廣傳皇太子年十二歲通論語孝經後漢書范升傳九歲通論語孝經及長受梁邱易皆通是通經之前皆先通論語孝經亦有但云論語者漢書王尊傳受尚書論語後漢書鄧皇后紀十二通詩論語梁皇后紀九歲能誦論語治韓詩馬嚴傳子續七歲能通論語十三明尚

書荀爽傳年十二通春秋論語論衡自紀篇充手書既成辭師受論語尚書此數事或舉論語以該孝經或但受論語而不及孝經均不可考要之無不受論語者（漢人受書次第首小學次孝經論語次一經此事甚明諸書或倒言之乃以書之尊卑為次不以受書之先後為次受書時由卑及尊乃其所也）漢官儀所載博士舉狀於五經外必兼孝經論語故漢人傳論語孝經者皆他經大師無以此二書專門名家者如傳齊論者有王吉父子宋畸貢禹五鹿充宗膠東庸生中惟宋畸無考王吉則傳韓詩王駿及五鹿充宗傳梁邱易貢禹傳公羊春秋庸生傳古文尚書傳魯論者有龔奮夏侯勝韋賢魯扶卿蕭望之張禹朱雲龔奮與扶卿無考夏侯勝則傳尚書韋賢傳魯詩蕭望之傳齊詩張禹傳施氏易朱雲傳孟氏易傳孝經者有長孫氏江翁后蒼翼奉張禹長孫氏無考江翁則傳魯詩與穀梁春秋后蒼翼奉傳齊詩蒼又傳禮蓋經師授經亦兼

按孝經論語，猶今日大學之或有豫備科矣。然則漢時論語孝經之傳，實廣於五經，不以博士之廢置為盛衰也。

宣帝之末，增員至十二人。

漢書宣帝紀，甘露三年，立梁邱易大小夏侯尚書穀梁春秋博士。

又百官公卿表序，博士，宣帝黃龍元年，增員至十二人。

又藝文志，易說於宣元，有施孟梁邱京氏立於學官。書說孝宣，有歐陽大小夏侯氏，立於學官。詩魯齊韓三家皆立於學官。禮說孝宣世，后倉最明，戴德戴聖慶普皆其弟子，三家皆立於學官。春秋四家之中，公羊穀梁立於學官。

又劉歆傳，往者博士，書有歐陽，春秋公羊，易則施孟，然孝宣皇帝猶復廣立穀梁春秋，梁邱易，大小夏侯尚書。

又儒林傳贊，初書惟有歐陽，禮后，易楊，春秋公羊而已。至孝宣世，復立大小夏侯尚書，大小戴禮，施孟梁丘易，穀梁春秋。

後漢書章帝紀建初四年十一月壬戌詔曰，漢承秦後，褒顯儒術，建立五經，為置博士。孝宣皇帝以去聖久遠，學不厭博，故遂立大小夏侯尚書。

案宣帝增置博士事，紀表志傳所紀互異。紀繫於甘露三年，表繫於黃龍元年，一不同也。紀與劉歆傳均言立梁丘易大小夏侯尚書穀梁春秋，而儒林傳贊復數大小戴禮，藝文志復數慶氏禮，二不同也。又博士員數，表與傳亦不同。據劉歆傳則合新舊僅得八人，如儒林傳贊則合新舊得十二人，似與表合矣。然二傳皆不數詩博士。案申公韓嬰均於孝文時為博士，轅固於孝景時為博士，則文景之世，魯齊韓三家詩已立博士，特孝宣時於詩無所增置，故劉歆畧之。儒林傳贊綜計宣帝以前立博士之經，而獨遺詩魯齊韓三家則疎漏甚矣又宣帝於禮博士亦無所增置儒林傳贊乃謂宣帝立大小戴禮不知戴聖雖於宣帝時為博士實為后氏禮博士尚未自名其家與大戴分立也藝文志謂慶氏亦立學官者誤與此同今參伍考之則宣帝末所有博士易則施孟梁邱書則歐陽大小夏侯詩則齊魯韓禮則后氏春秋公羊穀梁適得十二人儒林傳贊遺詩三家因劉歆之言而誤贊又數大小戴禮藝文志並數慶氏禮則又因後漢所立而誤也又宣帝增置博士之年紀表雖不同然皆以為在論石渠之後然儒林傳言歐陽高孫地餘為博士論石渠又林尊事歐陽高為博士論石渠張山拊事小夏侯建為博士論石渠則論石渠時似歐陽有二博士小夏侯亦已有博士與紀傳均不合蓋所紀歷官時代有錯誤也又易施孟二博士亦宣帝所立

則儒林傳贊所言是也（但在甘露黄龍前）

元帝復立京氏易博士，未幾而廢。

漢書儒林傳贊：至元帝世，復立京氏易。

後漢書范升傳：先帝前世有疑於此，故京氏雖立，輒復見廢。

平帝復立古文尚書、毛詩、逸禮、樂經、左氏春秋，增員至三十人。

漢書儒林傳贊：平帝時又立左氏春秋、毛詩、逸禮、古文尚書。

又王莽傳：元始四年立樂經，益博士員，經各五人。

又藝文志：周官經六篇，王莽、劉歆置博士。

三輔黄圖：六經三十博士。

案平帝時增五經為六經，博士經各五人，則六經三十人。然綜計當時所立之學不及三十家，蓋一家博士不止一員也。

後漢初博士共十四人。

續漢書百官志博士十四人。本注曰。易四。施孟梁邱京氏。尚書三。歐陽大小夏侯氏。詩三。魯齊韓氏。禮二。大小戴氏。春秋二。公羊嚴顏氏。

後漢書儒林傳序。光武中興。愛好儒術。立五經博士。各以家法教授。易有施孟梁邱京氏。尚書歐陽大小夏侯。詩齊魯韓毛。（此字衍）禮大小戴。春秋嚴顏。凡十四博士。

案後漢初曾置慶氏禮。當時為禮博士者。如曹充。如曹褒。如董鈞。皆傳慶氏禮者也。傳二戴禮而為博士者史反無聞。疑當時禮有慶大小戴三氏。故班氏藝文志謂禮三家皆立於學官。蓋誤以後漢之制本於前漢也。後慶氏學微。博士亦中廢。至後漢末。禮博士只有大小戴二家。故司馬彪范曄均遺之耳。

後立春秋左氏穀梁博士。未幾而罷。

後漢書陳元傳。時議欲立左氏傳博士。范升與元相辨難。凡十餘上。帝卒立左氏學。太常選博士四人。元為第一。帝以元新忿爭。乃用其次司隸從事李封。於是諸儒以左氏之立。議論讙譁。自公卿以下數廷爭之。會封病卒。左氏復廢。

又賈逵傳。至光武皇帝奮獨見之明。興立左氏穀梁。會二家先師不曉圖讖。故令中道而廢。

自是訖後漢之末。無所增損。至魏立穀梁春秋禮記。而古文家經如費易古文尚書毛詩周禮左氏春秋。遂並立於學官。博士亦增於漢矣。

魏志文帝紀。黃初五年立太學。制五經課試之法。置春秋穀梁博士。

又高貴鄉公紀。甘露元年夏四月丙辰。帝幸太學云云。

又王肅傳。肅為尚書詩論語三禮左氏解。及撰定父朗所作易傳皆列於學官。魏畧儒宗傳後漢書儒林傳注魏志杜畿傳注引樂詳黃初中徵拜博士。於時太學初立。有博士十餘人。宋書百官志。博士魏及晉西朝置十九人。江左初減爲九人。皆不知掌何經。

案漢世所立十四博士。皆今文學也。古文諸經。終漢之世未得立於學官。惟後漢中葉後。博士之選不如先漢之嚴。故周防以治古文尚書爲博士。盧植本事馬融。兼通今古學。亦爲博士。又中平五年所徵博士十四人。若荀爽若鄭元若陳紀。亦古文學家。爽等三人雖徵而不至。若周防盧植。固嘗任職矣。而當時實未立古文學。此三人者。蓋以古文學家爲今文學博士。猶孔安國雖傳古文尚書。而實爲今文尚書博士。觀安國之學傳爲兒寬寬之學爲歐陽高可知胡常翟方進雖兼傳左氏而賈爲穀梁博士也古文學之立於學官蓋在黄初之際自董卓之亂京洛爲墟獻帝託命曹氏未遑庠序之事博士失其官守垂三十年今文學日微而民間古文之學乃日興月盛逮魏初復立太學博士已無復昔人其所以傳授課試者亦絶非曩時之學蓋不必有廢置明文而漢家四百年學官今文之統已爲古文家取而代之矣試取魏時諸博士考之邯鄲淳傳古文尚書者也樂詳周生烈傳左氏春秋者也宋均田瓊皆親受業於鄭元張融馬照亦私淑鄭氏者也蘇林張揖通古今字指則亦古文學家也餘如高堂隆上書述古文尚書周官左氏春秋趙怡淳于峻庾峻等亦稱述鄭學其可考者如此則無考者可知又以高貴鄉公幸太學問答考之所問之易則鄭注也所講之書則賈逵馬融鄭元王肅之注也所問之禮則小戴記蓋

亦鄭元王肅注也。王肅傳明言其所注諸經皆列於學官。則鄭注五經亦列於學官可知。然則魏時所立諸經。已非漢代之今文學。而為賈馬鄭王之古文學矣。晉書荀崧傳。崧上疏言。晉初太學有石經古文。先儒典訓。賈馬鄭杜服孔王何顏尹之徒章句傳注。衆家之學。置博士十九人。宋書禮志文同宋書百官志以為魏博士員數亦與之同。其說雖未可盡信。然大略不甚相遠。今以荀崧所舉家數。與沈約所紀魏博士員數差次之。魏時除左傳杜注未成尚書孔傳未出外。荀崧言晉初章句傳注有孔氏蓋指孔安國書傳晉初已立孔傳與否雖不可考然魏時確未立孔傳可以證之孔傳釋堯典曰若稽古為順考古道與賈馬王肅同而庾峻對高貴鄉公問僅言賈馬及肅皆以為順考古道不及孔安國是魏時未立尚書孔傳之證也易有鄭氏王氏。書有賈馬鄭王氏。詩及三禮鄭氏王氏。春秋左傳服氏王氏。公羊顏氏何氏。穀梁尹氏適得十九家。與博士十九人之數相當。沈約之說雖他無所徵。蓋畧近之矣。此十九博士中。惟禮記公穀三家為今學。餘皆古學。於是西京施孟梁邱京氏之易。歐陽大小夏侯之書。齊魯韓之詩。慶氏大戴之禮。嚴氏之春秋。皆廢於此數十年之間。不待永嘉之亂而其亡可決矣。學術變遷之在上者。莫劇於三國之際。而自來無能質言之者。此可異也。

蜀漢與吳亦置博士。雖員數無考。而風尚畧同。

蜀志許慈傳。慈事劉熙。善鄭氏學。治易尚書三禮毛詩論語。中畧先主定蜀。承喪亂歷紀。學業衰廢。乃鳩合典籍。沙汰眾學。慈為博士。

又尹默傳。益部多貴今文而不崇章句。默知其不博。乃遠游荊州。就司馬德操宋仲子等受古學。皆通諸經史。又專精於左氏春秋。自劉歆條例鄭眾賈逵父子陳元方服虔注說。咸畧誦述不復案本。子宗傳其業。為博士。

晉書儒林傳文立蜀時游太學專毛詩三禮（華陽國志同）

虞翻別傳（吳志虞翻傳注引）翻奏鄭元解尚書違失事曰宜命學官定此三事又曰又元所注五經違義尤甚者百六十七事不可不正行乎學校傳乎將來臣竊恥之

案蜀吳學校均行古學蜀之博士皆古學家既有徵矣吳虞翻所上奏在孫權世時尚未立五經博士（孫休永安元年始立五經博士）而翻言鄭注行乎學校蓋指民間敎授言之後立博士韋昭曾爲祭酒韋亦古學家也然則蜀吳所立博士當與魏畧同蓋可識矣

博士自六國秦時已有弟子漢興仍之

漢書賈山傳祖祛故魏王時博士弟子也

史記叔孫通傳陳勝起二世召博士諸儒生問曰於公何如博士諸生三十餘人對曰云云

漢書循吏傳文翁景帝末爲蜀郡守選郡縣小吏開敏有材者張叔等十餘人遣詣京師受業博士

武帝特爲博士置弟子五十人

漢書武帝紀元朔四年夏六月詔曰蓋聞導民以禮風之以樂今禮壞樂崩朕甚閔焉故詳延天下方聞之士咸薦諸朝其令禮官勸學講議洽聞舉遺興禮以爲天下先太常其議予博士弟子崇鄉黨之化以厲賢材焉丞相弘請爲博士置弟子員學者益廣

又儒林傳丞相御史言請爲博士官置弟子五十人復其身太常擇民年十八以上儀狀端正者補博士弟子郡國縣官有好文學敬長上肅政教順鄉里出入不悖所聞令相長丞上所屬二千石二千石謹察可者常與計偕詣太常得受業如弟子

其後大增員數。

漢書儒林傳。昭帝時增弟子員滿百人。宣帝時增倍之。元帝好儒。能通一經者。皆復數年。以用度不足。更為設員千人。成帝末。或言孔子布衣養徒三千人。今天子太學弟子少。於是增弟子員三千人。歲餘復如故。平帝時。王莽秉政。增元士之子。得受業如弟子。勿以為員。

後漢書黨錮傳。太學諸生三萬餘人。

又儒林傳。本初元年梁太后詔曰。大將軍下及六百石。悉遣子就學。自是游學增盛。至三萬餘生。

魏略儒宗傳序。（魏志王肅傳注引）黃初元年之後。新主乃復始掃除太學之灰炭。補舊石經之缺壞。備博士之員錄。依漢甲乙以考課。申告州郡。有欲學者。皆遣詣太學。太學始開。有弟子數百人。至太和青龍中。中外多事。人懷避就。雖性非解學。多求請太學。太學諸生有千數。博士之於弟子。職在教授及課試。

漢書儒林傳。博士弟子。一歲皆輒課。能通一藝以上。補文學掌故缺。高可以為郎中。太常籍奏。即有秀才異等。輒以名聞。若下材不能通一藝。輒罷之。而請諸能稱者。

又。歲課甲科四十人為郎中。乙科二十人為太子舍人。丙科四十人補文學掌故云。

後漢書徐防傳。永元十四年。防上疏曰。伏見太學試博士弟子皆以意說。不修家法。私相容隱。開生姦路。每有策試。輒興諍訟。議論紛錯。互相是非。臣以為博士及甲乙策試。宜從其家章句。開五十難以試之。解釋多者為上第。引文明者為高說。若不依先師。義有所伐。皆正以為非。五經各取上第六人。論語不宜射策。雖所失或久。差可矯革。詔書下公卿。皆從防

言

又順帝紀陽嘉元年秋七月丙辰以太學新成試明經下第者補弟子增甲乙科員各十人

又質帝紀本初元年夏四月令郡國舉明經年五十以上七十以下詣太學自大將軍至六百石皆遣子受業歲滿課試以高第五人補郎中次五人太子舍人

通典十三桓帝建和初詔諸學生年十六比郡國明經試次第上名高第五十人上第十六人為郎中中第十七人為太子舍人下第十七人為王家郎

同上永壽二年詔復課試諸生補郎舍人

後漢書宦者傳諸博士試甲乙科爭第高下更相告訟亦有私行金貨定蘭臺漆書經字以合其私文

魏志文帝紀黃初五年夏四月立太學制五經課試之法

通典五十三魏文帝黄初五年立太學於洛陽時慕者始請太學為門人滿二歲試通一經者稱弟子不通一經者罷遣弟子滿二歲試通二經者補文學掌故不通二經者聽須後輩試試通二經亦得補掌故掌故滿二歲試通三經者擢高第為太子舍人不第者隨後輩試試通亦為太子舍人舍人滿二歲試通四經者擢其高第為郎中不通者隨後輩復試試通亦為郎中郎中滿二歲能通五經者擢高第隨才敘用不通者隨後輩復試試通亦敘用

案此即魏志文帝紀所謂五經課試之法也通典卷十三選舉門系此事於桓帝永壽二年之後而吉禮門則以為魏黄初五年事又北堂書鈔六十七並太平御覽五百三十四雜引此中文句謂出摯虞決疑要注亦以為魏時事且與漢制不類疑吉禮門所紀是也

魏畧儒宗傳序（魏志王肅傳注引）黃初中，備博士之員錄，依漢甲乙以考課。告州郡有欲學者，皆遣詣太學。太學始開，有弟子數百人。至太和青龍中，中外多事，人懷避就。雖性不解學，皆求請太學。太學諸生有千數，本亦避役，竟無能競學，冬來春去，歲歲如是。又雖有精者，而臺閣舉格太高，加不念統其大義，而問字指墨法點注之間，百人同試，度者未十。

魏志明帝紀 太和四年春二月壬午詔曰，其郎吏明經才任牧民，博士課試，擢其高第者亟用；其浮華不務道本者皆罷去之。

後漢中葉以後，課試之法密，而教授之事輕。

後漢書儒林傳 自安帝覽政，薄於藝文，博士倚席不講，朋徒相視怠散。

通典（五十三）建安中，侍中鮑衡奏，今學博士並設，表章而無所教授。

魏畧儒宗傳。（魏志杜畿傳注引）樂詳。黄初中徵拜博士。於時太學初立。有博士十餘人。學多偏狹。又不熟悉。畧不親教。備員而已。

又。儒宗傳序。（魏志王肅傳注引）太和青龍中。諸博士率皆麤疏。無以教弟子。弟子本亦避役。竟無能習學。

又漢博士皆專經教授。魏則兼授五經。

魏畧儒宗傳。樂詳五業並授。

魏志高堂隆傳。景初中。帝以蘇林秦靜等並老。恐無能傳業者。乃詔科郎吏高才解經義者三十人。從光祿大夫隆散騎常侍林博士靜。分受四經三禮。主者具為設課試之法。

案三人分授四經三禮。是一人所授非一經也。此雖非博士教弟子之法。然博士授業亦當準之。又秦靜身為博士。弟子甚多。而慮其年老無能傳業。是當時博士但備員數

未嘗親授弟子也

漢博士弟子專受一經後漢以後則兼受五經

後漢建初殘墓碑十五入大學受禮十六受詩十七受□十八受易十九受春秋

漢博士課試弟子惟以一藝後漢以後則兼試五經

通典五十三二則見上

此其異也漢博士秩卑而職尊除教授弟子外或奉使

漢書武帝紀元狩六年夏遣博士大等六人分循行天下

同上元鼎二年夏大水秋遣博士中等分循行

同上終軍傳元鼎中博士徐偃使行風俗

同上元帝紀建昭四年臨遣諫大夫博士賞等二十一人循行天下

同上王尊傳博士鄭寬中使行風俗

同上成帝紀河平四年遣光祿大夫博士嘉等行舉瀕河之郡水所毀傷貧乏不能自存者

同上陽朔二年秋關東大水流民欲入函谷天井壺口五阮關者勿苛留遣諫大夫博士分行視

同上孔光傳光為博士成帝初即位數使錄冤獄行風俗賑贍流民奉使稱旨

同上平當傳當為博士使行流民幽州

或議政

漢書賈誼傳文帝召誼為博士每詔令議下諸老先生未能言誼盡為之對

同上文帝紀後元年詔曰間者數年歲比不登又有水旱疾疫之災朕甚憂之其與丞相列侯吏二千石博士議之有可以佐百姓者率意遠思無有所隱

同上武帝紀。元朔元年冬十一月詔曰。朕深詔執事。興廉舉孝。今或闔郡而不舉一人。其與中二千石禮官博士議不舉者罪。

同上儒林傳。元朔五年。詔太常其議與博士弟子丞相御史言。謹與太常臧博士平等議云云。

史記三王世家。大司馬去病請定皇子位。丞相臣青翟御史大夫臣湯昧死言。臣謹與列侯臣嬰齊中二千石二千石臣賀諫大夫博士臣安等議云云。又臣青翟等與列侯吏二千石諫大夫博士臣慶等議云云。

漢書張湯傳。武帝時。匈奴求和親。羣臣議上前。博士狄山曰和親便。

同上律歷志。元封七年。太中大夫壺遂太史令司馬遷等言。歷紀廢壞。宜改正朔。是時御史大夫兒寬明經術。上乃詔寬曰。與博士共議。

同上杜延年傳。始元四年。丞相車千秋即召中二千石博士會公車門。議問侯史吳法。

同上霍光傳。昌邑王即位。行淫亂。光遂召丞相御史將軍列侯中二千石大夫博士會議未央宮。

同上夏侯勝傳。宣帝初即位。詔曰。孝武皇帝功德茂盛。而廟樂未稱。朕甚悼焉。其與列侯二千石博士議。

同上韓延壽傳。蕭望之劾延壽上僭不道。願下丞相中二千石博士議其罪。

同上韋玄成傳。永光四年。乃下詔先議罷郡國廟。曰。其與將軍列侯中二千石諸大夫博士議。

同上。後月餘。復下詔曰。蓋聞明王制禮。立親廟四。祖宗之廟萬世不毁。所以明尊祖敬宗著親親也。朕獲承祖宗之重。惟

大禮未備戰㮚恐懼不敢自顓其與將軍列侯中二千石二千石諸大夫博士議

同上郊祀志成帝初即位丞相衡御史大夫譚奏言甘泉泰畤河東后土之祠宜可徙置長安顧與羣臣議定奏可右將軍王商博士師丹議郎翟方進等五十人以為甘泉河東之祠非神靈所饗宜徙就正陽大陰之處

同上薛宣傳哀帝初即位宣子況賕客楊明遮斫申咸宮門外事下有司御史中丞衆等奏況明皆棄市廷尉直以為明當以賊傷人不直況與謀皆爵減完為城旦上以問公卿丞相孔光大司空師丹以中丞議是自將軍以下至博士議郎皆是廷尉

同上朱博傳左將軍彭宣等劾奏博及趙玄傅晏請詔謁者召詣廷尉詔獄制曰將軍中二千石二千石諸大夫博士議

郎議

同上王嘉傳孔光等請謁者召嘉詣廷尉詔獄制曰票騎將軍御史大夫中二千石二千石諸大夫博士議郎議

同上韋玄成傳哀帝即位丞相光大司空武奏言迭毀之制宜以時定臣請與羣臣雜議於是光祿勳彭宣詹事滿昌博士左咸等五十三人皆以為繼祖宗以下五廟而迭毀孝武皇帝親盡其毀

同上元始五年大司馬王莽奏臣謹與太師孔光長樂少府平晏大司農左咸中壘校尉劉歆大中大夫朱陽博士薛順議郎國由等六十七人議皆曰宜如建始時丞相衡等議復南北郊如故

中興以後此制漸廢專議典禮而已

後漢書光武紀建武二年博士丁恭議曰古帝王封諸侯不

過百里。故利以建侯。取法於雷。強幹弱枝。所以為治也。今封諸侯四縣。不合法則。

續漢書祭祀志。建武七年五月。詔三公曰。漢當郊堯。其與卿大夫博士議。

同上。建武十九年。張純朱浮奏。禮為人子事。大宗降其私親。願下有司議。先帝四廟當代親廟者及皇考廟事。下公卿博士議郎議。

晉書律曆志。黄初中。董巴議改曆云云。

案董巴。魏博士。見後。

魏書。（魏志明帝紀注引）景初三年。史官復著言。宜改正朔。乃詔三公特進九卿中郎將大夫博士議郎千石六百石博議。

宋書禮志。明帝即位。議改正朔。博士秦靜趙怡等以為宜改。

同上。博士樂祥議。正月旦受朝賀。羣臣奉贄。

通典八十一　太和六年四月，博士樂祥議明帝為外祖母服。

同上七十五　青龍二年，博士高堂隆議執贄。

同上五十五　青龍五年，博士秦靜議正朔服色。

同上九十一　魏明帝景初中，尚書祠部問曰，同母異父昆弟服應幾月。太常曹毗述博士趙怡據子游鄭注，大功九月。

同上一百四十七　博士趙怡議祀天地用宫縣。

同上四十四　博士秦靜議蜡祭。

同上五十五　博士秦靜議涼州刺史上靈命瑞圖，醮告太廟。

同上六十九　博士田瓊議異姓不相為後。

同上八十三　蔣濟奏弔喪去冠，非禮意。博士杜希議云云。

博士秩

漢初四百石。宣帝後為比六百石。

漢書百官公卿表　博士秩比六百石。

續漢書百官志　博士十四人，比六百石。本注，本四百石，宣帝

增秩

魏時為第五品

通典三十六魏官九品第五品太學博士

其長自秦以後謂之僕射中興後為祭酒

漢書百官公卿表序僕射秦官自侍中尚書博士郎皆有取

其領事之號

續漢書百官志博士祭酒一人秩六百石本僕射中興轉為

祭酒

博士任用或徵召

漢書賈誼傳文帝召以為博士

同上張蒼傳文帝召公孫臣以為博士

同上公孫弘䟽廣貢禹龔舍夏侯勝傳後漢書盧植樊英傳

皆云徵為博士

後漢書曹褒郭憲傳皆云徵拜博士

或薦舉

漢書成帝紀陽朔二年詔曰丞相御史其與中二千石二千石雜舉可充博士位者使卓然可觀

同上彭宣孔光傳舉為博士

同上儒林施讎傳梁邱賀薦讎束髮事師數十年賀不能及詔拜為博士

同上孟喜傳博士缺衆人薦喜上聞喜改師法遂不用喜

同上王式傳諸博士皆素聞其賢共薦式詔除下為博士

漢官儀（後漢書朱浮傳注又通典引）博士舉狀曰生事愛敬喪沒如禮通易尚書詩禮春秋孝經論語兼綜載籍窮微闡奧師事某官見授門徒五十人以上隱居樂道不求聞達身無金痍痼疾三十六屬不與妖惡交通王侯賞賜行應四科經任博士下言某官

某甲保舉。

後漢書楊震傳。先是博士選舉多不以實。震舉明經名士陳留楊倫等。

同上儒林周防傳。太尉張禹薦補博士。

魏志張郃傳。郃雖武將。而愛樂儒士。嘗薦同鄉卑湛經明行修。詔擢為博士。

晉書鄭袤傳。袤為太常。高貴鄉公議立明堂辟雍。精選博士。袤舉劉毅劉寔程咸庾峻。後並至公輔大位。

同上張華傳。郡守鮮于嗣薦華為太常博士。

或選試。

漢書張禹傳。試為博士。

續漢書百官志。太常本注。每選試博士。奏其能否。

後漢書朱浮傳。舊事。策試博士。必廣求詳選。爰自畿夏。延及四方。是以博舉明經。惟賢是登。學者精勵。遠近同慕。伏聞詔書更試五人。惟取現在洛陽城者。臣恐自今以往。將有所失。求之密邇。容或未盡。而四方之學無所勸樂。

同上伏恭傳。太常試經第一。拜博士。

同上陳元傳。太常選博士四人。元為第一。帝以元新忿爭。乃用其次司隸從事李封為博士。

又儒林張元傳。會顏氏博士缺。元策試第一。拜為博士。

或以賢良文學明經諸科進。

漢書公孫弘傳。武帝初即位。以賢良徵為博士。元光五年。復舉賢良文學。拜為博士。

同上平當傳。以明經為博士。

同上師丹傳。建昭中。州舉茂才。復補博士。

後漢書趙咨傳。延熹元年。大司農陳奇舉咨至孝有道。仍遷

博士

同上李法傳永光九年應賢良方正對策除為博士

同上方術郭憲傳光武即位求天下有道之人乃徵憲拜博士

或由他官遷

漢書鼂錯傳錯為太子舍人門大夫遷博士

同上翼奉傳奉以中郎為博士

同上匡衡傳上以為郎中遷博士

同上翟方進傳舉明經遷議郎河平中轉為博士

同上儒林歐陽生傳歐陽地餘以太子中庶子授太子後為博士

後漢書范升傳建武二年光武徵詣懷宮拜議郎遷博士

博士或兼給事中

漢書百官公卿表序。給事中亦加官。所加或大夫博士議郎。
掌顧問應對。位次中常侍。
同上平當傳。為博士給事中。
同上韋賢傳。徵為博士給事中。
同上匡衡傳。遷博士給事中。
同上薛宣傳。哀帝初即位。博士申咸給事中。
同上師丹傳。給事中博士申咸炔欽上書云云。
獻帝傳（魏志文帝紀注引）給事中博士蘇林董巴上表云云。
魏畧（魏志王粲傳注引）黄初初。以邯鄲淳為博士給事中。
同上（魏志劉劭傳注引）蘇林黄初中為博士給事中。
魏志高堂隆傳。明帝以隆為給事中博士。
其遷擢也。於内則遷中二千石二千石。
漢書叔孫通傳。漢二年。漢王拜通為博士。號稷嗣君。七年拜

二十四

為奉常。中二千石

同上公孫弘傳。拜為博士。待詔金馬門。一歲中至左内史。二千石

同上百官公卿表。博士后蒼為少府。中二千石

同上平當傳。為博士給事中。奉使十一人為最。遷丞相司直。比二千石

同上韋賢傳。徵為博士給事中。進授昭帝詩。稍遷光祿大夫。比二千石

同上夏侯勝傳。徵為博士光祿大夫。

同上匡衡傳。遷博士給事中。遷為光祿大夫。

同上張禹傳。試為博士。授皇太子論語。由是遷為光祿大夫。

同上儒林傳。鄭寬中以博士授太子。遷光祿大夫。領尚書事。

後漢書桓榮傳。榮為博士。拜博士張佚為太子太傅。中二千石而以榮為少傅。比二千石

同上儒林甄宇傳。徵拜博士。稍遷太子少傅。

同上魯恭傳。拜為魯詩博士。遷侍中。比二千石

同上曹褒傳。徵拜博士。又拜侍中。

同上李法傳。除博士。遷侍中。

同上儒林張興傳。為博士。遷侍中。

同上承宮傳。拜博士。遷左中郎將。比二千石

同上方術李郃傳。父頡官至博士。遷左中郎將。

或遷千石及八百石。

漢書賈誼傳。誼為博士超遷。歲中至太中大夫。比千石

同上疏廣傳。徵為博士太中大夫。

同上鼂錯傳。遷博士。拜為太子家令。八百石

同上翼奉傳。以中郎為博士諫大夫。比八百石

同上孔光傳。是時博士選三科。高為尚書。次為刺史。其不通

政事以久次爲諸侯王太傅光以高第爲尚書音石

於外則爲郡國守相

漢書董仲舒傳爲博士以賢良對策爲江都相

同上蕭望之傳是歲選博士諫大夫通政事者補郡國守相

後漢書盧植傳徵爲博士出爲九江太守

同上儒林牟長傳拜博士稍遷河內太守

同上儒林周防傳補博士稍遷陳留太守

同上儒林伏恭傳拜博士遷常山太守

或爲諸侯王太傅

漢書儒林傳轅固以博士爲清河王太傅

同上彭宣傳舉爲博士遷東平太傅

同上師丹傳復爲博士出爲東平王太傅

後漢書楊倫傳特徵博士爲清河王傅

或為部刺史州牧。
漢書禹貢傳。徵為博士。涼州刺史。
同上翟方進傳。轉為博士。數年遷朔方刺史。
同上儒林傳。胡常以明穀梁春秋為博士部刺史。
同上儒林傳。琅邪徐良斿卿為博士州牧郡守。
或為縣令。
漢書朱雲傳。由是為博士。遷杜陵令。
蓋清要之官。非同秩之文吏比矣。

觀堂集林卷第五　藝林五

海甯　王國維

爾雅草木蟲魚鳥獸名釋例上

物名有雅俗，有古今。爾雅一書，爲通雅俗古今之名而作也。其通之也謂之釋，釋雅以俗，釋古以今。聞雅名而不知者，知其俗名，斯知雅矣；聞古名而不知者，知其今名，斯知古矣。若雅俗古今同名，或此有而彼無者，名不足以相釋，則以其形釋之。草木蟲魚鳥多異名，故釋以名；獸與畜罕異名，故釋以形。凡雅俗古今之名，或同實而異名，或異實而同名。雅與雅同名而異實，則別以俗。如葝山䪥、葝鼠尾之類。俗與俗異名而同實，則同以雅。如櫬木槿、椴木槿之類。雅與雅異名而同實，則同以俗。如薜山蘄、薜白蘄之類。或雅與俗同名異實，則各以雅與俗之異者異之；雅與俗異名同實，則各以其同者同之。如荼苦菜、檟苦荼之類。

讀楚雀倉庚栗黃也之類凡雅俗多同名而稍變其音如隹椎淄猨之類凡俗名多取雅之共名而以其別別之有別以地者則曰山曰海曰河曰澤曰野有別以形者形之最著者曰大小大謂之荏亦謂之戎亦謂之王小者謂之叔謂之女謂之婦婦謂之負大者又謂之牛謂之馬謂之虎謂之鹿小者謂之羊謂之狗謂之菟謂之鼠謂之雀有別以色者則曰皤曰白曰赤曰黑曰黃以他物譬其色則曰蕢曰烏有別以味者則曰苦曰甘曰酸有別以實者則草木之有實者曰母無實者曰牡實而不成者曰童此諸俗名之共名皆雅名也是故雅名多別俗名多共雅名多奇俗名多偶其他偶名皆以物德名之有取諸其物之形者如垂比葉的九葉之類有取諸其物之色者如夏扈竊玄之類有取諸其物之聲者如螢蛸蜻之類有取諸性習者如守宮田螺[illegible]之類有取諸功用者如葥王蔧酋蘆之類有取諸相似之他物者或取諸生物如川蚊[illegible]之類或取諸成器如鷊綬經采之類其餘或以形狀之詞其詞或為雙聲如[illegible]之類或

為疊韻（如芘蔵芘鴉芓樊之類）此物名之大畧也

爾雅草木蟲魚鳥獸名釋例下

凡雅俗古今之名同類之異名與夫異類之同名其音與義恆相關同類之異名其關係尤顯於奇名如釋草苹并其大者蘋茖陵苕黄華蔈白華茇蒹薕葭蘆菼薍蔈荂荼猋藨芀釋蟲食苗心螟食根蟊釋魚鰹大鮦小者鮵釋鳥鳥鼠同穴其鳥為鵌其鼠為鼵苹與蘋蔈與茇薕與蘆薍螟與蟊鮦與鮵鵌與鼵皆一聲之轉此不獨生物之名然也釋宮樴大者謂之栱長者謂之閣栱閣一聲之轉也廟中路謂之唐堂途謂之陳唐途陳皆一聲之轉也二達謂之歧旁三達謂之劇旁四達謂之衢八達謂之崇期九達謂之逵歧劇衢期逵皆一聲之轉也釋器輿革前謂之鞎後謂之第竹前謂之禦後謂之蔽鞎與禦第與蔽皆一聲之轉也釋天天氣下地不應曰雺地氣發天不應曰霧霧

見之

二

謂之晦。霿霧晦。亦一聲之轉也。釋丘之重厓岸。釋山之重甗隒厓岸甗隒四者。皆一聲之轉也。又如釋山之多大石磝。多小石礐。釋水之川注溪曰谷。注谷曰溝。注溝曰澮。大波爲瀾。小波爲淪。磝礐谷溝澮瀾淪。亦皆一聲之轉。其餘仿此。蓋其流則於有別。而其源不妨相通。爲文字變化之通例矣。異類之同名。其關係尤顯於偶名。如釋草。果臝之實栝樓。釋蟲。果臝蒲盧。案果臝果臝者。圜而下垂之意。即易雜卦傳之果蓏。凡在樹之果與在地之蓏。其實無不圜而垂者。故物之圜而下垂者。皆以果蓏名之。栝樓亦果臝之轉語。蜂之細腰者。其腹亦下垂如果蓏。故謂之果臝矣。又釋草。蘱薡董。案薡董長意。郭璞說薡董云。其葉似蒲而細。是長葉之草。又釋天之螮蝀。其字從虫。本是蟲名。沈方伯說以莊子蝍蛆甘帶之帶。虹形如帶。故以螮蝀名之。是螮蝀薡董。亦語之轉矣。又釋草。葖蘆萉。釋蟲。蜚蠦蜰。案蘆萉蠦蜰。乃苻婁蒲盧之倒語。亦圓意也。蘆肥根大而圓。其形亦橢圓如蘆肥。故謂之蠦蜰。後世謂之負盤。亦以此矣。又釋草。薢茩英茪。蔆撅攗。案薢茩英茪撅攗皆有圭角之意。薢茩。郭注以決明釋之。決明秋生。子作角。而蔆亦有角。故得英茪撅攗之名。蔆之一名薢茩。亦以此矣。又草之條蓨苗蓨。木之柚條。條蓨苗柚條。皆有抽達攸長之意。故得此名。又釋草。蘄茝。蘪蕪。緜馬羊齒。釋木。木髦柔英。釋蟲。蠓。蠛蠓。案蘪蕪緜馬以下。皆有小意。郭注云。蘪蕪葉小如蔞狀。又云。緜馬草細葉羅生而毛。有似羊齒。是二者皆小草。草之小者曰蘪蕪。曰緜馬。木之柔者曰木髦。蟲之小者曰蠛蠓。鳥之小者亦曰緜蠻。毛傳緜蠻小鳥貌殆皆微字之音轉。釋天。小雨謂之霢霂。亦同語之轉也。又釋草。莞苻離。釋木。瘣木苻婁。釋蟲。果蠃。蒲盧。釋木。蚹蠃。螔蝓。案苻離苻婁蒲盧蚹蠃皆有魁瘣擁腫之意。又物之突出者。其形常圓。故又有圓意。莞之名苻離。以其首有臺也瘣木之名苻婁以其無枝而擁腫也又蒲盧之腹與蚹蠃之甲皆有魁壘之意故四者同名釋詁毗劉暴樂也毗劉暴樂皆苻婁之轉語其義亦由是引申矣又釋草遂薚馬尾釋蟲王蛈蜴案遂薚蛈蜴皆有值當之意說文蔏艸枝枝相值葉葉相當昆蟲之足亦無不相當者故均得此名矣又釋草其萌虇蕍釋蟲蠸輿父守瓜釋詁權輿始也案權及權輿皆本黃色之名釋草權黃華釋木權黃英其證也蟲之蠸輿父注以為瓜中黃甲小蟲是凡色黃者謂之權長言之則為權輿矣余疑權即黇之初字說文黇黃黑色也廣雅黇黃也今驗草木之萌芽無不黃黑者故蒹葭之萌謂之虇蕍引申之則為凡草木之始逸周書文酌解一幹勝權輿大戴禮誥志篇百草權輿是也又引申為凡物之始詩秦風不承權輿逸周書日月解日月權輿是也始之義行而黃之義廢矣又釋草蔈荂䔢露中馗菌案蔈

葵中馗皆椎之音變考工記玉人注齊人謂椎曰終葵蔠葵大莖小葉菌端有蓋皆與玉人之大圭杼上終葵首相似故皆得此名又釋草菟奚顆凍釋魚科斗活東案顆凍科斗活東活讀如括皆有活動圓轉之意如唐宋人言筋斗今言跟兜矣又釋木諸慮山櫐釋蟲諸慮奚相諸慮猶言支離莊子養生主云支離疏者頤隱於齊肩高於頂支離疏三字即諸慮之長言矣又釋蟲螾衘入耳釋魚蚹蠃螔蝓釋鳥鼬鼠夷由案螾衘螔蝓夷由皆緩行之意楚辭湘君君不行兮夷猶王逸注夷猶猶豫也螾衘蚹蠃其行皆緩鼬鼠五技而窮故皆得此名矣又釋蟲蒺藜蝍蛆次蠹鼅鼄釋魚鼁鱦蟾諸案蝍蛆次蠹鼅鼄鼁鱦蟾諸亦皆緩行之意即易其行次且之轉語蝍蛆多足次蠹鼁鱦皆碩腹而行緩故得此名又釋蟲蜷蟀蚕蛩蟊蜙蝑蠜蛸長踦案蜷蟀蜙蝑蠜蛸皆細長之意皆以蟲足名之上林賦紛溶萷蔘萷蔘亦

此語之轉則謂草木之細長矣又釋蟲螒天雞釋鳥鶾天雞案螒鶾即易翰音登于天之翰謂其鳴長也翰音之物以雞為最著故又謂之天雞矣其餘如草有莪蘿蟲有蛾羅草有龍天蘥鳥有鷚天鸙草有菋荎藸木有味荎著草有落蘪舌鳥有鶬麋鴰木有密肌繼英鳥有密肌繫英今雖不能言其同名之故要其相關必自有說雖其流期於相別而其源不妨相同古人正名百物之意於此亦畧可睹矣

書爾雅郭注後

漢人注經不獨以漢制說古制亦以今語釋古語杜子春鄭大夫鄭司農說周禮已用其法後鄭司農注三禮復推而廣之然古語者有字而無音者也由古語之字以求其音與義於是有讀如讀若之例焉有讀為之例焉今語者有音無字者也由其音以求其字或可得或不可得凡云今謂厶為厶者上厶其義

下厶具音也具音如此具字未必如此如周禮夏官序官司爟注今燕俗名湯熱為觀字當作涫考工輪人注今人謂湔本在水中者為弱字當作溺禮記內則注拭物之巾今齊人有言紛者字當作帨而作觀弱紛者但取其音或從經字也吾但取其字以表其音使與古厶字之音相比附而已矣故以今語釋古語雖舉其字猶或擬其音如周禮天官醢人豚拍注云鄭大夫杜子春皆以拍為膊謂脅也今河間名豚脅聲如鍛鎛又春官小宗伯甫竁注鄭大夫讀竁皆為穿杜子春讀竁為毳段氏周禮漢讀考云經竁字當作毳注當云杜子春讀毳為竁其說是也皆謂葬穿壙也今南陽名穿地為竁聲如腐脆之脆又考工記輪人察其菑蚤不齵注鄭司農云菑讀如雜廁之廁謂建輻也泰山平原所樹立物為菑聲如胾博立梟棋亦為菑蓋河間之言鍛鎛南陽之言竁泰山平原之言菑初未有此字也以其言脅之音如鎛而知其當為膊以其言穿地之音如腐脆之脆而知其當為竁以其言所樹立之音如胾而知其當為菑此言語學之事也由鍛鎛之為豚脅而知豚拍之為豚膊由脆之為穿地而知竁之

為穿壙以截之為樹立而知葘之為建輻此訓詁之事也不必問其字之如何但使古今兩語音義相會足矣故與其求其字也寧存其音此鄭君以今語釋古語之法也郭景純注爾雅從之故注中往往有音夫景純於爾雅既別有音義矣此注中復有音何也曰非為古語作實為釋古語之今語作也為今語作音何也曰今語有音無字吾但取今語之音以與古厶字之音相比附而古字之義見矣如釋詁嗟咨𩯭也注今河北人云𩯭歎音兔罝釋言恀怙恃也注今江東呼母為恀音是又逮遝也注今荊楚人皆云遝音沓謂河北云𩯭如罝音江東呼母如是音荊楚呼逮如沓音本但有其音其定為𩯭恀遝三字者則景純自於古語中得之而轉以證古語之義故舉其字而復存其音以示定其為某字之所由並示古今語之相合云爾餘如釋天蝃蝀謂之雩蝃蝀虹也注俗名美人虹江東呼雩音芌又暴

雨謂之涷注今江東人呼夏日暴雨為涷雨音東西之東又濟
謂之霽注今南陽呼雨止為霽音薺又宵田為獠注今江東亦
呼獵為獠音遼釋地其名謂之蟨注今鴈門廣武縣夏屋山中
有獸形如兔而大相負共行土俗名之蟨鼠音厥釋水潬沙出
注今江東呼水中沙堆為潬音但釋草菩接余注江東食之亦
呼為菩音杏又葴寒漿注今酸漿草江東呼曰苦葴音針又蘚
苬英光注或曰陵也關西謂之蘚苬音皆又蔨蔓于注草生水
中一名軒于江東呼蔨音猶又出隧蘧蔬注蘧蔬似土菌生菰
草中今江東啖之甜滑音氈氍毹又莞苻蘺其上蒚注西方亦
名蒲中莖為蒚音羽翮又萍蓱注水中浮萍江東謂之薸音瓢
又芨堇草注即烏頭也江東呼為堇音靳又苄地黄注一名地
髓江東呼苄音怙又蒹薕注似萑而細高數尺江東呼為蒹藡
音廉又其萌蘿注今江東呼蘆筍為蘿然則萑葦之類其初生

者皆名蘿音繾綣又蕍芛皇華榮注今俗呼草木華初生者為芛音猜猪又華荂也注江東呼華為荂音敷釋木欇虎櫐注今虎豆纏蔓林樹而生莢有毛刺今江東呼為欖欇連綿字或讀欖字句絕者非音涉釋蟲螗蜩注江南謂之螗蛦音荑蜩荑雙聲又蛂蟥蛢注甲蟲也大如虎豆綠色今江東呼黃蛢音瓶又姑蠜强蛘注今米穀中蠹黑小蟲是也建平人呼為蛘子音芉姓又鼅鼃鼃蟼注今江東呼蝦蟼音掇鼃掇古雙聲釋魚鰝大鰕注今青州呼鰕魚為鰝音鄗鎬又鱦小魚注今江東呼魚子未成者為鱦音繩又鮥鮛鮪注鱣鮪屬大者名王鮪小者名鮛鮪今宜都郡自京門以上江中通出鱣鮪之魚有一魚狀似鱣而小建平人呼鮥子即此魚也音洛又鯦當魱注似鯿而大鱗肥美多鯁今江東呼其最大長三尺者為當魱音胡又魴魾注江東呼魴魚為鯿一名魾音毗又蜎蠌注或曰即彭蜎也似蟹而小音滑又趺蚤注蝦屬大眼最有

毒今淮南人呼蝁子音惡釋鳥鵅鵋鵙注今江東呼鵂鶹為鵋
鶅亦謂之鵅鵅音格又鸍天鸙注大如鷃雀色似鶉好高飛作
聲今江東名之曰天鸙音綢繆又鵅烏鸔注水鳥也似鶂而短
頸腹翅紫白背上綠色江東呼烏鸔音駮又舒鴈鵝注今江東
呼鴚音加鴚加古疊韻又鷣負雀注鷣鷂也江東呼之為鷣善捉雀因
名云音淫又鸒斯鵯鶋注雅烏也小而多羣腹下白江東呼為
鵯烏音匹又鸍沈鳧注似鴨而小長尾背上有文今江東呼為
鸍音施又鵜頭鵁注似鳧脚近尾畧不能行江東謂之魚鵁音
髐箭釋獸貙獌似貍注今山民呼貙虎之大者為貙豻音岸獌岸疊韻
又鼳鼠注今江東山中有鼳鼠狀如鼠而大蒼色在樹木上音
巫覡又羊曰齥注今江東呼齝為齥音漏洩釋畜牡曰騭注今
江東呼駁馬為騭音質又未成雞僆注江東呼少雞曰僆音練
此上四十六條所音之字雖經注中並見然皆音於所舉今語

之下則其音自為注作而不為經作為今語作而不為古語作明甚郭意若曰今有ㄙ音與古ㄙ字之音相近有ㄙ物之名之音與古ㄙ物之名相近吾姑以古ㄙ字及古ㄙ物稱之而所以用此字當此物者由其音如ㄙ故猶杜鄭諸儒注禮之旨也又於經所不見之字亦為作音如釋草葖蘆注似葦而小實江東呼為烏蓲音丘釋蟲土蠭注今荆巴閒呼為蟺音但釋獸鼬鼠注今鼬似鼦亦黃色大尾啖鼠江東呼為鼪音生又鼨鼠注形大如鼠頭似兔尾有毛青黃色好在田中食粟豆關西呼為鼩鼠見廣雅音瞿此四音尤與經無與而亦音之者蓋欲以廣異語存方言亦足以證前之四十六音實為注作而非為經作也惟釋詁謟疑也注左傳曰天命不謟音滔釋言懠怒也注詩曰天之方懠音薺釋草蕇亭歷注音典又白華茇注音沛又芺薊其實荂注芺與薊莖頭皆有蓊臺名荂即其實也音俘皆為經

作音。又釋樂大鍾謂之鏞。注。亦名鎛。音博。則為注自作音。與全注音今語之例不合。此六條或出一時不檢。或由後人羼入。均不可知。以郭氏自有音義。不應及此也。後人不達郭意。如元以來注疏本以載音義。故遂將注中之音刪剟殆盡。近人雖多據舊本補綴。然頗不能言郭注中所以有音之故。又孰知其關於訓詁者有如斯也。

書郭注方言後一

郭景純於爾雅有注有音。而注中之音則專為今語而作。前篇既詳之矣。其於方言。則音即在注中。體例與音義為近。其音有為本文作者。有為己注作者。可一一分別之。蓋所音之字惟見注中而不見於本文者。此音為注作而不為本文作。固不待言。即其字並見本文及注中。而其音在注所引今語下。則其音實兼為注作。而不徒為本文作。蓋注中所出之今語。本有音無字者也。景純以其音及義擬之，而以當古之厶字，故必存其音，而古語之音亦可由此音推之，固與注爾雅之旨同也。如卷一好，自關而東河濟之間謂之媌，注：今關西人呼好爲媌，莫交反。此莫交反之音實音晉時關西之語，而漢時關東之語亦從可知矣。又虔劉慘綝殺也，注：今關西人呼打爲綝，音廩，或洛感反。此音關西呼打之綝，而本文之綝亦從可知矣。卷二遽吳揚曰茫，注：今北方通然也，莫光反。此音晉時北方通語之茫，而漢時吳揚之茫音亦可知矣。又獪楚鄭曰蔿，或曰姡，注：言黠姡也，今建平人呼姡，胡刮反。此亦音晉建平人所呼之姡，而漢時楚鄭之姡音亦可知矣。又卷三蘇沅湘之南謂之䔶，注：今長沙人呼野蘇爲䔶，音車轄。又揠拔也，注：今呼拔草心爲揠，烏拔反。又荄杜根也，注：今俗名韭根爲荄，音陔。又庸謂之倯，轉語也，注：倯猶保倯，今隴右人名孏爲倯，相容反。卷四袴齊魯之間或謂之襱，注：

今俗呼袴踦為襱音鮦魚卷五䥛陳楚宋魏之間或謂之鐵注今江東通呼勺為鐵音羲又箸筩自關以西謂之桶檧注今俗亦通呼小籠為桶檧音籠冠謂桶之音如籠檧蘇勇反又甂陳魏宋楚之間謂之甂注今河北人呼小盆為甂子杜啟反又所以注斛陳楚宋魏之間謂之篇注今江東亦呼為篇音巫覡又扇自關而東謂之箑注今江東亦通名扇為箑音篓又杷宋魏之間謂之渠挐注今江東名亦然諾豬反又僉宋魏之間或謂之度注今江東呼打為度音量度也卷六擘楚謂之紉注今亦以綫貫針為紉音刃卷七茹食也吳越之間凡貪飲食者謂之茹注俗呼能麤食者為茹音勝如又䏰僭也注今江東呼僭兩頭有物為䏰音鄧卷八虎江淮南楚之間或謂之於䖘注今江南山夷呼虎為䖘音狗竇又貔北燕朝鮮之間謂之貊注今江東呼為貊貍音丕又桂林之中守宮大者而能鳴謂之蛤解注江東呼為

蛤蚖音頷頷汝頼人直名為蛤解音懈誤聲也卷九車枸簍宋魏陳楚之間謂之筷注今呼車子弓為筷音巾幗又鋑謂之鈹注今江東呼大矛為鈹音彼又小舫謂之艖注今江東呼艖小底者也音义又短而深者謂之䑹注今江東呼艖䑹音步又船後曰舳注今江東呼柁為舳音軸卷十粃不知也注今淮楚間語呼聲如非也又物生而長大又曰瘠注今俗呼小為瘠音薺菜又顙湘江之間謂之䫜注今建平人呼頷為䫜音旃裘又推沅湧澆幽之語或曰攩注今江東人亦名推為攩音晃卷十一蟬海岱之間謂之蚑注齊人呼為巨蚑音技又蜻蛚楚或謂之蛬注梁國呼蛬音鞏又姑蠪謂之強蛘注建平人呼蛘子音芊芊即姓也卷十二築娌匹也注今關西兄弟婦相呼為築娌度六反又𣩵㒓也注今江東呼極為𣩵音喙卷十三瘃極也注江東呼極為瘃倦聲之轉巨畏反又翭本也注今之鳥羽本為翭

音侯又隑陭也注江南人呼梯為隑所以隑物而登者也音剴切也又煬炙也注今江東呼火熾猛為煬音恙又籠南楚江沔之間謂之篣注今零陵人呼籠為篣音彭又䉤南楚謂之筲注今建平人呼筲音鞭鞘又錫謂之餹注江東皆言餹音唐此諸條以爾雅注之例推之固皆為注作音而因以求方言之音者至今語之音與古語相近而微有別則亦著之如卷三蘴注舊音蜂今江東音嵩字作菘也又軫戾也注謂了戾江東音善卷八北燕朝鮮洌水之間爵子及雞雛皆謂之鷇注恪遘反關西曰鷇音顧卷十荆之南鄙謂何為曾又或謂之訾注今江東人語亦云訾為聲如斯又誺不知也注音癡眩江東曰咨此亦如聲之轉也卷十一蟬其小者謂之麥蚻注今關西呼麥蠽音癰癤之癤是景純注方言時全以晉時方言為根據故於子雲書時有補正讀子雲書可知漢時方言讀景純注並可知晉時方

觀五　十

言。張伯松謂方言為縣之日月不刋之書。景純之注亦畧近之矣。乃景純爾雅方言二注。頗為後人所亂。爾雅注之音為注疏本刪剟殆盡。吾鄉盧抱經學士校刋方言。世稱善本。乃分別音與注為二。又亂其次第。嘉定錢氏箋疏從之。致令景純以晉方言注漢方言之根據全不可見。亦可謂景純之不幸也。

書郭注方言後二

景純注方言。全以晉時方言為本。晉時方言較子雲時固已有變遷。故注中往往廣子雲之說。其例有廣地。有廣言。就廣地言之。有子雲時一方之言。至晉時為通語者。如卷一慧。楚或謂之䜏。注他和反。亦今通語。又好。趙魏燕代之間曰姝。注昌朱反。亦四方通語。卷二好。青徐海岱之間曰釥。或謂之嬛。注今通呼小姣潔喜好者為嬛釥。又遼吳揚曰茫。注今北方通然也。莫光反。卷三凡草木刺人江湘之間謂之棘。注楚詞曰曾枝剡棘。亦通語耳音已力反又凡飲藥傅藥而毒東齊海岱之間謂之眠或謂之眩注眠眩亦今通語耳又南楚物空盡者曰鋌鋌賜也注亦中國之通語也卷五牀其杠南楚之間謂之趙注趙當作桃聲之轉也中國亦呼杠為桃牀皆通語也卷六視吳揚曰略注今中國亦云目略卷七澀趙曰杜注今俗語通言澀如杜又舍車東齊海岱之間謂之發注今通言發寫也卷八貔關西謂之貍注此通名又守宮南楚謂之蛇醫注今所在通名蛇醫耳卷九車枸簍南楚之外謂之篷注今亦通呼篷卷十沅澧之間使之而不肯荅曰吂注音茫今中國語亦然又荆汝江湘之郊凡貪而不施謂之亄注亦中國之通語又惄楚以南謂之諑注諑譇亦通語也又睎曨乾物也揚楚通語也注睎音菲亦皆北方常語耳又讙極吃也楚語也注北方通語也又眠娗脉蜴賜施茭媞譠謾㥏忚皆欺謾之語也楚郢以南東揚之郊通語也注

十一

六者中國相輕易蚩弄之言也又頜南楚謂之頷注亦今通語爾此皆漢時一方之語景純時見為通語者也又漢時此方之語晉時或見於彼方如卷一好自關而東河濟之間謂之媌注今關西人呼好為媌莫交反又平原謂啼極無聲謂之唴哴注哴音亮今關西語亦然又跳楚曰蹠注勑厲反亦中州語又獪楚鄭或曰姡注今建平人呼姡胡刮反卷三雞頭北燕謂之葰注今江東亦呼葰耳又凡草木刺人北燕朝鮮之間或謂之壯注今淮南人亦呼壯卷四帬自關而東或謂之襬注音碑今關西語然也卷五蠡陳楚宋魏之間或謂之㰗注今江東通呼勺為㰗音羲又甖靈桂之郊謂之瓬注今江東通呼大瓮為瓬又周魏之間謂之甒注今江東亦呼甖為甒子又所以注斛陳魏宋楚之間謂之篅注今江東亦呼為篅音巫覡又扇自關而東謂之箑注今江東亦通名扇為箑音簍又把宋魏之間謂之渠

箄注今江東語亦然諾豬反又箄宋魏之間謂之笙注今江東通言笙卷七東齊海岱北燕之郊跪謂之⿰足長蹬注今東郡人亦呼長跽為⿰足長蹬又儋自關以西隴冀以往謂之賀注今江東語亦然卷八貔北燕朝鮮之間謂之⿰豸舌注江東呼為⿰豸舌貍音丕又布穀自關而西或謂之布穀注今江東呼為穫穀又桂林之中守宮大者而能鳴謂之蛤解注江東人呼為蛤蚧音頷頷汝頦人直名為蛤解音懈聲誤耳卷十楚凡揮棄物或謂之敲注恪校反今汝潁間語亦然又瀬湘江之間謂之攋注今建平人呼頷為攋音[illegible]裹又沅澧澆幽之語推或曰攩注今江東人亦名推為攩音晃卷十一蟬宋衛之間謂之螗蜩注江南呼螗蛦又鼅鼄自關而西秦晉之間謂之鼄蝥注今江東呼蝃蝥音掇卷十三篆其小者自關而西秦晉之間謂之箄注今江南亦名籠為箄又麴晉之故都曰𪍿注今江東人呼麴為對凡此皆漢時

一方之語景純時見於他方者也此廣地之二例也至於廣語
則亦有二例一今語雖與古語同而具義廣狹迥異或與之相
涉則亦著之如卷一掫殺也注今關西人呼打為掫又凡物盛
多謂之寇注今江東有小鳧其多無數俗謂之寇鳧又相謁而
餐秦晉之際河陰之間曰⿰飠隱⿰飠豈注今關西人呼食欲飽曰⿰飠隱⿰飠豈
又毳燕之北郊朝鮮洌水之間曰葉輸注今名短度絹為葉輸
也卷二燕齊之間養馬者謂之娠注今之溫厚也音振卷三庸
謂之倯注倯猶保倯也即保傭今隴右人名孏為倯相容反卷四袴齊
魯之間或謂之襱注今俗呼袴踦為襱音鮦魚卷五箸筩自關
而西謂之桶檧注今俗亦通呼小籠為桶檧音籠冠檧蘇勇反
又歛宋魏之間或謂之度注今江東呼打為度音量度也卷六
擘楚謂之紉注今亦以綫貫針為紉音刃卷七吳越之間凡貪
飲食者謂之茹注今俗呼能麤食者為茹音勝如卷九車紂自

關而東或謂之曲綸注今江東通呼索為綸音倫今本奪為字从原本玉篇所引補卷十三筡析也析竹謂之筡注今江東呼篾竹裹為筡又隑陭也注江南人呼梯為隑所以隑物而登者也音剴切也又煬炙也注今江東呼火熾猛為煬音恙此皆語同而義稍異者也至義同而語異者景純亦隨時記於注中如卷二逞苦了快也下注今江東人呼快為愃相緣反卷三東齊之間婿謂之倩注言可借倩也今俗呼女婿為卒便原注一作平使疑平伕是是也又蘇芥草也下注或言菜也又蘇亦荏也注今江東人呼荏為菩音魚又豐蕘蕪菁也下注今江東名為溫菘又膠譎詐也下注汝南呼欺為讉訑他回反亦曰詒音殆又氾浼潤洼洿也下注荊州呼潢也卷四襜褕自關以東謂之統裾注俗名裾掖音倔又袇繵謂之襌注今又呼為涼衣也又繞衿謂之帬注俗人呼接下江東又名下裳又裪橘謂之袖注江東呼椀音婉卷五甑下注涼州呼鉹炊

箕下注江東呼淅籤亩下注江東又呼鍪刀為鍪普蔑反樧下注江東呼都又搥具橫關西曰㭾注亦名校音交又簟下注江東呼籧篨為䉬音廢符簷下注江東呼笪音靼榻前几下注江東謂之承卷八虎下注俗曰伯都又北燕朝鮮洌水之間謂伏雞曰抱注江東呼蓲央富反又桑飛下注今亦名為巧婦江東呼布母又守宮下注南陽人又呼蝘蜓卷九凡矛骹細如鴈脛者謂之鶴厀注今江東呼為鈴釘又鐏謂之釬注或名為鐓音頓又方舟謂之潢注揚州呼渡津舫為杭荊州人呼樹又所以隱棹謂之𣝋注江南又名為胡人又船首謂之閤閭注今江東呼船頭屋謂之飛閭是也卷十棄淮汝之間謂之投注江東又呼擫音黶又吃或謂之䟑注今江東又名吃為㗼若葉反卷十蛥蚗下注江東人呼蟂蟧又蜩蟧謂之蠚蜩注江東呼為蠚蠽也又螳蜋謂之髦注江東呼為石蜋又名齕肬又姑䗐謂之强

蛘。注。江東謂之蛪。音加。又蜻蛉謂之蝍蛉。注。江東名為狐黎。淮南人呼蠊蚜。蠊音康。蚜音伊。又舂黍謂之螢蝑。注。又名蚣螢。江東呼虴蛨。又蠀蛓謂之蚇蠖。注。又呼步屈。又蠭下注。或呼笛師。蚍蜉下注。建平人呼蚳。音侈。蟦螬下注。亦呼當齊。或呼地蠶。或呼蟦蝖。蚰蜒下注。江東又呼蛩。音鞏。鼅鼄下注。齊人又呼社公。亦言罔工。卷十三盂下注。江東名盂曰凱。亦曰甌也。又屋梠謂之欞。注。亦呼為連綿。是皆今語之異於古者。亦記之以廣異語。此廣語之二例也。故景純注方言。全以晉時方言為本。雖注而不域於注體焉。然則方言注中之音。實不能與注離。後人分而二之。可謂失景純之指矣。

書郭注方言後三

方言一書。經戴東原、盧抱經、劉端臨三先生校訂。又段懋堂先生說文注。王懷祖先生廣雅疏證。亦時訂其譌舛。丙辰冬。余讀

十四

方言。復取諸古書用戴氏疏證例校之。即書於戴本上。戊午冬復檢前校。見有足訂正本文及注者得十六事。聊書於後。其本文之顯然誤者。如卷一。慎濟瞖惄溼桓憂也。自關而西。秦晉之間凡志而不得。欲而不獲。高而有墜。得而中亡。謂之溼。注溼者失意潛沮之名。案原本玉篇荀子修身篇注。均引溼作濕。玉篇又引注潛沮作慘怛。濕。古人皆讀他合反。今人於志而不得欲而不獲。高而有墜。得而中亡時。猶皆讀之如他合反之濕。以此一音。表彼四義。當是秦晉舊語。自以作濕為長。卷三。膠譎詐也。涼州西南之間曰膠。自關而東西或曰譎。或曰膠。案原本玉篇爾雅序釋文元應一切經音義卷二慧琳音義卷六卷七卷三十八。並引謬。詐也。疑膠乃謬之譌。說文譎字注。益梁曰謬。欺天下曰譎。即本之方言。益梁即所謂涼州之西南之間。天下所謂自關而東西也。是方言本作涼州西南之間曰謬。又原本玉篇自關而引東西或曰謬是末膠字亦本作謬廣雅謬譎詐膠欺也上三字與方言次序同當本之方言膠字或取諸他書或後人據譌本方言羼入也卷六台既失也宋魯之間曰台既隱據定也今本分二節上十字為一節下五字為一節案廣雅隱據定也無既字是張稚讓讀宋魯之間曰台既為句義較今本分節為長又紕繹督雉理也秦晉之間曰紕凡物曰督之絲曰繹之原本玉篇引紕理也秦晉之間曰雉宋鄭曰紕是今本奪曰雉宋鄭四字於是宋鄭語誤為秦晉語而雉之為何語亦不可知矣又擱剿續也秦晉續折謂之擱繩索謂之剿擘楚謂之級今本自擘以下五字自為一節案原本玉篇引剿續也楚謂之級洪興祖楚辭補注亦引續楚謂之級是此二節本是一節又衍擘字王逸楚辭注級索也正本之方言郭注云今亦以綫貫針為級義亦與擘無涉而與續及繩索之義相近今本蓋誤卷

十三扶護也注扶挾將護案原本玉篇引扶護也郭璞曰挾持護之也元應音義卷一卷十並引扶護也廣雅語同是本文扶當作挾涉注扶字而譌又無升謂之刁斗戴云無升二字應有譌舛案淮南齊俗訓炮格生乎熱升北堂書鈔一三五太平御覽七一二並引熱升作熱斗說者以為尉斗漢尉斗之狀與刁斗同今傳世漢器其銘皆作鐎斗無升熱升鐎斗字形皆相近當云鐎斗謂之刁斗猶爾雅云荏菽謂之戎菽矣（荏戎鐎刁音均相近）又鉺謂之餻御覽八百六十引作餌謂之餻下有注音恙二字原本玉篇食部餻餘障反引方言餌謂之餻廣韻四十七漾餻餌也集韻則云餻方言餌也又原本玉篇食部無餻字大廣益會本始有之是六朝尚無餻字廣雅之餻字亦本作餻與方言同均後世所追改也此皆本文之譌舛也至注文亦有當訂正者卷一慧秦謂之謾注言謾訑音施（二字疑衍）大和反謾莫錢又亡山反案原

本玉篇引秦晉謂慧爲謾郭璞曰言詑謾也是舊本作詑謾故先音詑後音謾楚辭惜往日或詑謾而不疑具證也又列杭餘也注謂列餘也戴云列餘當作遺餘盧本從之案原本玉篇引注作謂殘餘也慧琳音義卷六十七引蘖即枿字謂殘餘也韋昭齊語注亦云裂殘也是注列餘當作殘餘戴改遺餘非也卷二揄鋪艦極帗縷葉輸毳也注音脆皆謂物之行蔽也集韻十虞引注同戴本改行蔽作扞蔽盧本從之案原本玉篇引注作謂物之行敝者也是今本蔽字乃敝之譌周禮司市注云害害於民謂物行沽者沽之言苦不攻緻也行敝猶言行沽矣今人猶呼貨物之次劣者爲行貨與毳義正合下注言今名短度絹爲葉輸絹之短度者正物之行敝者也卷九車枸簍或謂之隆屈注尾屈盧據宋本改爲屈尾今陳世季文校本作尾屈然尾屈二字是音非義高誘淮南原道訓注屈讀秋雞無尾屈之屈是尾屈二字乃漢魏以

來成語故景純取以為音改為屈尾者非也又箭其三鐮長尺六者謂之飛䖟注此謂今射箭也又内者謂之平題注今戲射箭案慧琳音義卷四十五引注云三鐮今⿱竹角射箭也平題今戲射箭也是戲射與⿱竹角射相對為文御覽三百四十九引開元文字亦有此二語蓋即本方言注大唐六典兵部員外郎職凡應舉之人有謀畧才藝平射筒射唐韻十一沒⿱竹角字注云⿱竹角射廣韻同是古弩射之外別有⿱竹角射矢長尺六較諸矢為短蓋如後世袖箭矣今注奪⿱竹角字卷十翥舉也注謂軒翥也案廣雅卷一翥舉也曹憲音曰方言為署音又卷三翥飛也曹曰方言音曙是注謂軒翥也下舊有音署或音曙二字今本奪又㧙抌推也㧙下有揰㧙二字注戴改為神祕盧改為攩㧙案文選西京賦徒搏之所撞㧙是揰㧙乃撞㧙之譌揰撞一字也卷十二杼㦗解也杼下有杼井二字注戴改杼為抒盧復改杼井為抒渫案說文

甈字注云量物之甈一曰抒井甈是古有抒井語井字不誤盧改非是此注文及後世改字之當訂正者也校本雖戢孴叢雜然可紀者止此書之以諗世之讀是書者

史籀篇證序

敘曰史籀十五篇古之遺書戰國以前未見稱述爰逮秦世李趙胡母本之以作蒼頡諸篇劉向校書始著於録建武之世亡其六篇章帝時王育為作解説許慎纂説文復據所存九篇存其異文所謂籀文者是也其書亦謂之史篇即史籀篇之畧稱説文於䀠缶女三部三引史篇蓋存其字謂之籀文舉其書謂之史篇其實一也史篇為字書之祖故蒼頡以下亦蒙其名漢書平帝紀徵天下通知小學史篇者王莽傳徵天下史篇文字揚雄傳史篇莫善於蒼頡作訓纂揚子法言或欲學蒼頡史篇皆以史篇為字書之通名猶漢時閭里書師呼爰歷博學二篇

爲蒼頡魏晉以後并李揚雄班固賈魴之書爲三蒼六朝以後呼子林爲說文也然其名固自史籀篇出唐元度謂此篇廢於晉世而自許君以後馬鄭諸儒即不復徵引蓋自三蒼盛行此書之微久矣今就諸文所存遺字疏通證明之而論其最要於篇首質考詳之一史籀爲人名之疑問也自班志許序以史籀爲周宣王太史其說蓋出劉向父子而班許從之二千年來無異論余顧竊有疑者說文云籀讀也（方言曰讀也）又云讀籀書也（[illegible]）也古籀讀二字同音同義又古者讀書皆史事周禮春官大史職大祭祀戒及宿之日與羣執事讀禮書而協事大喪遣之日讀誄小史職大祭祀讀禮灋史以書敘昭穆之俎簋卿大夫之喪賜謚讀誄內史職凡命諸侯及公卿大夫則冊命之（謂冊書）凡四方之事書內史讀之聘禮夕幣史讀書展幣士喪禮主人之史請讀賵公史讀遣是古之書皆史讀之逸周書世俘解乃俾史佚

籀書于天號嘗參解作筴許諾乃北向籀書於兩楹之間作[illegible]書洛誥之作

冊乃內史之異名也籀即籀字春秋左氏傳之卜籀說文解字引作卜籀知左氏古文籀本作籀逸周書之籀書亦當即籀書矣籀書為史之專職昔人作字書者其首句蓋云大史籀書以目下文後人因取首句史籀二字名其篇詩書及周秦諸子大抵以首句二字名篇此古代書名之通例字書亦然蒼頡篇首句雖不可考然流沙墜簡卷二第十八簡上有漢人學書字中有蒼頡作三字疑是蒼頡篇首句中語故學書者書之其全句當云蒼頡作書句法正倣大史籀書爰歷博學凡將諸篇當亦以首二字名篇今急就篇尚存可證也大史籀書猶言大史讀書太史公自序言紬石室金匱之書猶用此語劉班諸氏不審乃以史籀為著此書之人其官為大史其生當宣王之世是亦不足怪李斯作蒼頡其時去漢甚近學士大夫類能言之然俗儒猶以為古帝之所作以蒼頡篇為蒼頡所作毋惑乎以史籀篇為史籀所作矣不知大史籀書乃周世之成語以首句名篇又古書之通例而猥云有大史名籀者作此書此可疑者一也一史籀篇時代之疑問也史籀之為人名可疑則其時代亦

愈可疑。史篇文字就其見於許書者觀之。固有與殷周間古文同者。然其作法大抵左右均一。稍涉繁複。象形象事之意少而規旋矩折之意多。推其體勢。實上承石鼓文。下啟秦刻石。與篆文極近。至其文字出於說文者。纔二百二十餘。然班固謂蒼頡爰歷博學三篇文字多取諸史籀篇。許慎謂其皆取史籀大篆。或頗省改。或之者。疑之。頗之者。少之也。史籀十五篇文成數千。而說文僅出二百二十餘字。其不出者必與篆文同者也。考戰國時秦之文字。如傳世秦大良造鞅銅量。乃孝公十六年作。其文字全同篆文。大良造鞅戟亦然。新郪虎符作於秦并天下以前。其符凡四十字。而同於篆文者三十六字。詛楚文摹本文字亦多同篆文。而𥢓𢽟𠫤𠟭意五字則同籀文。篆文固多出於籀文。則李斯以前秦之文字。謂之用篆文可也。謂之用籀文亦可也。則史籀篇文字。秦之文字。即周秦間西土之文字也。至許書所出古文即孔子壁中書其體與籀文篆文頗不相近六國遺器亦然壁中古文者周秦間東土之文字也然則史籀一書殆出宗周文勝之後春秋戰國之間秦人作之以教學童而不行於東方諸國故齊魯間文字作法體勢與之殊異諸儒著書口說亦未有及之者惟秦人作字書乃獨取其文字用其體例是史篇獨行於秦之一證若謂其字頗或同於殷周古文當為古書則篆文之同於殷周古文者亦多矣且秦處宗周故地其文字自當多仍周舊未可因此遽定為宗周之書此可疑者二也其可得而斷定者又有三事一籀文非書體之名世莫不以古籀篆為三體謂籀文變古文篆文又變籀文不知自其變者觀之則文字殆無往而不變故有一卷之書而前後異文一人之作而器蓋殊字自其不變者而觀之則文字之形與勢皆以漸變凡既有文字之國未有能以一人之力創造一體者許君謂

史籀大篆與古文或異則固有不異者且所謂異者亦由後人觀之在作書時亦祗用當世通行之字有所取舍而無所謂創作及增省也羅叔言參事殷商貞卜文字考謂史籀一篇亦猶蒼頡爰歷凡將急就等篇取當世用字編纂章句以便誦習其識卓矣此可斷定者一也一史篇字數張懷瓘謂籀文凡九千字說文字數與此適合先民謂即取此而釋之近世孫氏星衍序所刊說文解字猶用其說此蓋誤讀說文敘也說文敘引漢尉律諷籀書九千字諷籀即諷讀漢書藝文志所引無籀字可證且蒼頡三篇僅三千五百字加以揚雄訓纂亦僅五千三百四十字不應史籀篇反有九千字此可斷定者二也至史篇文體段氏玉裁據說文所引三事（奭下云此燕召公名史篇名醜匋下云史篇讀與缶同姚下云史篇以爲姚易也）以爲亦有說解又疑即王育解說中語然據此三事不能定其即有說解凡此三者亦得由其文義知之苟篇中有周旦召醜語便可知

醜為召公之名。荀假匋為缶，便可知匋字之讀。荀姚易二字連言。便可知其以姚為姚易字。不為女姓矣。若以此三事為王育說史篇語。則說文引蒼頡訓纂蒼頡故等書，但稱揚雄說杜林說。不稱蒼頡。則其引史篇解說語。亦當如為秃无諸字下逕稱王育說。不得云史篇。故史篇文體。決非如爾雅說文。而當如秦之蒼頡篇。蒼頡篇據許氏說文序郭氏爾雅注所引。皆四字為句。又據近日敦煌所出殘簡。又知四字為句，二句一韻。蒼頡文字既取諸史篇。文體亦當彷之。又觀於其牆二文。知篇中之有複字。雩姚諸字。知用字之多假借。皆與蒼頡篇同。此可斷定者三也。此二疑三斷。闕於全書之宏恉。故書以弁其首。世有達者。董而教之。若文字之變化正誤。則散見於各條下。茲不贅云。丙辰二月。

蒼頡篇殘簡跋

此四簡四十一字。羅叔言參事定爲蒼頡篇殘簡。其跋語言之詳矣。余謂此并非揚雄班固賈魴書。實李趙胡毋三篇佚文。何以證之。班孟堅謂史游急就皆蒼頡中正字。今此四十一字中。游周章白黄病狂疕災痍貍寸厚廣俠好長十七字並見急就篇。知史游正取諸此。則此爲蒼頡五十五章之本文而非訓纂諸篇語。又可知也。他簡（流沙墜簡卷二第八簡）有蒼頡作三字。乃漢人隨筆塗抹者。余以爲即蒼頡篇首句。其全句當云蒼頡作書。實用世本語。故此書名蒼頡篇。并前四簡共得全句凡十。昔人於此書。惟知幼子承詔考妣延年二句。今兹所得。乃五倍於古人矣。（顏氏家訓所引四句乃訓纂諸篇語）

校松江本急就篇序

古字書。自史籀蒼頡凡將三書既佚。存者以急就爲最古。自顏注行而魏晉以來舊本微。王氏補注出而唐宋舊本亦微。顏監所見有鍾繇皇象衞夫人王羲之所書。崔浩劉芳所注。然宋代存者僅鍾皇索靖三本。宋末王深甯所見則惟皇象碑本而已。明正統初。吉水楊政得葉石林所摹皇象章草本。刊石於松江。又以宋仲溫所摹者補具闕字。明季類帖亦翻刊之。顧三百年來小學家都未之見。乾隆中。内府始以趙子昂章草本及俞紫芝之釋文刊於三希堂法帖。嘉慶初。陽湖孫伯淵得類帖本。刊之岱南閣叢書中。道光中葉。三山陳雪峯復刊松江本。摹寫不工。但具形似而已。光緒中。遵義黎純齋星使刊日本舊寫本於古佚叢書。元和江建霞學使亦得鈕非石所錄趙子昂正書本刊於湘中。學者始知顏王二注外。尚有他本。歲在甲寅。上虞羅叔言參事刊行敦煌所出木簡。中有漢人隸書急就百餘字。去歲。復景印舊拓松江本於吉石庵叢書。予亦得新拓本。己未秋。復見日本遺唐僧空海臨晉人草書本。於是所見急就。遂踰十本。

綜此十本實分三類明季類帖與三山陳氏本同出松江石本岱南閣本雖號出索靖然孫氏所舉存字之數正與明刊葉本合趙氏真草二本存字較多然亦與葉本同源惟顏本及宋太宗本空海本與葉本大異即三本亦自相異嘗細考之則葉本實出皇象宋太宗本出於鍾繇空海本出於衞夫人或王羲之而顏本則兼綜諸本者也葉跋稱急就二千二十三字摹張鄧公家本相傳為吳皇象書今考其章數文字均與王氏所引皇象碑本合是葉本出皇殆屬可信宋太宗本雖不著所出然王氏引太宗實錄云先是垂拱二年前下詔求先賢墨跡有以鍾繇書急就章為獻字多蹐駁上親草書一本仍刻石分賜近臣云云是太宗所書本出元常特易其蹐駁之字耳其本比皇象本多第七第廿三第廿四三章末二章王深甯定為後漢人作別出於後今檢其中有飲馬漳鄴及清河邊東濱西上平岡二語乃紀

魏武平冀州破烏桓事當作於建安十二年之後末又云漢土興隆中國康則又在魏代漢之前此二章足證其出於繇書蓋即繇所續也空海臨本首章馮漢彊作馮晉彊為崔浩改漢彊為代彊之所本而有齊國給獻以下二章與宋太宗本同蓋亦出於鍾元常而為晉人所書者顔監所稱衛夫人王羲之本必居其一矣顔注自序稱舊得皇象鍾繇衛夫人王羲之等篇本備加詳覈足以審定凡三十二章究其真實云云是顔氏編校諸家定著三十二章章之首不冠以第一第二等字从晉人本其無第卅三卅四兩章蓋从皇本而增第七章則从鍾本然此章有繇增紀遺失餘二句明謂此章遺失而自續增之蓋亦出後漢人手敦煌所出殘簡銅鍾鼎鈃銅匜銚章上署第十二與皇本章次正同知史游原本固無此章也就此三本互勘則顔本章數與文字實居鍾皇二本間（顔本異於皇本者一百六十六字宋太宗本異於皇本者至二百六十七字）知顔氏

詳覈諸本之說不誣。要其所歸。與鍾本為近。故以章論。皇本尚存先漢之舊。鍾顏則有竄入之章。以文字言。則皇本屢經傳摹。自不能無譌。鍾顏二本亦有改字之失。各有優劣。不能偏廢也。敦煌漢簡不過百餘字。皇本在今日猶為足本中之最古者。茲以葉舉皇本為主。合諸本以校之。并畧定其得失。雖不敢視為定本。庶幾有所折衷焉。戊午秋九月。

觀堂集林卷第六　藝林六

海甯　王國維

釋史

說文解字：史，記事者也。从又持中。中，正也。其字古文篆文並作史，从中。秦泰山刻石御史大夫之史，說文大小徐二本皆如此作。案古文中正之字作𠁩𠁩𠁩𠁩𠁩諸形，而伯仲之仲作中，無作中者。唯篆文始作中，且中正無形之物德，非可手持。然則史所从之中，果何物乎？吳氏大澂曰：史象手執簡形。然中與簡形殊不類。江氏永周禮疑義舉要云：凡官府簿書謂之中，故諸官言治中受中，小司寇斷庶民獄訟之中，皆謂簿書，猶今之案卷也。此中字之本義。故掌文書者謂之史。其字从又从中。又者，右手，以手持簿書也。吏字事字皆有中字。天有司中星，後世有治中之官，皆取此義。江氏以中為簿書，較吳亦以中為簡者得之（簡為一冊中者則為史簡）顧簿書何以云中亦不能得其說案周禮大史職凡射事飾中舍筭大射儀司射命釋獲者設中大史釋獲小臣師執中先首坐設之東面退大史實八筭于中橫委其餘于中西又釋獲者坐取中之八筭改實八筭興執而俟乃射若中則釋獲者每一个釋一筭上射于右下射于左若有餘筭則反委之又取中之八筭改實八筭于中興執而俟云云此即大史職所云飾中舍筭之事是中者盛筭之器也中之制度鄉射記云鹿中髤前足跪鑿背容八筭釋獲者奉之先首又云君國中射則皮樹中於郊則閭中於竟則虎中大夫兕中士鹿中是周時中制皆作獸形有首有足鑿背容八筭亦與中字形不類余疑中作獸形者乃周末彌文之制其初當如中形而於中之上橫鑿空以立筭達於下橫其中央一直乃所以持之且可建之於他器者也考古者簡與筭為一物古之簡策最

長者二尺四寸，其次二分取一，為一尺二寸，其次三分取一，為八寸，其次四分取一，為六寸。（詳見余簡牘檢署考）筭之制亦有一尺二寸與六寸二種。射時所釋之筭長尺二寸，投壺筭長尺有二寸。鄉射記箭籌八十，長尺有握，握素。注：箭，篠也；籌，筭也；握，本所持處也；素謂刊之也。刊本一膚。賈疏云：長尺，復云有握，則握在一尺之外，則此籌尺四寸矣。云刊本一膚者，公羊傳僖三十一年膚寸而合，何休云：側手為膚。又投壺室中五扶，注云：鋪四指曰扶。（案文選應休璉與從弟君苗君胄書注引尚書大傳曰：扶寸而合，不崇朝而雨天下。鄭玄曰：四指為扶。是扶膚一字）一指案寸，皆謂布四指，一指一寸，四指則四寸。引之者，證握膚為一，謂刊四寸也。所紀筭之長短與投壺不同，疑鄉射記以周八寸尺言，故為尺四寸；投壺以周十寸尺言，故為尺有二寸。猶鹽鐵論言二尺四寸之律，而史記酷吏傳言三尺法，漢書朱博傳言三尺律令，皆由於八寸尺與十寸尺之不同，其實一也。計歷數之算則長六寸，漢書律歷志筭法用竹徑一分長六寸。說文解字筭長六寸。計歷數者尺二寸與六寸。皆與簡策同制。故古筭筴二字往往互相既夕禮。主人之史請讀賵。執筭從柩東。注。古文筭皆作筴。老子。善計者不用籌策。意謂不用籌筭也。史記五帝本紀。迎日推筴。集解引晉灼曰。筴。數也。迎數之也。案筴無數義。惟說文解字云。筭。數也。則晉灼時本當作迎日推筭。又假筭為算也。漢蕩陰令張遷碑。八月筴民。案後漢書皇后紀。漢法常以八月算人。是八月筴民即八月算民。亦以筴為算。是古筭筴同物之證也。射時舍筭。既為史事。而他事用筭者。亦史之所掌。周禮馮相氏保章氏皆屬大史。月令乃命大史守典奉法司天日月星辰之行。是計歷數者史之事也。又古者[illegible]用筴以代筭為數。射禮[illegible]之事。中[illegible]士[illegible]主人執筴。又周秦諸書多言[illegible]一字。而古皆卜[illegible]史[illegible]之[illegible]者[illegible]史[illegible]。筭與簡策本是一物。又皆為史之所執。則處筭之中。蓋亦用以處簡。簡之多者。自當編之為篇。若數在十簡左右者。盛之於中。其用較便。逸周書嘗麥解。宰乃承王中。升自客階。作筴執筴從中。宰坐尊中于大正之前。是中筭二物相將。其為盛筭之器無疑。故當時簿書亦謂之中。周禮天府。凡官府鄉州及都鄙之治中。受而藏之。小司寇以三刺斷民獄訟之中。又登中於天府。鄉士遂士方士。獄訟成士師受中。楚語。左執鬼中。蓋均謂此物也。然則史字从又持中。義為持書之人。與尹之从又持丨象筆形者同意矣。

然則謂中為盛筭之器。史之義不取諸持筭而取諸持筴。亦有說乎。曰有。持筭為史事者。正由持筴為史事故也。古者書筴皆史掌之。書金縢。史乃冊祝。洛誥。王命作冊逸祝冊。又作冊逸誥。顧命。大史秉書。由賓階隮。御王冊命。周禮大史。掌建邦之六典。掌灋掌則。凡邦國都鄙及萬民之有約劑者藏之。以貳六官。六官之所登。大祭祀戒及宿之日。與羣執事讀禮書而協事。祭之日。執書以次位常。大會同朝覲。以書協禮事。及將幣之日。執書以詔王。大師抱天時。與大師同車。大遷國抱灋以前。大喪執灋以涖勸防遣之日讀誄小史掌邦國之志奠繫世辨昭穆若有事則詔王之忌諱大祭讀禮法史以書辨昭穆之俎簋卿大夫令之貳以考政事以逆會計凡命諸侯及公卿大夫則册命之凡四方之事書內史讀之王制祿則贊為之以方出之內史掌書王命遂貳之外史掌書外令掌四方之志掌三皇五帝之書掌達書名于四方若以書使于四方則書其令御史掌贊書女史掌書內令聘禮夕幣史讀書展幣又誓于其竟史讀書覲禮諸公奉篋服加命書于其上升自西階東面大史是右侯氏升西面立大史述命注讀王命書也既夕禮主人之史請讀賵又公史自西方東面讀遣卒命曲禮史載筆王制大史典禮執簡記奉諱惡玉藻動則左史書之言則右史書之祭統史由君右執策命之毛詩靜女傳古者后夫人必有女史彤管之法史不記過其罪

殺之。又周六官之屬掌文書者亦皆謂之史。則史之職專以藏書讀書作書為事。其字所从之中，自當為盛筴之器，此得由其職掌證之也。

史為掌書之官，自古為要職。殷商以前，其官之尊卑雖不可知，然大小官名及職事之名多由史出，則史之位尊地要可知矣。說文解字：事，職也。从史，𡳿省聲。又：吏，治人者也。从一从史，史亦聲。然殷人卜辭皆以史為事，是尚無事字。周初之器，如毛公鼎、番生敦二器，卿事作事，大史作史，始別為二字。然毛公鼎之事作𡱖，小子師敦之卿事作𡱖，師𡱖敦之𡱖事作𡱖，从中上有斿，又持之，亦史之繁文，或省作𡱖，皆所以微與史之本字相別，其實猶是一字也。古之官名多由史出，殷周間王室執政之官，經傳作卿士，（書牧誓：是以為大夫卿士。洪範：謀及卿士。又卿士惟月。商頌：降予卿士。是殷周間已有卿士之稱。）而毛公鼎、小子師敦、番生敦作卿事，殷虛卜辭作卿史，（殷虛書契前編卷二第二十三葉，又卷四第二十一葉。）是卿士本名史也。又天子諸侯之執政，通稱御事。書牧誓我友邦冢君御事大誥大誥猷爾多邦越爾御事又肆予告我友邦君越尹氏庶士御事酒誥厥誥毖庶邦庶士越少正御事又我西土棐徂邦君御事小子梓材王其效邦君越御事召誥誥告庶殷越自乃御事又王先服殷御事比介于我有周御事洛誥予旦以多子越御事文侯之命即我御事罔或耆壽俊在厥服多以邦君御事並稱蓋謂諸侯之執政者也而殷虛卜辭則稱御史。殷虛書契前編卷四第二十八葉是御事亦名史也。又古之六卿，書甘誓謂之六事。司徒、司馬、司空，詩小雅謂之三事，又謂之三有事。春秋左氏傳謂之三吏。此皆大官之稱事若吏即稱史者也。書酒誥有正有事，又茲乃允惟王正事之臣。立政：立政、立事。正與事對文，長官謂之正若政，庶官謂之事，此庶官之稱事即稱史者也。史之本義為持書之人，引申而為大官及庶官之稱，又引申而為職事之稱。其後三者各需專字，於是史、吏、事三字於小篆中截然有別：持書者謂之史，治人者謂之吏，職事謂之事。此蓋出於秦漢之際，而詩書之文尚不甚區別，由上文所徵引者知之矣。

殷以前，史之尊卑雖不可考，然卿事、御事均以史名，則史官之秩亦畧可知。曲禮。天子建天官。先六大。曰大宰大宗大史大祝大士大卜。典司六典。注。此蓋殷時制。大史與大宰同掌天官。固當在卿位矣。左傳桓十七年。天子有日官。諸侯有日御。日官居卿以底日。以日官為卿。或亦殷制。周則據春官序官。大史。下大夫二人。上士四人。小史。中士八人。下士十有六人。內史。中大夫一人。下大夫二人。上士四人。中士八人。下士十有六人。外史。上士四人。中士八人。下士十有六人。御史。中士八人。下士十有六人。其中官以大史為長。鄭注大史史官之長。或說書酒誥所大史友內史友大史。禮記祭統云。大史內史。左右手也。則大史內史各自為寮。不相統屬。且內史官在大史上。尤不得為大史之屬。然毛公鼎云卿事寮大史寮。番生敦云卿事大史寮。不言內史寮。於官言之。則大史內史為二。於寮言之。則為大史一寮。又周官六官之長不聞有二。卿事如鄭說以公卿大夫所兼為大司徒之屬。然好以御內為大宗伯之屬。得是則內史為大史之屬亦不妨也。秩以內史為尊。內史之官雖在卿下。然其職之機要。除冢宰外。實為他卿所不及。自詩書彝器觀之。內史實執政之一人。其職與後漢以後之尚書令。唐宋之中書舍人翰林學士。明之大學士相當。蓋樞要之任也。此官。周初謂之作冊。其長謂之尹氏。尹字从又持丨。象筆形。說文所載尹之古文作𠇍。雖傳寫譌舛。未可盡信。然其下猶為聿形。可互證也。持中為史。持筆為尹。作冊之名。亦與此意相會。試詳證之。書洛誥王命作冊逸祝冊。又作冊逸誥。作冊二字。偽孔傳以王為冊書釋之。顧命命作冊度。傳亦以命史為冊書法度釋之。孫氏詒讓周官正義始云尹逸蓋為內史。以其所掌職事言之。謂之作冊。（[illegible]）始以作冊為內史之異名。余以古書及古器證之。孫說是也。案書畢命序。康王命作冊畢。分居里。成周東郊。作畢命。（史記周本紀作[illegible]作冊畢公。[illegible]作冊為官名。畢為人名。而以畢公[illegible]偽古文畢命之所本）漢書律歷志引逸畢命豐刑曰。王命作冊豐刑。逸周書嘗麥解亦有作筴。此皆作冊一官之見於古書者。其見於古器者。則癸亥父己鼎云王賞作冊豐貝。睘卣云王姜命作冊睘安夷伯。吳尊蓋云宰朏右作冊吳入門。皆以作冊二字冠於人名上。與書同例。而吳尊蓋之作冊吳。虎敦牧敦皆作內史吳。是作冊即内史之明證也。亦稱作册内史。師𣄨敦：王呼作册内史册命師艅。尤盉：王在周，命作册内史錫尤鹵口口。亦稱作命内史。剌鼎：王呼作命内史册命剌是也。内史之長曰内史尹，亦曰作册尹。師兌敦：王呼内史尹册命師兌。師晨鼎：王呼作册尹册命師晨。尤敦：王受作册尹者（疑為衍字）俾册命尤是也。亦單稱尹氏。詩大雅：王謂尹氏，命程伯休父。頌鼎、寰盤：尹氏受王命書。克鼎：王呼尹氏册命克。師嫠敦：王呼尹氏册命師嫠是也。或稱命尹。（古命令同字，命尹即令尹，然正即令尹之名蓋出於此）伊敦：王呼命尹封册命伊是也。作册尹氏，皆周禮内史之職，而尹氏為其長，其職在書王命與制祿命官，與大師同秉國政。故詩小雅曰：赫赫師尹，民具爾瞻。又曰：赫赫師尹，不平謂何。又曰：尹氏大師，維周之氐，秉國之鈞。詩人不欲斥王，故呼二執政者而告之。師與尹乃二官，與洪範之師尹惟日、魯語百官之政事師尹同，非謂一人而師其官、尹其氏也。書大誥：肆予告我友邦君越尹氏庶士御事多方誥爾四國多方越爾殷侯尹民民當為氏字之誤也尹氏在邦君殷侯之次乃侯國之正卿殷周之間已有此語說詩者乃以詩之尹氏為大師之氏以春秋之尹氏當之不亦過乎且春秋之尹氏亦世掌其官因以為氏耳然則尹氏之號本於內史書之庶尹百尹蓋推內史之名以名之與卿事御事之推史之名以名之者同然則前古官名多從史出可以覘古時史之地位矣

釋由上

說文从由之字二十有餘而獨無由字自李少溫以後說之者近十家顧皆不足厭人意甚或有可閔笑者余讀敦煌所出漢人書急就殘簡而知說文由字即由字也急就第二章由廣國（顏本宋太宗本趙文敏真草二本字作由惟葉石林本作田）漢簡由作由其三直皆上出與說文由字正同今案說文由字注曰東楚名缶曰甾象形凡甾之屬皆从甾原

本玉篇引說文舊音。音側字反。大徐音側詞切。皆甾之音。則以甾甾為一字。自六朝已來然矣。然甾甾決非一字。甾為艸部菑字重文。从田巛聲。故讀側字反或側詞反。若甾之與甾。於今隸形雖相似。其音義又有何涉乎。考此字古文本作甶。篆文亦或如之。其變而為隸書也。乃屈曲其三直。遂成甾字。後人不知其為古文甶字之變。以其形似甾。遂以甾之音讀之。實則此音毫無根據也。然則甶之為由。亦有證乎。曰。有。說文甹字注云。从丂从由。番生敦蓋有此字。作甹。毛公鼎加口作𤳖。卜辭有甹字。(殷虛書契後編卷上第十四葉)爵文有辨字。皆从甹若甹。是篆文从由作者。古文从甶作。是甶由為一之證一也。盧字。說文从𧆨。𧆨又从甶。而盧氏涅金之盧作𥁕。盧氏幣作𧇜。是篆文从甶之字。晚周古文亦从由作。是甶由為一之證二也。又盧字篆文从甶。晚周古文从由。更溯之春秋以前之古文。則乃从卣作。取盧子商盤盧作𧇜。弘尊有膚字作𦝘从害膚鼎之膚字从害鄘侯敦之鄘字从害其所从之畐皆从卣作卣者古文卣字也卣字古文作卣（盂鼎）作卣毛公鼎作卣（[illegible]鼎）作卣（[illegible]）石鼓文迺字亦作卣而殷虛卜辭鹵邑之卣則作卣（殷虛書契前編卷一第十八葉）作盅（同上卷六第四十一葉 殷虛書契後編卷中第二十五葉 [illegible]知唯為卣字[illegible]）知卣所从之乚乚即盅之省又知說文畐盧二字一从由一从盅即卣與盅之變實一字而繁簡異也卣為尊罍惟缶亦然（[illegible]）許君云東楚名缶曰甾與卣同音蓋猶三代遺語也本義既爾假借之義亦然釋詁由自也而卣亦訓自新序雜事篇國君驕士曰君非我無卣富貴士驕君曰國非士無卣安彊君臣不合國是無卣定矣此三卣字義皆與由同廣雅由用也而古書卣迪二字亦皆訓用經傳卣多作攸爾雅攸所也迪道也漢人釋經多本此訓近高郵王氏經義述聞與經傳釋詞始歷舉詩書以明攸迪二字古皆訓用其論篤矣余意卣迪本是一字古卣由同

音同義故逌或从由作迪轉譌為廸亦猶逌之譌為逌也書多方不克終日勸于帝之迪迪馬融本作攸是逌迪一字之證然則卣由二字其音同其義同其引申假借之義亦無不同卣之變化當為由不當為甾是由由為一之證三也更以聲音證之由缶二字本同部故東楚名缶為由方言五甾罌也淮汝之閒謂之甾甾郭璞音由曹憲廣雅音同淮汝之閒地隣東楚史記貨殖列傳以淮北沛陳汝南南郡為西楚彭城以東東海吳廣陵為東楚然項羽都彭城其分地亦半在東楚而稱西楚霸王是東西楚之稱漢人本無定界也恐許君所云東楚名缶曰由即本方言為說蓋由甾古今字揚子雲用今字許用古字耳許於缶部亦出甾字云瓦器也許書同音同義之字分見二部者甚多此亦其一也以形言之則如彼以音言之則如此由之為由更無他疑況漢人所書由字正如此足以解千載之惑乎

釋由下

戊午秋余作釋由一篇論說文由字即由字由冬徂春復得五

證焉。上虞羅氏所藏漢鉨印。有由罷軍印。考古今姓氏書無甾姓。而急就篇姓名有由廣國。廣韻由字注亦云又姓。史記有由余。是由罷軍即由罷軍。其證一。涇陽端氏藏漢元始四年銅鈁主吏姓名。有守令史由。考古人多名由。罕名甾。是守令史由即守令史由。其證二。玉篇原本用部末有由字。作甴。注云。餘同反。乃餘周反之譌又云。說文以由從為詧字。在言部。今為由字。當云說文以由從為䌛字在系部此訛為䌛字又訛為詧寫書者因改系部為言部耳說文以甾東楚謂缶也。音側字反。在由部。二由並當作甾案顧氏此注。則由甾二字形本無別。不過因說文由字之訓及其舊音與由字迥異。又由與繇分置二部。故著其事。然其所以收由字於用部末者。正以其字作甴。為今隸用字之倒書。如說文附下字於上部末。附㐀字於止部末。五字於正部末之例。玉篇全書皆用此例也。然則顧書甴字本當作甴。今傳世古寫本作甴。尚存甾字遺意。其證三。詩齊風。衡從其畝。釋文引韓詩從作由。云南北耕曰由。今本釋文並為由字。然宋本附釋音毛詩注疏所載釋文並為凷字。凷者由之譌也。其證四。李陽冰云。由卽缶字。夢瑛書說文部目。亦釋甶為由。當本六朝舊說。其證五。得此五證。知六朝以前音說文者雖音由為甾。然由之字形尚未全失。雖微古文字學及漢人手書。亦足以定此說矣。癸亥雒陽新出魏三字石經尚書君奭殘石迪字兩見其篆文皆作䌛於前五證外又得一佳證

釋辥上

彝器多見辥字。毛公鼎云。𡨦辥厥辟。又云辥我邦我家。克鼎云辥王家。又云保辥周邦。宗婦敦云保辥鄁國。晉邦盦云保辥王國。其字或作辪。或作辥。余謂此經典中乂艾之本字也。釋詁。乂。治也。艾相也。養也。說文。嬖治也。从辟乂聲。虞書曰。有能俾嬖。是經典乂字。壁中古文作嬖。此嬖字蓋辥字之譌。初以形近譌為辟。後人因辟讀與辥讀不同。故又加乂以為聲。經典作乂作艾。

亦辥之假借書君奭之用乂厥辟即毛公鼎之𠭁辥厥辟也康誥之用保乂民多士君奭之保乂有殷康王之誥之保乂王家詩小雅之保艾爾後即克鼎宗婦敦晉邦盦之保辥也辥厥辟之辥用相義保辥之辥兼相養二義皆由治義引申其本義當訓為治殷虛卜辭有𤔲字（殷虛書契前編卷六第四第十一葉）其字从𠂤从䇂（即說文辛字）與辟字从人从䇂同意（古文辟字皆从人从䇂凡篆文从口之字古文亦皆从人）𠂤者衆也金文或加从止蓋謂人有辛𠂤以止之故訓為治或變止為中與小篆同中者止之譌猶𢍏字盂鼎作𡚬从三止克鼎及石鼓文均變而从三中矣說文不知嶭為辥之譌字以辥之本義系於嶭下復訓辥為辠則又誤以辛之本誼為辥之本義矣

釋辥下

說文辥字在辛部从辛𡵂古文皆从䇂或从䇂䇂䇂皆說文辛之初字也說文辛䇂分為二部䇂部云䇂辠也从干二二古文

上字。又辛部辛从一辛。辛，辠也。羅參事振玉殷虛書契考釋云：說文分辛辛為二部。卜辭只有辛字，凡十干之辛皆作辛。古金文始有作辛者。其實本一字，許君以童妾二字隸辛部，而辛部諸字若辠辜以下，無一不含辛誼，不當分為二部明矣。案參事謂辛部辠辜以下諸字皆當入辛部，其說甚確；惟謂辛辛一字，則頗不然。余謂十干之辛自為一字，其字古文作平作辛或作𤕌；訓辠之辛又自為一字，其字古作𢆉作𢆉作𢆉作𢆉。此二字之分不在橫畫之多寡，而在縱畫之曲直。何以證之？凡古文辛辟辭辭章諸字，其義與辛字相關者，皆从𢆉或𢆉，其中直皆折而左，無一从平若作辛者。[illegible] 又殷虛卜辭有𡧡字，[illegible] 即說文𡧡字。說文：𡧡，語相訶歫也，从口辛，辛是篆文之辛，亦或作𢆉。蓋辛𢆉一字。卜辭辭字作𤔲，亦其一證。兮田盤王命田政𤔲成周四方責，即委積之積 𤔲从𤔲辛，即篆文从𤔲辛之辭。

見六

十

政辭乃政嗣之假借，知奇乃亏之繁文，亏吟又一字矣。亏字當从說文吟字讀，讀如蘖，即天作孽之孽之本字，故訓為辠辥字从㠯止亏，會意，亦以為聲。凡䇂辟辭諸字皆从此字會意，至說文所說辛䇂辥諸字，皆从後起之篆文立說，故動輒齟齬矣。

釋天

古文天字，本象人形，殷虛卜辭或作旲，盂鼎大豐敦作天，其首獨巨。案說文，天，顛也。易睽六三，其人天且劓，馬融亦釋天為鑿顛之刑，是天本謂人顛頂，故象人形。卜辭盂鼎之旲天二字所以獨墳其首者，正特著其所象之處也。殷虛卜辭及齊侯壺又作天，則别以一畫記其所象之處，古文字多有如此者，如二二字，二字之上畫與二字之下畫，皆所以記其位置也。又如本字，說文注云，木下曰本，从木，一在其下，朱字注云，赤心木，从木，一在其中，末字注云，木上曰末，从木，一在其上，蓋本末均不能離木而見故畫木之全形而以一識其所象之處餘如及字之丶亦字之八皆所以識其所象之處者也又以古文言之如帝者蒂也不者柎也古文或作帝不但象花萼全形未為審諦故多於其首加一作帝不諸形以別之亦字於天上加一正以識其在人之首與上諸字同例此蓋古六書中之指事也近儒說象形指事之別曰形謂一物事該衆物其說本於徐楚金然楚金於指事本無定說及與本末諸字楚金均謂之指事元楊桓諸人尚用其說蓋此數字正與上下二字同例許君所謂視而可識察而可見者惟此類字足以當之而數目干支等字今所公認為指事者許君往往謂之象形不謂之指事竊謂楚金此說頗勝於其又一說今日古文大明指事之解恐復將歸於此矣故大天為象形字天為指事字篆文之从一大者為會意字文字因其作法之不同而所屬之六書亦異知此可與言小學矣

釋昱

殷虛卜辭屢見[?][?][?][?]諸字。又或从日作[?]。或从立作[?][?]諸體。於卜辭中不下數百見。初不知為何字。後讀小盂鼎。見有[?]字。與[?][?]二字相似。其文云。粤若[?]乙亥。與書召誥越若來三月。漢書律歷志引逸武成粤若來二月。文例正同。而王莽傳載太保王舜奏云。公以八月載生魄庚子。奉使朝用書。越若翊辛丑。諸生庶民大和會。王舜此奏。全摹仿康誥召誥。則召誥之若翌日乙卯。越翌日戊午。今文尚書殆本作越若翌乙卯。越若翌戊午。故舜奏仿之。然則小盂鼎之粤若[?]乙亥。當釋為粤若翌乙亥無疑也。又其字从日从立。與說文訓明日之昱正同。因悟卜辭中上述諸體。皆昱字也。羅叔言參事嘗以此說求之卜辭諸甲子中有此字者。無乎不合。惟卜辭諸昱字雖什九指斥明日。亦有指第三日第四日者。視說文明日之訓稍廣耳。又案此字卜辭或作囟者殆其最初之假借字囟即巤之初字石鼓文君子員邋字作[illegible]从巤說文囟部巤毛巤也象髮在囟上及毛髮巤巤之形囟則但象毛髮巤巤之形本一字也古音巤立同聲今立在緝韻巤在葉韻此二部本自相近故借巤為昱後乃加日作[illegible]為形聲字或更如小盂鼎作[illegible]為一形二聲之字或又省日作[illegible]則去形而但存其二聲古固有一字二聲者說文竊字注云禼廿皆聲又𩐁字注云次朿皆聲案石鼓文自有欶字則𩐁字自以欶為聲而石鼓之欶即周禮巾車職之故書軟字而鼓文作欶其字朿次皆聲正與[illegible]默諸字之立巤皆聲同例也卜辭又有祭祀名曰昱日殆與肜日同為祭之明日又祭之稱與

釋旬

卜辭有[illegible][illegible]諸字亦不下數百見案使夷敦云金十鈞賡敓敦

蓋云金十匀。考說文鈞之古文作銞。是匀匀即銞字。旬即旬字矣。卜辭又有旬之二日語。（見後編卷下六葉）亦可證旬旬即旬字。余徧搜卜辭。凡云貞旬亡𡆥者亦不下數百見。皆以癸日卜。知殷人蓋以自甲至癸為一旬。而於此旬之末卜下旬之吉凶。云旬亡𡆥者。猶易言旬无咎矣。日自甲至癸而一徧。故旬之義引申為徧。釋詁云。宣旬。徧也。說文訓裹之勹。實即此字。後世不識。乃讀若包。殊不知勹乃旬之初字。軍字从車从勹。亦會意兼形聲也。

釋西

卜辭屢見甶甶諸字。余謂此西字也。說文西字注云。日在西方而鳥棲。象鳥在巢上。甶甶二形正象鳥巢。王復齋鐘鼎款識有箕單卣。其文作□。象鳥在巢下。而以畢掩取之。又箕單父丙爵有□字。則省鳥存巢。手執干鼎之□字。則省巢存鳥。可知甶字實象鳥巢。即巢之古文。似當从甶在木上。而巛則象鳥形。篆體失之。若說文訓缶之由字。則古作甾。與甶字有別矣。

釋物

卜辭云。丁酉卜即貞后祖乙古十牛。四月。又云。貞后祖乙古物。四月。戩壽堂所藏殷虛文字第三葉又云。貞𡧊十勿牛。殷虛書契前編卷四第五十四葉前云古十牛。後云古物。則物亦牛名。其云十勿牛。亦即物牛之省。說文。物。萬物也。牛為大物。天地之數起於牽牛。故从牛勿聲。案許君說甚迂曲。古者謂雜帛為物。蓋由物本雜色牛之名。後推之以名雜帛。詩小雅曰。三十維物。爾牲則具。傳云。異毛色者三十也。實則三十維物與三百維羣。九十其犉。句法正同。謂雜色牛三十也。由雜色牛之名。因之以名雜帛。更因以名萬有不齊之庶物。斯文字引申之通例矣。

釋牡

說文。牡。畜父也。从牛土聲。案牡古音在尤部。與土聲遠隔。卜辭壯字皆从丄。丄古士字。孔子曰。推十合一為士。丄字正丨古文十字一之合矣。古音士在之部。壯在尤部。之尤二部音最相近。壯从士聲。形聲兼會意也。士者男子之稱。古多以士女連言。壯从士與牝从匕同。匕者比也。比於壯也。

釋弼

毛公鼎番生敦均有簟弟魚服語。弟字二器皆作𢐀。余謂此弟之本字也。說文。弜。彊也。从二弓。又弼。輔也。重也。从弜丙聲。案說文說此二字皆誤。弜者。柲之本字。既夕禮有柲。注。柲。弓檠。弛則縛之於弓裏。備損傷。詩云。竹柲緄縢。今文柲作枈。案今毛詩作閉。柲所以輔弓。形畧如弓。故从二弓。其音當讀如弼。或作柲。作枈。作閟。皆同音假借也。弜之本義為弓檠。引申之則為輔。為重。又引申之則為彊。許君以弜之第三義系於弜下。又以其第二義系於弼下。胥失之矣。弼乃弟之本字。當如毛公鼎及番生敦作𦊰从因弜聲因者古文席字說文席之古文作㕻豐姞敦宿字作𠆰从人在宀下因上人在席上其義為宿是因即席也廣雅釋器㐁席也意謂因席古今字說文㐁一曰竹上皮蓋席以竹皮為之因謂竹上皮為㐁亦其引申之一義矣因象席形自是席字由因而譌為㐁又省為㐁宿𦊰二字同也𦊰與席皆以簟為之故𦊰字从因詩衛風齊風小雅作茀周禮巾車既夕禮作蔽亦同音假借也𦊰既从因則弜當是聲上所說弜字之義亦於此得其證矣

釋滕

經典滕薛皆作滕从水朕聲上虞羅氏藏滕虎敦其銘曰滕虎敢肇作厥皇考公命中寶尊彝滕字舊釋為然余謂此字从火朕聲即滕薛之滕字也禮記檀弓上滕伯文為孟虎齊衰其叔父也為孟皮齊衰其叔父也然則虎為滕伯文叔父其父本是

見二 十四

滕君此𣪘云滕虎敢肇作厥考公命中寶尊彝是此𣪘之滕虎即檀弓之滕孟虎之證亦滕即滕字之證也鄭注檀弓以伯文為殷時滕君今覩此𣪘文字乃周中葉以後物然則此𣪘不獨存滕薛之本字亦有裨於經訓矣

釋𦝫

歸安吳氏藏一鼎其銘曰呼侯□作父乙鼎又某氏藏一匜其銘曰呼侯作□妊□媵匜其眉壽萬年子子孫孫永寶用呼ノ埒二字舊釋為胥為𦝫余謂此薛國之本字也其字所从之孚孚即說文㕯字其音古讀如辥見上釋辥此字从月㕯聲與薛字从艸辥聲同而𦝫侯匜言𦝫侯作□妊□媵匜則𦝫為任姓之國其為滕薛之薛審矣

釋禮

說文示部云禮履也所以事神致福也从示从豐豐亦聲又豐

部。豐。行禮之器也。从豆。象形。案殷虛卜辭有豐字。其文曰。癸未卜貞醉豐。殷虛書契後編卷下第八葉古丰玨同字。卜辭玨字作丰丰丰三體。則豐即豐矣。又有𡆥字書契前編卷六第三十九葉及𡆥字。後編卷下第二十九葉𡆥𡆥又一字。卜辭𡆥字後編卷下第四葉或作𡆥。鐵雲藏龜第一百四十三葉其證也。此二字即小篆豐字所从之𧯛。古凵凵一字。卜辭出或作𡳿。或作𡳿。知𧯛可作𡆥𡆥矣。豐又其繁文。此諸字皆象二玉在器之形。古者行禮以玉。故說文曰豐行禮之器。其說古矣。惟許君不知丰字即玨字。故但以从豆象形解之。實則豐从玨在凵中。从豆。乃會意字而非象形字也。盛玉以奉神人之器謂之𧯛若豐。推之而奉神人之酒醴亦謂之醴。又推之而奉神人之事通謂之禮。其初當皆用𧯛若豐二字。卜辭之醉豐醉字从酉則豐當假為酒醴字其分化為醴禮二字。蓋稍後矣。

釋觶觛卮䏙𧮫

徐器二。出江西高安縣。其一銘曰。郐王義楚睪其吉金自作祭鍴其一曰義楚之祭耑其器皆觶也鍴耑二字張公束大令以為即說文鍴字余謂說文觶觛卮膞腨五字實一字也說文觶鄉飲酒角也受四升其重文作脤觗二體而漢書高帝紀注引應劭曰卮鄉飲酒禮器也古以角作受四升古卮字作觗其說本於叔重是觶卮為一之證也說文觛小觶也又急就篇顏本蠡斗參升半卮觛皇象本觛作單蓋假單為觶是觶觛為一之證也說文卮一名觛又卮觛為一之證膞腨二字亦本一字古書多以耑為專急就篇顏本之蹲踝皇本作踹踝賈誼服鳥賦何足控摶史記文選作摶漢書作揣急就篇皇本顏本之槫榼宋太宗本作椯榼而槫即膞椯即腨尤為膞腨為一之證徐之祭器名鍴若耑而形與觶同又腨觶為一之鐵證矣此五字之音又同出一源觶觛膞腨四字於形聲皆在元部腨說文讀為棰擊之棰於古音在歌部今在支部觶之重文作觗氏聲今與

脾卮亦皆在支部。支部之音與歌部最近。歌元二部又陰陽對轉。單聲之字。如鄲癉驒鼉等字。古多轉入歌部。蟬字又轉入支部。（漢書地理志樂浪郡黏蟬縣服虔音提）耑聲之字亦然。此五字同聲。亦當為同物。許君因其字不同。乃以形之大小與有耳蓋與否別之。其實一而已矣。

毛公鼎考釋序

三代重器存於今日者。器以盂鼎克鼎為最鉅。文以毛公鼎為最多。此三器皆出道光咸豐間。而毛公鼎首歸濰縣陳氏。其打本摹本亦最先出。一時學者競相考訂。嘉興徐壽臧明經（同柏）海豐吳子苾閣學（式芬）瑞安孫仲頌比部（詒讓）吳縣吳清卿中丞（大澂）先後有作。明經首釋是器。有鑿空之功。閣學矜慎。比部閎通。中丞於古文字尤有懸解。於是此器文字可讀者十且八九。顧自周初訖今垂三千年。其訖秦漢亦且千年。此千年中文字之變化脈絡。不盡可尋。故古器文字有不可盡識者。勢也。古代文字假借至多自周至漢音亦屢變假借之字不能一一求其本字故古器文義有不可强通者亦勢也自來釋古器者欲求無一字之不識無一義之不通而穿鑿附會之說以生穿鑿附會者非也謂其字之不可識義之不可通而遂置之者亦非也文無古今未有不文從字順者今日通行文字人人能讀之能解之詩書彝器亦古之通行文字今日所以難讀者由今人之知古代不如知現代之深故也苟考之史事與制度文物以知其時代之情狀本之詩書以求其文之義例考之古音以通其義之假借參之彝器以驗其文字之變化由此而之彼即甲以推乙則於字之不可釋義之不可通者必間有獲焉然後闕其不可知者以俟後之君子則庶乎其近之矣孫吳諸家之釋此器亦大都本此方法惟用之有疏密故得失亦準之今為此釋於前人之是者證之未備者補之其有所疑則姑闕焉雖於諸家外所

得無多。然可知古代文字自有其可識者與可通者。亦有其不可識與不可強通者。而非如世俗之所云云也。丙辰四月

宋代金文著錄表序

古器之出蓋無代而蔑有。隋唐以前其出於郡國山川者。雖頗見於史。然以識之者寡。而記之者復不詳。故其文之略存於今者。惟美陽仲山父二鼎與秦權莽量而已。趙宋以後古器愈出。祕閣太常既多藏器。士大夫如劉原父歐陽永叔輩亦復蒐羅古器。徵求墨本。復有楊南仲輩為之考釋。古文之學勃焉中興。伯時與叔復圖而釋之。政宣之間流風益煽。籀史所載著錄金文之書至三十餘家。南渡後諸家之書猶多不與焉。可謂盛矣。今就諸書之存者論之。其別有三。與叔考古之圖宣和博古之錄。既寫其形。復摹其款。此一類也。嘯堂集錄薛氏法帖但以錄文為主。不以圖譜為名。此二類也。歐趙金石之目才甫古器之

評長睿東觀之論彥遠廣川之跋雖無關圖譜而頗存名目此三類也國朝乾嘉以後古文之學復興輒鄙薄宋人之書以為不屑道竊謂考古博古二圖摹寫形制考訂名物用力頗鉅所得亦多乃至出土之地藏器之家苟有所知無不畢記後世著錄家當奉為準則至於考釋文字宋人亦有鑿空之功國朝阮吳諸家不能出其範圍若其穿鑿紕繆誠若有可議者然亦國朝諸老之所不能免也今錯綜諸書列為一表器以類聚名從主人具有異同分條於下諸書所錄古器有文字者胥具於是惟博古所圖錢鏡嘯堂所集古印較近世所出厥數甚尠姑闕焉以供省覽之便云爾至於釐訂名稱是正文字則非此表之所有事矣甲寅五月

國朝金文著錄表序

古器物及古文字之學一盛於宋而中衰於元明我朝開國百

年之間海內承平文化溥洽乾隆初始命儒臣錄內府藏器放宣和博古圖為西清古鑑海內士夫聞風承流相與購致古器蒐集拓本其集諸家器為專書者則始於阮文達之集古齋鐘鼎彝器款識而莫富於吳子苾閣學之攈古錄金文其著錄一家藏器者則始於錢獻之別駕之十六長樂堂古器款識而訖於端忠敏之陶齋吉金錄著錄之器殆四倍於宋人焉數十年來古器滋出其新出土者與以前散在人間未經著錄者又畧得著錄者之半光緒間宗室伯羲祭酒廣蒐墨本擬續阮吳諸家之書時鬱華閣金文拓本之富號海內第一然僅排比拓本未及成書也稍後羅叔言參事亦從事於此其所蒐集者又較祭酒為多辛亥國變後祭酒遺書散出所謂鬱華閣金文者亦歸於參事合兩家之藏其富過於阮吳諸家遠甚汰其重複猶得二千通可謂盛矣國維東渡後時從參事問古文字之學因

得盡閱所藏拓本參事屬分别其已著錄者與未著錄者將以次編類印行又屬通諸家之書列為一表自甲寅孟夏訖於仲秋經涉五月乃始畢事書成都六卷長夏酷暑墨本堆案或一器而數名或一文而數器其間比勘一器往往檢書至十餘種閱拓本至若干册窮日之力不過盡數十器而已既具稿復質之參事畧加檢定然著錄之器既以千計拓本之數亦復準之文字同異不過豪釐之間摹拓先後又有工拙之别雖再三覆勘期於無誤然複重遺漏固自不免庶竺古君子董而敎之甲寅八月

桐鄉徐氏印譜序

自許叔重序說文以刻符摹印署書殳書與大小篆蟲書隸書並為秦之八體於是後世頗疑秦時刻符摹印等各自為體並大小篆蟲書隸書而八然大篆小篆蟲書隸書者以言乎其體

也刻符摹印署書殳書者。以言乎其用也。秦之署書不可攷。而新郪陽陵二虎符。字在大小篆之間。相邦呂不韋戈與秦公私諸璽文字皆同小篆。知刻符摹印殳書皆以其用言而不以其體言。猶周官太師之六詩。賦比興與風雅頌相錯綜。保氏之六書指事象形諸字皆足以供轉注假借之用者也。秦書如是。秦以前書亦何獨不然。三代文字殷商有甲骨及彝器。宗周及春秋諸國並有彝器傳世。獨戰國以後彝器傳世者唯有田齊二敦一簠及大梁上官諸鼎寥寥不過數器。幸而任器之流傳乃比殷周為富。近世所出如六國兵器數幾踰百。其餘若貨幣若璽印若陶器其數乃以千計。而魏石經及說文解字所出之壁中古文亦為當時齊魯間書。此數種文字皆自相似。然並譌別簡率。上不合殷周古文。下不合小篆。不能以六書求之。而同時秦之文字則頗與之異。傳世秦器作於此時者。若大良造鞅銅量（秦孝公十八年作）若大良造鞅戟，若新郪虎符（秦昭王五十四年以後所作），若相邦呂不韋戈（秦始皇五年作），石刻若詛楚文（宋王厚之考為秦惠王後十二年作），皆秦未并天下時所作，其文字之什九與篆文同，其什一與籀文同，其去殷周古文，較之六國文字為近。余曩作史籀篇疏證序，謂戰國時秦用籀文，六國用古文，即以此也。世人見六國文字，上與殷周古文，中與秦文，下與小篆不合，遂疑近世所出兵器、陶器、璽印、貨幣諸文字並自為一體，與六國通行文字不同，又疑魏石經、說文所出之壁中古文為漢人偽作，此則惑之甚者也。夫兵器、陶器、璽印、貨幣，當時通行之器也；壁中書者，當時儒家通行之書也。通行之器與通行之書，固當以通行文字書之，且同時所作大梁、上官諸鼎，字體亦復如是，而此外更不見有他體。舍是數者而別求六國之通行文字，多見其紛紛也。況秦之刻符、摹印及書並用通行文字，則何獨於六國而疑之？其上不合殷周古文，下不合秦篆者時不同也中不合秦文者地不同也其訛別草率亦如北朝文字上與魏晉下與隋唐中與江左不同其中璽印陶器可比北朝碑碣兵器貨幣則幾與魏齊小銅造象之鑿款矣若是者謂其書體之訛別也可謂其非當時通行文字則不可若謂之為僞則尤不可也余謂欲治壁中古文不當繩以殷周古文而當於同時之兵器陶器璽印貨幣求之惜此數種文字世尚未有專攻之者以余之不敏又所見實物譜錄至為狹陋然就所見者言之已足知此四種文字自為一系又與昔人所傳之壁中書為一系姑以壁中古文之同於四者言之如石經古文弗作𢎞今上虞羅氏所藏斷劍有鍨鉘字正从𢎞朝作𣶒而陳侯因資敦（齊威王作）及子朝命鉨之朝字正並作𣶒游作𨒫古鉨有𨒫游鉨正作𢓍迷作𢓍亡麋鉨正作𢓍上作上而上明上敬上信諸鉨正作上下作下而下宮矛正作下信作𠈇而辟夫夫信節作

信古鉨亦作訫䚱諸體又左司徒信鉨作𠇮王臧信鉨作𠈇則與說文信之古文𠇮字相近信之本从言人聲千字亦人聲故亦得从千聲又率作𢖍與十三年上官鼎同陳作𨻰與田齊諸器及楚陳爰鉼金同公作𠔁與古鉨及陶器同秦作𥡆與秦𠤳鉨及胥秦鉨同寐作𡨦與寐公鉨同丁作▼與丁盾鉨同又說文正之古文作𤴓剛之古文作侸豆之古文作𣅜續之古文作賡五之古文作乂並與陶文同又如事之作𠭧侯之作𥎦時之作旹明之作𥃩容之作𠕋𠹄之作𠷎恆之作亙封之作𡉚禹之作𠃌並與鉨文同而𠂤作𠂤𦥑作𦥑則陶文與鉨文並同又量作𦤚見於大梁鼎戶作𡱅見於吳縣潘氏所藏六國不知名銅器其小異大同者如說文古文中作𠁩而鉨文作𠁩君作𠠵而鉨文作𠠵後作𨒌而陶文作𨒌共作𠬞而鉨文作𠬞𦼮作𦻏而鉨文作𦻏丹作𠂁而鉨文及幣文並有𠙵字倉作全而陶文有𠈓字期作𠀇而陶文有

㕣字。鉨文有㕣字。屋作𡍮握作𡍮而鉨文有𡍮字。履作𩠐而鉨文有𩠐字。州作㳅而鉨文有㳅字。醬作𤖣而鉨文有𤕦字。陶文有䣃字。又如碣之古文為𨸏。其文至為奇詭。然孫過鉨之碣作𨜶。牛闓鉨之闓作𨵦。知𠟍之為𠟍。當時自有此作法也。以上所舉諸例類不合於殷周古文及小篆。而與六國遺器文字則血脈相通。漢人傳寫之文與今日出土之器斠若剖符之復合。謂非當日通行此種文字。其誰信之。雖陶器璽印貨幣文字止紀人地名。兵器文字亦有一定之文例。故不能以盡證壁中之書。而壁中簡策當時亦不無摩滅斷折。今之所存。亦不無漢人肊造之字。故不能盡合。然其合者固已如斯矣。然則兵器陶器璽印貨幣四者。正今日研究六國文字之惟一材料。其為重要實與甲骨彝器同。而璽印一類。其文字制度尤為精整。其數亦較富。然今世譜錄不過上虞羅氏皖江黃氏錢唐陳氏數家，羅氏所藏屢聚屢散，黄氏物亡于胠篋，而陳氏之藏則歸於桐鄉徐君楙齋。楙齋復汰而益之，丙寅秋日，出其所爲新譜索序於余。余讀而歎其精善，如上所舉証、容、履、𥓑、瘖諸古文，並出此譜。楙齋之於古器物、古文字之學，可謂知所先務矣。余近於六國文字及璽印之學，頗有所論述，因書以弁其首，世之治文字學者以鑒觀焉。

觀堂集林卷第七

藝林七

海甯 王國維

戰國時秦用籀文六國用古文說

余前作史籀篇疏證序疑戰國時秦用籀文六國用古文幷以秦時古器遺文證之後反覆漢人書益知此說之不可易也班孟堅言蒼頡爰歷博學三篇文字多取諸史籀篇而字體復頗異所謂秦篆者也許叔重言秦始皇帝初兼天下丞相李斯乃奏同文字罷其不與秦文合者斯作倉頡篇中車府令趙高作爰歷篇太史令胡毋敬作博學篇皆取史籀大篆或頗省改所謂小篆者也是秦之小篆本出大篆而倉頡三篇未出大篆未省改以前所謂秦文即籀文也司馬子長曰秦撥去古文揚子雲曰秦剗滅古文許叔重曰古文由秦絕案秦滅古文史無明

文有之惟一文字與焚詩書二事六藝之書行於齊魯爰及趙魏而罕流布於秦（猶史籀篇之不行於東方諸國）其書皆以東方文字書之漢人以其用以書六藝謂之古文而秦人所罷之文與所焚之書皆此種文字是六國文字即古文也觀秦書八體中有大篆無古文而孔子壁中書與春秋左氏傳凡東土之書用古文不用大篆是可識矣故古文籀文者乃戰國時東西二土文字之異名其源皆出於殷周古文而秦居宗周故地其文字猶有豐鎬之遺故籀文與自籀文出之篆文其去殷周古文反較東方文字（即漢世所謂古文）為近自秦滅六國席百戰之威行嚴峻之法以同一文字凡六國文字之存於古籍者已焚燒剗滅而民間日用文字又非秦文不得行用觀傳世秦權量等始皇廿六年詔後多刻二世元年詔雖亡國一二年中而秦法之行如此則當日同文字之效可知矣故自秦滅六國以至楚漢之際十餘年間六國文字遂

過而不行漢人以六藝之書皆用此種文字又其文字為當日所已廢故謂之古文此語承用既久遂若六國之古文即殷周古文而籀篆皆在其後如許叔重說文序所云者蓋循名而失其實矣

史記所謂古文說

自秦幷天下同一文字於是篆隸行而古文籀文廢然漢初古文籀文之書未嘗絕也史記張丞相列傳張丞相蒼好書律歷秦時為御史典柱下方書而許氏說文序言北平侯張蒼獻春秋左氏傳蓋即柱下方書之一是秦柱下之書至漢初未亡也太史公自序言秦撥去古文焚滅詩書故明堂石室金匱玉版圖籍散亂而武帝元封三年司馬遷為太史令紬史記石室金匱之書是秦石室金匱之書至武帝時未亡也故太史公修史記時所據古書若五帝德若帝繫姓若諜記若春秋歷譜諜若

國語。若春秋左氏傳。若孔氏弟子籍。凡先秦六國遺書。非當時寫本者。皆謂之古文。五帝本紀云。孔氏所傳宰予五帝德及帝繫姓。儒者或不傳。余嘗西至崆峒。北過涿鹿。東漸于海。南浮江淮矣。至長老皆各各稱黃帝堯舜之處。風教固殊焉。總之不離古文者近是。索隱云。古文謂帝德帝繫二書也。是五帝德及帝繫姓二篇本古文也。三代世表云。余讀諜記。黃帝以來皆有年數。稽其歷譜諜終始五德之傳。古文咸不同乖異。是諜記與終始五德傳（褚先生補三代世表引黃帝終始傳。是終始五德傳亦書命名）亦古文也。十二諸侯年表云。太史公讀春秋歷譜諜。又云。譜諜獨記世謚。其辭略。欲一觀諸要難於是譜十二諸侯。自共和始。訖孔子。表見春秋國語。學者所譏盛衰大指。著於篇。為成學治古文者要刪焉。由是言之。太史公作十二諸侯年表。實為春秋國語作目錄。故云為成學治古文者要刪。是春秋國語皆古文也。吳太伯世家云。余讀春秋古文。乃知中國之虞與荆蠻句吳兄弟也此即據左氏傳宮之奇所云太伯虞仲太王之昭者以爲說而謂之春秋古文是太史公所見春秋左氏傳亦古文也七十二弟子列傳云弟子籍出孔氏古文近是此孔氏古文非謂壁中書乃謂孔氏所傳舊籍而謂之古文是孔子弟子籍亦古文也然則太史公所謂古文皆先秦寫本舊書其文字雖已廢不用然當時尚非難識故太史公自序云年十歲則誦古文太史公自父談時已掌天官其家宜有此種舊籍也惟六藝之書爲秦所焚故古寫本較少然漢中秘有易古文經河間獻王有古文先秦舊書周官尚書禮禮記固不獨孔壁書爲然至孔壁書出於是尚書禮春秋論語孝經皆有古文孔壁書之可貴以其爲古文經故非徒以其文字爲古文故也蓋漢景武間距用古文之戰國時代不及百年其識古文當較今日之識篆隸爲易乃論衡正說篇謂魯恭王得百

爲尚書於屋壁中使使者取視莫能讀者作僞孔安國尚書序者仍之謂科斗書廢已久時人莫能知衞恒四體書勢亦云漢武時魯恭王壞孔子宅得尚書春秋論語孝經時人已不復知有古文謂之科斗書是亦疎矣求之史記但云孔氏有古文尚書而安國以今文讀之因以起其家逸書得十餘篇此數語自來讀者多失其解王氏念孫讀書雜志用其子伯申氏之說曰當讀因以起其家爲句逸書二字連下讀起興起也家家法也漢世尚書多用今文自孔氏治古文經讀之說之傳以教人其後遂有古文家是古文家法自孔氏興起也故曰因以起其家又云漢書藝文志曰凡書九家謂孔氏古文伏生大傳歐陽大小夏侯說及劉向五行傳記許商五行傳記逸周書石渠議奏也劉歆傳曰數家之事皆先帝所親論今上所考視謂逸禮古文尚書春秋左氏也是古文尚書自爲一家之證書序正義引劉向別錄曰武帝末民間有得泰誓者獻之與博士使讀說之數月皆起後漢書桓郁傳注引華嶠書明帝問郁曰子幾人能傳學郁曰臣子皆未能傳學孤兄子一人學方起帝曰努力教之有起者即白之是起謂其學興起也蓋古文尚書初出其本與伏生所傳頗有異同而尚無章句訓詁安國因以今文定其章句通其假借讀而傳之是謂以今文讀之

其所謂讀與班孟堅所謂齊人能正蒼頡讀馬季長所謂杜子春始通周官讀之讀無以異也然則安國之於古文尚書其事業在讀之起之至於文字蓋非當世所不復知如王仲任輩所云也自武昭以後先秦古書傳世益少其存者往往歸於祕府於是古文之名漸為壁中書所專有然祕府古文之書學者亦類能讀之如劉向以中古文易經校施孟梁邱經及費氏經以中古文尚書校歐陽大小夏侯三家經文又謂禮古經與十七篇文多相似多三十九篇謂孝經諸家說不安處古文字讀皆異劉歆校祕書見古文春秋左氏傳大好之子政父子皆未聞受古文字學而均能讀其書是古文說西京之末尚非難識如王仲任輩所云也嗣是說後漢如杜伯山衞敬仲徐巡班孟堅賈景伯馬季長鄭康成之徒皆親見壁中書或其傳寫之本然未有苦其難讀者是古文難讀之說起於王仲任輩未見壁中

書者。其說至魏晉閒而大盛。不知漢人初未嘗有是事也。

漢書所謂古文說

後漢之初。所謂古文者。專指孔子壁中書。蓋自前漢末亦然。說文敘記亡新六書。一曰古文。孔子壁中書也。二曰奇字。即古文而異者也。漢書藝文志所錄經籍。冠以古文二字若古字者。惟尚書古文經四十六卷。為五十七篇 禮古經五十六卷。春秋古經十二篇。論語古二十一篇。孝經古孔氏一篇。皆孔子壁中書也。惟禮古經有淹中及孔壁二本 然中祕古文之書。固不止此。司馬子長作史記時所據石室金匱之書。當時未必盡存。固亦不能盡亡。如六藝略所錄孔子徒人圖法二卷。未必非太史公所謂弟子籍。數術略所錄帝王諸侯世譜二十卷。古來帝王年譜五卷。未必非太史公所謂諜記及春秋歷譜諜。而志於諸經外書。皆不著古今字。蓋諸經之冠以古字者。所以別其家數。非徒以其文字也。六藝於書籍中為最尊而古文於六藝中又自為一派於是古文二字遂由書體之名而變為學派之名故地理志於古文尚書家說亦單謂之古文如右扶風汧縣下云吳山在西古文以為汧山又武功下云太壹山古文以為終南垂山古文以為敦物皆在縣東潁川郡崇高下云古文以崇高為外方山江夏郡竟陵下云章山在東古文以為內方山又安陸下云橫尾山在北古文以為陪尾山東海郡下邳下云葛嶧山古文以為嶧陽會稽郡吳縣下云具區澤在西揚州藪古文以為震澤豫章郡歷陵下云傅易山傅易川在南古文以為敷淺原武威郡武威下云休屠澤在東北古文以為豬壄澤張掖郡居延下云居延澤在東北古文以為流沙凡汧山終南敦物外方內方陪尾諸名歐陽大小夏侯三家經文用字或異而名稱皆同而地理志獨云古文以為者蓋古文尚書家如王璜（儒林傳作王璜溝洫志作王橫）桑欽杜林等說禹貢以右扶

風汧縣之吳山為禹貢之汧山以武功之太壹垂山為禹貢之終南敦物是地理志所謂古文非以文字言以學派言也其以文字言者則亦謂之古文或謂之古文字郊祀志言張敞好古文字又載敞美陽得鼎議曰臣愚不足以跡古文是孔壁書外之彝器文字亦謂之古文與許叔重謂鼎彝之銘皆前代之古文同然後漢以降凡言古文者大抵指壁中書故許叔重言古文者孔子壁中書又云孔氏古文也

說文所謂古文說

許叔重說文解字敍言古文者凡十皆指漢時所存先秦文字言之其一曰周宣王太史籀著大篆十五篇與古文或異此古文似指蒼頡以來迄五帝三王之世改易殊體之文字即余前所謂殷周古文以別於戰國古文者實則不然叔重但見戰國古文未嘗多見殷周古文敍云郡國往往於山川得鼎彝其銘

即前代之古文皆自相似潘文勤公攀古樓彝器款識序遂謂說文中古文本於經文者必言其所出其不引經者皆憑古器銘識也吳清卿中丞則謂說文中古文皆不似今之古鐘鼎亦不言某爲某鐘某爲某鼎字必嚮拓以前古器無氈墨傳布許君未能足徵余案吳說是也拓墨之法始於南北朝之拓石經浸假而用以拓秦刻石至拓彝器文字趙宋以前未之前聞則郡國所出鼎彝許君固不能一一目驗又無拓本可致自難據以入書全書中所有重文古文五百許字皆出壁中書及張蒼所獻春秋左氏傳其在正字中者亦然故其所謂籀文與古文或異者非謂史籀大篆與史籀以前之古文或異而實謂許君所見史籀九篇與其所見壁中書時或不同以其所見史籀篇爲周宣王時書所見壁中古文爲殷周古文乃許君一時之疎失也其二曰至孔子書六經左邱明述春秋皆以古文此亦似

謂殷周古文。然無論壁中所出與張蒼所獻。未必爲孔子及邱明手書。即其文字亦當爲戰國文字。而非孔子及邱明時之文字。何則。許君此語實根據所見壁中諸經及春秋左氏傳言之。彼見其與史籀篇文字不類。遂以爲即殷周古文。不知壁中書與史籀篇文字之殊。乃戰國時東西二土文字之殊。許君既以壁中書爲孔子所書。又以爲即用殷周古文。蓋兩失之。故此二條所云古文。雖似謂殷周古文。實皆據壁中古文以爲說。惟敍末云。其稱易孟氏書孔氏詩毛氏禮周官春秋左氏論語孝經。皆古文也。此古文二字。乃以學派言之。而不以文字言之。與漢書地理志所用古文二字同意。謂說解中所稱多用孟孔毛左諸家說皆古文學家而非今文學家也。易孟氏非古文學家特牽率書之其餘所云古文者六。皆指先秦古文。其尤顯明者。曰古文者孔子壁中書也。曰皆不合孔氏古文。又申之曰壁中書者魯恭王壞孔子宅而得禮記尚書春秋論語孝經又北平侯張蒼獻春秋左氏傳其示說文中所收古文之淵源最為明白矣至其述山川鼎彝又分別言之曰其銘即前代之古文皆自相似云前代古文者以別於孔壁之古文云皆自相似者以明與孔壁古文不甚相似也漢代鼎彝所出無多說文古文又自成一系與殷周古文截然有別具全書中正字及重文中之古文當無出壁中書及春秋左氏傳以外者即有數字不見於今經文亦當在逸經中或因古今經字有異同之故學者苟持此說以讀說文則無所凝滯矣

說文今敘篆文合以古籀說

許君說文敘云今敘篆文合以古籀段君玉裁注之曰小篆因古籀而不變者多其有小篆已改古籀古籀異於小篆者則以古籀附小篆之後曰古文作某籀文作某此全書之通例也其

變例則先古籀後小篆。又於皆取史籀大篆或頗省改下注曰。許所列小篆固皆古文大篆。其不云古文作某籀文作某者。古籀同於小篆也。其既出小篆。又云古文作某籀文作某者。則所謂或頗省改者也。此數語可謂千古卓識。二千年來治說文者。未有能言之明白曉暢如是者也。雖然。段君所舉二例。猶未足以盡說文。何則。如段君之說。必古籀所有之字篆文皆有而後可。然篆文者。乃秦幷天下後所制定之文字。秦之政治文化皆自用而不徇人。主今而不師古。其易籀為篆。不獨有所省改。抑且有所存廢。凡三代之制度名物。其字僅見於六藝而秦時已廢者。李斯輩作字書時必所不取也。今蒼頡三篇雖亡。然足以窺其文字及體例者。猶有急就篇在。急就一篇。其文字皆蒼頡中正字。其體例先名姓字。次諸物。次五官。皆日用必需之字。而六藝中字十不得四五。故古籀中字篆文固不能盡有。且蒼頡三篇五十五章。章六十字。凡三千三百字。且尚有復字。加以揚雄訓纂。亦祇五千三百四十字。而說文正字多至九千三百五十三。此四千餘字者。許君何自得之乎。曰。此必有出於古文籀文者矣。故說文通例。如段君說。凡古籀與篆異者。則出古文籀文。至古籀與篆同。或篆文有而古籀無者。則不復識別。若夫古籀所有而篆文所無。則既不能附之於篆文後。又不能置而不錄。且說文又無於每字下各注此古文此籀文此篆文之例。則此種文字必為本書中之正字。審矣。故敍所云今敍篆文合以古籀者。當以正字言。而非以重文言。重文中之古籀。乃古籀之異於篆文及其自相異者。正字中之古籀。則有古籀篆文俱有此字者。亦有篆文所無而古籀獨有者。全書中引經以說之字。大半當屬此第二類矣。然則說文解字實合古文籀文篆文而為一書。凡正字中。其引詩書禮春秋以說解者。可知其為古文其引史篇者。可知其為籀文。引杜林司馬相如揚雄說者。當出蒼頡凡將訓纂諸篇。可知其為篆文。雖說文諸字中有此標識者十不逮一。然可得其大畧。昔人或以說文正字皆篆文而古文籀文惟見於重文中者。殆不然矣。

漢時古文本諸經傳考

一周易

一中古文本　漢書藝文志。劉向以中古文易經校施孟梁邱經。或脫去无咎悔亡。惟費氏經與古文同。案七畧但云易經十二篇。施孟梁邱三家。而古文經與費高二家經均未著錄。然劉子政用以校四家經。則漢中秘有古文易審矣。易為卜筮之書。秦時未焚。其有古文本。亦固其所。

二費氏本　後漢書儒林傳。東萊費直傳易。授琅邪王橫。為費氏學。本以古字。號古文易。然漢書無此語。或後人因劉向

校費氏經與古文經同遂傳會為是說與

二尚書

一伏氏本　史記儒林傳秦時焚書伏生壁藏之其後兵大起流亡漢定伏生求其書亡數十篇獨得二十九篇即以教於齊魯之閒是伏生所藏為秦未焚書以前寫本當是古文其傳授弟子則轉寫為今文壁藏之本當時已視為筌蹄不復珍惜當歐陽大小夏侯之世蓋已不復有原本矣

二孔壁本　漢書藝文志尚書古文經四十六卷為五十七篇又云古文尚書出孔子壁中孔安國者孔子後也悉得其書以考二十九篇得多十六篇安國獻之遭巫蠱事未立於學官劉向以中古文校歐陽大小夏侯三家經文酒誥脫簡一召誥脫簡二率簡二十五字者脫亦二十五字簡二十二字者脫亦二十二字文字異者七百有餘脫字數十建武之

際亡武成一篇其餘篇迄後漢末尚在祕府

三河間本　漢書景十三王傳河間獻王所得書皆古文先秦舊書周官尚書禮禮記孟子老子之屬

三毛詩　漢書藝文志毛詩二十九卷不言其爲古文河間獻王傳列舉其所得古文舊書亦無毛詩至後漢始以毛詩與古文尚書春秋左氏傳幷稱其所以幷稱者當以三者同爲未列學官之學非以其同爲古文也惟盧子幹言古文科斗近於爲實而下列舉毛詩左傳周禮三目蓋因周禮左傳而牽連及之其實毛詩當小毛公貫長卿之時已不復有古文本矣

四禮經

一淹中本　漢書藝文志禮古經五十六卷又云禮古經者出於魯淹中及孔氏學七十篇文相似多三十九篇劉氏敀

曰學七十篇當作與十七篇文相似五十六卷除十七正多三十九也

二孔壁本　漢書藝文志魯恭王壞孔子宅欲以廣其宮而得古文尚書及禮記論語孝經凡數十篇皆古字也又云禮古經者出於魯淹中及孔氏說文敘魯恭王壞孔子宅而得禮記尚書春秋論語孝經是孔壁中亦有禮經或謂之禮記者禮謂本經記謂附經之記也今十七篇之記鄭注亦多云古文某為某或云今文某為某是古文本兼有經記與今本同而記之附經自先秦已然矣又藝文志所紀孔壁諸經都篇數與其分篇數不合既云孔壁古文凡數十篇然其分篇數則尚書五十七篇春秋十二篇論語二十一篇孝經一篇已九十一篇若加禮經五十六篇當得百四十餘篇蓋數十篇上奪一百字或孔壁所得禮古經不過數篇不及淹中之

多與

三河間本　漢書景十三王傳河間獻王所得書皆古文先秦舊書周官尚書禮禮記孟子老子之屬

五禮記　漢書景十三王傳河間獻王所得書皆古文先秦舊書周官尚書禮禮記孟子老子之屬案漢志及說文敘皆云孔壁中有禮記乃謂禮古經五十六卷此既言禮復言禮記禮蓋謂禮經禮記蓋謂漢志禮家記百三十篇之屬隋書經籍志云劉向考校經籍得記百三十篇明堂陰陽記三十三篇孔子三朝記七篇王史氏二十一篇樂記二十三篇凡五種合二百十四篇經典釋文敘錄引劉向別錄云古文記二百十四篇數正相合則獻王所得禮記蓋即別錄之古文記是大小戴記本出古文史記以五帝德帝繫姓孔氏弟子籍為古文亦其一證也但其本不出孔氏而出於河間後經大

小戴二氏而為今文家之學。後世遂鮮有知具本為古文者矣。

六周官 景十三王傳舉河間獻王所得古文舊書有周官。而漢志著錄周官經六篇不冠以古文者。凡漢志言古文。皆以與今學相別。言尚書古文經者。以別於歐陽大小夏侯三家之二十九卷。若三十二卷。言禮古經者。以別於后氏之十七篇。言春秋古經者。以別於公穀二家之十一卷。言論語古者。以別於齊魯二家。言孝經古孔氏者。以別於長孫氏江氏后氏翼氏四家。周官經無今學。自毋庸冠以古文二字。然其原本之為古文。審矣。後漢以降諸儒所見大抵傳寫隸定之本。鄭注禮經云。古文某為某。其注周官則但云故書某為某。此一因禮經。有今古文二本。而周官無今文故不得稱古文。一則因所見周官舊本已非古文。故變而稱故書也。

七春秋經　漢書藝文志春秋古經十二篇不言其所從得之處說文序則繫之孔子壁中書周禮小宗伯注鄭司農云立讀爲位古者立位同字古文春秋經公即位爲公即立是其本至後漢尚存矣

八春秋左氏傳　論衡案書篇春秋左氏傳者蓋出孔子壁中孝武皇帝時魯共王壞孔子教授堂以爲宮得佚春秋三十篇左氏傳也然說文序則云北平侯張蒼獻春秋左氏傳而敍孔壁中書但有春秋經無左氏傳漢志亦然疑王仲任所云出孔壁中者涉春秋經而誤也漢志所著錄者即古文本劉歆傳歆校祕書見古文春秋左氏傳大好之是也服虔注襄二十五年傳云古文篆書一簡八字蓋子慎之時其原本或傳寫古文之本猶有存焉者矣

九論語　漢書藝文志論語古二十一篇出孔氏壁中兩子張

具本亦至後漢尚存，故說文解字中頗引其字。

十孝經　漢書藝文志：孝經古孔氏一篇，二十二章。又云：孝經諸家說不安處，古文字讀皆異。許沖上說文解字表云：古文孝經者，昭帝時魯國三老所獻，建武時給事中議郎衛宏所校，是具本亦至後漢尚存。

以上十種十有五本，具存於後漢者，惟孔子壁中書及左氏傳，故後漢以後古文之名遂為壁中書所專有矣。

漢時古文諸經有轉寫本說

上既述漢時諸經傳古文本矣。夫今文學家諸經，當秦漢之際，其著於竹帛者，固無非古文，然至文景之世，已全易為今文，於是魯國與河間所得者，遂專有古文之名矣。古文家經如尚書、毛詩、逸禮、周官、春秋左氏傳、論語、孝經，本皆古文，而毛詩、周官後漢已無原書，惟孔壁之尚書、禮經、春秋、論語、孝經及張蒼所獻之春秋左氏傳尚存於是孔壁之書遂專有古文之名矣然漢時古文經傳蓋已有傳寫本雖無確證然可得而懸度也河間獻王傳言獻王從民得善書必為好寫與之留其真此就真本可得者言之若真本不可得則必降而求寫本矣傳記獻王所得古文舊書有尚書禮此二書者皆出孔壁或出淹中未必同時更有別本出而獻王與魯恭王本係昆弟獻王之薨僅前於恭王二年則恭王得書之時獻王尚存不難求其副本故河間之尚書及禮頗疑即孔壁之傳寫本此可懸擬者一也又魯恭王得孔壁書當在景武之際而孔安國家獻古文尚書乃在天漢之後(漢書劉歆傳及荀悅漢紀)魯國三老獻古文孝經更在昭帝時(許沖上說文解字表)安國雖讀古文以今文未必不別為好寫藏之而後獻諸朝其遲之又久而始獻者亦未必不因寫書之故此可懸擬者二也杜林於西州得漆書古文尚書一卷此卷由來迄無可考雖後漢

之初秘府古文尚書已亡武成一篇然杜林所得未必即秘府所亡又西州荒裔非齊魯比則此卷又不能視為西州所出疑亦孔壁之傳寫本此可懸擬者三也兩漢古文尚書及春秋左氏傳人間均有傳業後漢書賈逵傳帝令逵自選公羊嚴顏諸生高才者二十人教以左氏與簡紙經傳各一通是當時授業皆有經本且具經本猶當為古文觀漢代古學家如張敞杜林衛宏徐巡賈逵許慎等皆以小學名家蓋以傳古學者均須研究古文字故此可懸擬者四也後漢古文學家如衛宏賈逵許慎馬融或給事中或領秘書或校書東觀故得見中秘古文然如鄭玄平生未嘗窺中秘而其注尚書周官頗引逸書又其注禮經也不獨以古文校今文且其所據之古文亦非一本如聘禮繅三采注云古文繅或作藻今文作璪公食大夫禮設洗如饗又皆如饗拜注皆云古文饗或作鄉士喪禮設決麗于擘注

云古文麗亦為連既夕禮袁牀輁軸注云古文輁或作拱士虞禮祝入尸謖注云古文謖或為休又明日以其班祔注云古文班或為辨又中月而禫注云古文禫或為導凡言某古文或為某者八是其所據古文必非一本且皆非中祕之本夫兩漢人未聞有傳古文禮者而傳世之古文禮尚有數本則古文尚書左氏傳等民間本有是學者具有別本可知此可懸擬者五也衞恒四體書勢言魏初傳古文者出於邯鄲淳恆祖敬侯嘗寫淳尚書以示淳而淳不別是淳有古文尚書寫本隋書經籍志亦言晉祕府有古文尚書經文此種既不能視為壁中原本當係由壁中本轉寫此可懸擬者六也立此六義則漢時古文經皆有別本甚明由是觀之不獨魏三體石經之古文具有淵源即梅賾之偽書具古字亦非全出杜撰也

兩漢古文學家多小學家說

後漢書盧植傳植上疏言古文科斗近於爲實而厭抑流俗降在小學中興以來通儒達士班固賈逵鄭興父子幷敦悅之今毛詩左氏周禮各有傳記其與春秋共相表裏宜置博士爲立學官循子幹疏意古文科斗實目下毛詩左氏周禮三家三家皆經而當時抑之於小學是後漢之末視古文學家與小學家爲一然此事自先漢已然觀兩漢小學家皆出古學家中蓋可識矣原古學家之所以兼小學家者當緣所傳經本多用古文其解經須得小學之助其異字亦足供小學之資故小學家多出其中比而錄之亦學術溝通之林也

張敞　漢書儒林傳漢興北平侯張蒼及梁太傅賈誼京兆尹張敞皆修春秋左氏傳經典釋文敍錄左氏傳賈長卿授京兆尹張敞是敞傳左氏學者而藝文志言蒼頡多古字俗師失其讀宣帝時徵齊人能正讀者張敞從受之傳至外孫之

子杜林為作訓故。說文敘畧同 又郊祀志言宣帝時。美陽得鼎獻之。張敞好古文字按鼎銘勒而上議曰。今鼎出於郊東中有刻書曰。王命尸臣。官此栒邑。賜爾旂鸞黼黻琱戈。尸臣拜手稽首曰。敢對揚天子丕顯休命。臣愚不足以跡古文。以傳記言之。此鼎殆周之所以褒賜大臣。大臣子孫刻銘其先功藏之於宮廟者也。云云。是敞不獨通蒼頡篇。且能讀宗周古文矣。

桑欽 漢書儒林傳。古文尚書。孔安國授都尉朝。朝授膠東庸生。庸生授清河胡常少子。常授徐敖。敖授王横平陵塗惲子真。子真授河南桑欽君長。是欽傳古文尚書者也。漢書地理志六引桑欽說。說文水部三引桑欽說。皆其說禹貢之語。而說文金部銛下云。臿屬。从金舌聲。讀若棪。桑欽讀若鐮。案尚書無銛字。則此條非欽尚書說。當又有說小學之書。而許君引之。然則欽亦小學家矣。

杜林　漢書杜鄴傳鄴母張敞女鄴壯從敞子吉學問吉子竦又幼孤從鄴學問亦著於世尤長小學鄴子林清靜好古亦有雅林其正文字過於鄴竦故世言小學者由杜公藝文志小學類有杜林蒼頡訓纂一篇杜林蒼頡故一篇後漢書本傳林少好學沈深家既多書又外氏張竦父子喜文采林從竦受學博洽多聞時稱通儒河南鄭興東海衛宏皆長於古學興嘗師事劉歆林既遇之欣然言曰林得興等固諧矣使宏得林且有以益之及宏見林闇然而服濟南徐巡始師事宏後皆更從林受學林前於西州得漆書古文尚書一卷常寶愛之雖遭艱困握持不離身出以示宏等曰林流離兵亂常恐斯經將絕何意東海衛子濟南徐生復能傳之是道竟不墜於地也古文雖不合時務然願諸生無悔所學宏巡益重之於是古文遂行是林本小學家又古文尚書家也鄭康

成書贊述古文尚書授受僅言衞賈馬三君子之業似林於此事無與者說文引杜林說十六條皆倉頡訓纂倉頡故二書中語然水部渭下引杜林說夏書以為出鳥鼠山是林固傳古文尚書不獨漆書一卷矣

衞宏　後漢書儒林傳衞宏字敬仲東海人也少與河南鄭興俱好古學初九江謝曼卿善毛詩乃為其訓宏從曼卿受學因作毛詩序善得風雅之旨於今傳於世後從大司空杜林更受古文尚書時濟南徐巡師事宏後從林受學亦以儒顯由是古文大興光武以為議郎許沖上說文解字表古文孝經者昭帝時魯國三老所獻建武時給事中議郎衞宏所校是宏既傳古學又通知古文說文用部用可施行也从卜中衞宏說又黹部黺衮衣山龍華蟲黺畫粉也从黹分聲衞宏說前條無考後條乃其說尚書語然宏自是小學名家隋書

經籍志小學類古文官書一卷後漢議郎衛敬仲撰唐書藝文志有衛宏詔定古文字書一卷尚書正義藝文類聚引之謂之衛宏古文奇字史記正義漢書注引之謂之衛宏詔定古文尚書史記正義序例云衛宏官書數體是其書體例蓋羅列異字與汗簡諸書畧同元應一切經音義引畧得同體枹桴同體圖啚同體是也其字皆作古文汗簡引衛宏字說臧字是也其書至唐宋間尚存近儒疑為六朝人依託蓋無確證然則宏亦小學家矣

徐巡　說文解字引徐巡說二條鹵部㮚下云䙴古文㮚从西从二鹵徐巡說木至西方戰栗也又𨸏部隉下曰徐巡以為隉凶也此二條一說堯典寬而栗一說秦誓邦之阢隉皆其說古文尚書語然如䙴字由字形以說其義與漢人詁經家法不同蓋巡本受學於杜林衛宏故以小學說經然則巡亦

小學家也。

賈逵　賈逵治古文尚書、毛詩、周官、春秋左氏傳、國語，亦兼治小學。許沖上說文解字表曰：父故太尉南閣祭酒慎，本從逵受古學。又博問通人，考之於逵，作說文解字。今全書載賈侍中說十有七條，皆專論文字，與經文無涉。然則逵之學亦與杜、衛諸氏為近。

許慎　說文敘具稱易孟氏、書孔氏、詩毛氏、禮周官、春秋左氏、論語、孝經，皆古文也。許沖上說文表云：慎本從逵受古學。又云：慎又學孝經孔氏古文說。是慎本治古文學，而著說文解字十五篇，為後世言小學者之祖。

由此觀之，兩漢古文學家與小學家實有不可分之勢。此足證其所傳經本多為古文。至改用隸定之本，當在賈、馬、鄭以後，而非兩漢間之事實矣。

科斗文字説

科斗文字之名。先漢無有也。惟漢末盧植上書。有古文科斗近於為實之語。而其下所言乃毛詩左傳周官不及壁中書。鄭康成書贊云。書初出屋壁。皆周時象形文字。今所謂科斗書。始以古文尚書為科斗書。然盧鄭以前未嘗有此名也。衛恒四體書勢始云。魯恭王壞孔子宅。得尚書春秋論語孝經。時人已不復知有古文。謂之科斗書。漢世祕藏。希得見之。偽孔安國尚書序亦云。魯共王壞孔子舊宅。於其壁中得先人所藏古文虞夏商周之書。皆科斗文字。始以科斗之名為先漢所已有。然實則此語盛行於魏晉以後。杜預春秋經傳集解後序云。汲郡汲縣有發其界內舊冢者。大得古書。皆簡編科斗文字。王隱晉書束皙傳亦云。太康元年。汲郡民盜發魏安釐王冢。得竹書桼字科斗之文。科斗文者。周時古文也。其頭麤尾細。似科斗之蟲。故俗名之焉（春秋正義引）今晉書束晳傳亦云汲冢書皆科斗書是科斗書之名起於後漢而大行於魏晉以後且不獨古文謂之科斗書且篆書亦蒙此名束晳傳又云有人於嵩高山下得竹簡一枚上兩行科斗書司空張華以問晳晳曰此漢明帝顯節陵中策文也檢驗果然夫漢代册文皆用篆不用古文（見獨斷及通典）而謂之科斗書則魏晉間凡異於通行隸書者皆謂之科斗書其意義又一變矣又漢末所以始名古文爲科斗文字者果目驗古文體勢而名之乎抑當時傳古文者所書或如是乎是不可知然魏三體石經中古文衞恆所謂因科斗之名遂效其形者今殘石存字皆豐中銳末與科斗之頭麤尾細者畧近而恆謂轉失淳法則邯鄲淳所傳之古文體勢不如是矣邯鄲淳所傳古文不如是則淳所祖之孔壁古文體勢亦必不如是矣衞恆謂汲縣人盜發魏襄王冢得策書十餘萬言案敬侯所書猶有髣髴敬侯

者。恆之祖衛覬。其書法出於邯鄲淳。則汲冢書體亦當與邯鄲淳所傳古文書法同。必不作科斗形矣。然則魏晉之間所謂科斗文。猶漢人所謂古文。若泥其名以求之。斯失之矣。

觀堂集林卷第八

藝林八

海甯　王國維

五聲說

古音有五聲。陽類一與陰類之平上去入四是也。說以世俗之語。則平聲有二。（實則陽類自為一聲。謂之平聲。語不甚切。）上去入各一。是為五聲。自三百篇以至漢初。此五聲者大抵自相通叶。罕有出入。漢中葉以後。陽類之聲一部譌變而為上去。於是有陽聲三。陰聲四。而古之五聲增而為七矣。然魏晉閒撰韻書者。仍分為五聲。蓋猶幷陽聲之平上去為一。不敢以後世之音亂古音也。封演聞見記云。魏時有李登者。撰聲類十卷。凡一萬一千五百二十字。以五聲命字。魏書江式傳云。晉呂忱弟靜別放魏左校令李登之法。作韻集五卷。宮商角徵羽各為一篇。李呂二氏之分五聲。雖不能確指其為何然非如徐景安樂書之說宮為上平商為下平角為入徵為上羽為去則可決也今韻平聲分上下者徒以卷帙繁重而分之別無他義且唐時韻書猶有不分者（如魏鶴山所藏唐韻目於二十八刪二十九山之後繼以三十先三十一仙是平聲不分上下）不足以為宮商之分明矣然平聲中自有二類則自隋唐以來言今韻者與近世言古韻者之所同陸法言以降諸韻書其平聲中東冬鍾江真諄臻文殷元魂痕寒桓刪山先仙陽唐庚耕清青蒸登侵覃談鹽添咸銜嚴凡三十五韻為有入之平而支脂之微魚虞模齊佳皆灰咍蕭宵肴豪歌戈麻尤侯幽二十二韻為無入之平近世言古韻者說頗與之異休甯戴氏從廣韻區別此二類而謂二者相配異平而同入曲阜孔氏本其說而謂廣韻有入者為陽聲無入者為陰聲（陰陽之名亦出於戴氏）陰陽二聲各分九部兩兩對轉而以入聲為之樞紐至高郵王氏歙縣江氏更考之周秦人用韻及文字之偏旁諧聲而謂廣韻有入之

平古本無入。無入之平古本有入。其說正與陸法言以來言今韻者相反。然其分平聲為二類則所同也。金壇段氏及王江二氏雖不用陰聲陽聲之名。然其書於陽聲之韻皆自相次。段氏謂此大類有平入無上去。王江二氏則謂有平上去而無入。余則謂陽聲自為一類。有平而無上去入。今韻於此類之字讀為上去者。皆平聲之音變。而此類之平聲。又與陰類之平聲性質絕異。如謂陰類之平為平聲。則此類不可不別立一名。陽聲一與陰聲平上去入四。乃三代秦漢間之五聲。此說本諸音理。徵諸周秦漢初人之用韻。求諸文字之形聲。無不脗合。頗疑李登呂靜之五聲。舍此無以當之。李呂二氏撰韻書時。所以不用魏晉音而用古音者。猶許叔重撰說文解字不用隸而用篆。孫叔然徐仙民等作諸經音不從俗讀而從師讀（師讀非必古音）也。故五聲者。以古音言之也。宋齊以後。四聲說行而五聲說微。然周顒沈約等撰韻書者非不知有五聲約荅陸厥書曰宮商之聲有五文字之別累萬以累萬之繁配五聲之約云云約知有五聲而作四聲譜者以四聲譜爲屬文而作本非韻書（四聲之說專主屬文不關音韻詳宋書范曄傳謝靈運傳南齊書陸厥傳梁書王筠傳南史沈約庾肩吾諸傳自明）且其時陽類已顯分三聲與陰類三聲及入聲而七用之詩文則陰陽可以互易而平仄不能相貿故合陰陽兩類而爲四聲四聲者就今音言之也且五聲專以聲言四聲乃以聲音之運用於詩文言隋唐後編韻書者亦本爲詩文而作（陸法言切韻序云今反初服私訓諸弟子凡有文藻即須明聲韻可知其書本爲屬文而作）遂從沈譜幷陰陽爲一類然一有入一無入後世猶得由之以知其族類性質之不同然非三百年來古韻大明亦無以知其別矣

陰陽二類分於戴氏其狀此二聲之別亦惟戴氏言之最善戴氏荅段若膺論韻書曰大著六（蒸登）七（侵鹽添）八（覃談咸銜嚴凡）九（東冬鍾江）十（陽唐）十一（庚耕清青）十二（真臻先）十三（諄文欣魂痕）十四（元寒桓刪山仙）凡九部舊皆有入聲以金石音

喻之。猶擊金成聲也。一之二蕭宵肴豪三尤幽四侯五魚虞模十五脂微齊皆灰十六支佳十七歌戈麻凡八部。舊皆無入聲。前七部以金石音喻之。猶擊石成聲也。惟十七部歌戈與有入者近。麻與無入者近。舊皆失其入聲。於是入聲藥鐸溷淆不分。僕審其音。有入者。如氣之陽。如物之雄。如衣之表。無入者。如氣之陰。如物之雌。如衣之裏。又平上去三聲近乎氣之陽。物之雄。衣之表。入聲近乎氣之陰。物之雌。衣之裏。故有入之入。與無入之去近。從此得其陰陽表裏之相配。云云。自聲音上論陰陽二類之別。實自此始。其以金聲比陽類。石聲比陰類。尤為罕譬而喻。蓋金聲鏗鈜。清揚而常不易盡。故其類只有平聲。若改讀為上去。則如擊鐘者以一手援桴擊之。而即以他手案之。其所得之聲。決非鐘聲之自然也。陽聲之上去。亦決非陽聲之自然。故既云陽聲。即不容有上去入三聲也。且陽聲者。皆發聲於其相配之陰聲之入。而自以其聲收之故性質複於陰聲如戴氏所舉八類本九類其第一類阿乃陰聲非陽聲膺發聲於億翁發聲於屋央發聲於約嬰發聲於戹殷發聲於乙安發聲於遏音發聲於邑醃發聲於諜即發聲於其相配之陰聲之入而自以其固有之聲收之此陽聲所固有及其所分有之收聲在我中國文字中實無字可以當之膺者億與此聲之合翁者屋與此聲之合央者約與此聲之合以至嬰殷安音醃諸聲無不然其餘一切陽聲又莫非某發聲與此聲之合而此一切陽聲之收聲其性質常悠揚不盡故其為平聲與陰類之平聲絶不同更不容有上去自漢以後陽聲有上去者乃因事物滋多故稍促其音以微別於本音其在周秦以前絶不見有上去之迹也

陽聲無上去入非徒可於音理上決之求諸事實則有三大證焉一羣經楚辭中今所謂陽聲之上去多與平聲通協而陰聲

之上去。雖偶與平聲協。而仍多自相協。此事於段氏詩經韻譜羣經韻譜中最為了然。二陽聲諸部字其於形聲以平聲為聲者十之八九（如蒸冬二部殆全以平聲為聲東部以平聲為聲者亦過於十之九）而陰聲諸部字則以上去入為聲者乃多於平聲此事一披歸安嚴氏說文聲類亦自了然。三廣韻陽聲諸部之上去。多兼收於平韻中。以東冬鍾江四韻字言之。上去共二百五十八字。其中兼收於平韻者一百二十五字。幾居其半。余謂其入平韻者。古之本音。（蓋自六朝韻書出）入仄韻者後世之音變也。且此所謂上去者。皆以今韻言之。今韻之上去有而平聲不兼收者。古音多與平聲通叶。或與平聲互相通假。段氏六書音韻表於第六部至第十四部皆無上去。蓋實有見於此也。惟於第七第八第十二三部。平聲外兼有入聲。則又姑從今韻。而不能自充其說。至高郵王氏以質（段第十二部之入）與緝（段第七部之入）葉（段第八部之入）皆名自為一部。歙江氏以質承脂。緝葉亦各自為一部。則段氏表中此九部者。祇存平聲。無上去入。然二氏猶謂此九部者無入而有上去。則亦姑從今韻。而不敢用段氏之說也。余之五聲說及陽聲無上去入說。不過錯綜戴孔段王江五家之說而得其會通。無絲豪獨見參於其間。而證之事實。則如彼求之諸家之說。又如此。陽聲之無上去入。雖視為定論可也。

嘗謂自明以來。古韻學之發明有三。一為連江陳氏古本音不同今韻之說。二為戴氏陰陽二聲相配之說。三為段氏古四聲不同今韻之說。而部目之分析其小者也。陳氏之說。開顧江以後言古韻之端。戴氏之說。孔氏取之以成詩聲類。其規摹亦畧具矣。段氏之說。歙江氏作唐韻四聲正。雖竊取其義。而於其說之根本及其由此說所作之第七至第十四部韻譜。卻未之從。後人亦罕留意及此者。故論其大畧如右。至上所舉三大證。當自為一書以明之。然在好學深思心知其意者。固亦無藉乎此也。

六朝人韻書分部説

魏晉六朝人所撰韻書。除李登聲類呂靜韻集外。隋志所録。有周研聲韻四十一卷。無名氏韻集十卷。張諒四聲韻林二十八卷。段弘韻集八卷。無名氏羣玉典韻五卷。陽休之韻畧一卷。李槩修續音韻決疑十四卷。又音譜四卷。無名氏纂韻鈔十卷。劉善經四聲指歸一卷。沈約四聲一卷。夏侯詠韻畧十三卷。釋靜洪韻英一卷。而陸法言切韻序所舉除呂靜夏侯詠（宋本廣韻作該。唐寫切韻不誤）陽休之三家外。尚有李季節音譜。即李槩之音譜四卷。周思言音韻。即周研之聲韻四十一卷。惟杜臺卿韻畧一書。隋志所未著録。凡此種韻書。分部概無可考。惟内府藏唐寫本王仁昫刊謬補缺切韻。平聲一目録冬下注云。無上聲。陽與鍾江同。呂夏侯別。今依呂夏侯。脂下注云。呂夏侯與微大亂雜。陽李杜別。今依陽李真下注云呂與文同夏侯陽杜別今依夏陽杜臻下注云無上聲呂陽杜與真同夏別今依夏案所云呂夏侯陽李杜即陸氏切韻序所舉之呂靜夏侯詠陽休之李季節杜臺卿五家之書也著此五家與切韻異同必陸法言切韻目錄下原注惜唐寫長孫訥言本删此注而王仁昫本平聲二首缺數葉而上去入三聲又有目無注故此五家與陸韻部目之異同遂無由全知矣案顏氏家訓音辭篇云韻集以成仍宏登合成兩韻為奇益石分作四章皆不可依信今陸韻成在清韻仍在蒸韻宏在耕韻登自為韻又為奇二字皆入支韻益石二字皆入麥韻蓋用顏氏之說韻集實合耕清為一蒸登為一而分支與麥各為二今王目支下不云呂分為二登下不云呂與蒸同則五家與陸韻異同目中亦未盡著然知呂氏別冬於鍾江則東冬鍾江之分為四可知矣知呂氏脂與微韻大亂雜則脂與微之分為

二可知矣。知其真與文同臻與真同則真臻文之為一可知矣。又爾雅音義。蝗華孟反。字林音皇。聲類韻集幷以蝗協庚韻則陽唐庚之為三。亦可知矣。以上專就韻集言之。至夏侯陽李杜已當與陸韻相去不遠。然則陸韻以前韻書。規模蓋已大具不過陸氏集諸家之大成。尤為完善耳。

書巴黎國民圖書館所藏唐寫本切韻後

巴黎國民圖書館藏敦煌所出唐寫本切韻凡三種。第一種存上聲海至銑十一韻。四十五行。復有斷爛。計存全行十有九。不全行二十有六。以第三種校之。韻字較少。注亦較簡。如軫韻軫字注云之忍反八。第三種八作九。紐末增一眕字。蠢字注云尺尹反二。第三種以賰字為紐首。注云尺尹反三。次蠢字。末又增一踳字。引字注云余軫反二。第三種二作三。末增一釯字。混韻剸字注云慈損反三。彼本三作四。末增一僔字。猶字注云盆本反二彼本二作三末增一体字旱韻亶字注云多旱反一彼本一作二末增一癉字散字注云蘇旱反二彼本二作三末增一繖字罕字下注呼捍反二彼本二作三末增一罕字潸韻板字下注云布綰反一彼本一作二下增一版字莧字下注云胡板反一彼本一作二下增一僩字又此韻末彼本別增一紐云齗五板反一第三種余考定為長孫訥言注節本則此本韻字較少當是法言原本第二種存卷首至九魚凡九韻前有陸法言長孫訥言二序陸序前有一行云伯加千一字長孫序云又加六百字用補闕遺故韻中有新加字如東韻蒙紐下云十一加二洪紐下云十一加一藂紐下云二加一忩紐下云八加一葼紐下云十二加一餘韻仿此又長孫序云其雜口并為訓解但案稱者俱非舊說（今廣韻所載長孫序刪此二條）是法言原書本自有注故訥言稱案以別之今此九韻注中稱案者八十二條大抵據說文以正字

形又有引說文者數十條雖無案字而亦與稱案者文例相同與陸氏原書注例異是亦長孫氏注則長孫訥言箋注本也第三種存平聲上下二卷上聲一卷入聲一卷而平聲首闕東冬二韻入聲末闕廿八鐸以下五韻中間復稍有闕佚有長孫訥言本所加字而紐首下但著幾字不著幾加幾然如平聲下仙韻卷紐下鬈字豪韻高紐下鼛字青韻寗紐下寍字鹽韻銛紐下𢘻字上聲靜韻靜紐下彰靖竫三字入聲月韻伐紐下瞂字沒韻末歆字薛韻列紐下鴷字輟紐下剟字錫韻的紐下屍字昔韻末碧字合韻錔紐下嗸字盍韻末罨字皆注云新加又注文亦間有稱案者如平聲下仙韻鮮字注云按文作鱻麻韻虵字注云案文作蛇陽韻暘字注云案文暘長字注云案文羊桃疰字注云案文作莊尤韻朹字注云案說文原無點裘字注云案文求無點䛐字注云案文病寒鼻塞侵韻針字注云案文作

見 七

鍼蒸韻興字注云案文作興上聲旨韻兕字注云案文野牛而青語韻所字注云案文户斤爲正姥韻虎字注云案文山獸之君足似人足故足下安人此儿即是古人字潸韻版字注云案文判馬韻馬字注云案文有四點象四足感韻萏字注云案文作闇養韻兩字注云案文廿四銖爲兩有韻羑字注云案文從久入聲質韻膝字注云案文作厀黠韻豽字注云說文作貀屑韻巀字注云案文作巀嵲字注云案文作嵲巂字注云案文從圭作雟薛韻竭字注云說文作渴揲字注云案文思頰反閱持剟字注云案文刊新加錫韻䄷字注云案文百廿斤役字注云案文作役麥韻麥字注云案文從來作麥陌韻戟字注云案文作戟盍韻鰈字注云案文作魼葉韻曄字注云案文作此燁此三十二條皆稱案字又皆據說文爲說與長孫氏箋注體例正同疑亦出長孫氏注本而刪去其案語者上所舉三十二條乃

删之未盡者蓋長孫訥言注節本也又以書體言則第一種為初唐寫本第二種第三種并唐中葉寫本亦足證前者為陸氏原本後者為長孫氏箋注本若其節本也

陸法言切韻五卷隋書及舊唐書經籍志唐書藝文志均未著錄惟新舊志并有陸慈切韻五卷日本源順倭名類聚引陸詞切韻五十四條又日本僧瑞信淨土三部經音義引陸詞切韻十六條頗見於此三種中而未見者亦半蓋源順瑞信所據或後人增注之本此三種亦或有刪節不得謂非一書集韻二冬苳字注引陸詞曰苣苳冬生此本冬韻有苳字注云草名而無苣苳冬生四字蓋集韻所據亦增注本日本狩谷望之倭名鈔箋謂陸詞即法言案詞與法言名字相應又以唐寫殘韻與彼土所引陸詞切韻校之半相符合則狩谷之言殆信而唐志之陸慈亦即陸詞隋唐間人多以字行故字著而名隱耳法言之

書自宋以後公私書目均未著錄蓋自廣韻盛行而隋唐諸韻書皆廢此書之佚已千有餘歲矣

法言事迹史不概見前人亦無考之者案隋書陸爽傳爽字開明魏郡臨漳人自齊入周隋時為太子洗馬開皇十一年卒官年五十三子法言敏學有家風釋褐承奉郎據此則開皇初法言與蕭顏諸公論韻時年纔弱冠而諸公多顯於梁魏齊周之世於法言均為丈人行矣其受成書之託亦即以此隋書又云初爽之為洗馬嘗奏高祖云皇太子諸子未有嘉名請依春秋之義更立名字上從之及太子廢上追怒爽曰我孫製名寧不自解陸爽乃爾多事扇惑於勇亦由此人其身雖故子孫并宜廢黜終身不齒法言竟坐除名案太子勇之廢在開皇二十年九月次年改元仁壽法言除名當在是冬切韻序作於仁壽二年云今反初服私訓諸弟凡有文藻即須音韻遂取諸家音韻

古今字書定之為切韻五卷是法言撰此書著手於開皇仁壽間而成於仁壽二年也

先儒以廣韻出於陸韻遂謂陸韻部目及其次序與廣韻不殊此大誤也以余曩日所考則廣韻部目次序幷出李舟而切韻唐韻則自為一系今見陸氏書乃得證成前說案陸氏書雖闕有間然平上入三聲分目具存平聲上廿六韻其次為一東二冬三鍾四江五支六脂七之八微九魚十虞十一模十二齊十三佳十四皆十五灰十六咍十七真十八臻十九文廿殷廿一元廿二魂廿三痕廿四寒廿五刪廿六山平聲下廿八韻一先二仙三蕭四宵五肴六豪七歌八麻九覃十談十一陽十二唐十三庚十四耕十五清十六青十七尤十八侯十九幽廿侵廿一鹽廿二添廿三蒸廿四登廿五咸廿六銜廿七嚴廿八凡視廣韻無諄寒戈三韻而次第亦異上聲準之凡五十一韻視廣

韻無準緩果三韻。次序與平聲同。入聲三十二韻。視廣韻無術曷二韻。其次為一屋二沃三燭四覺五質六物七櫛八迄九月十没十一末十二黠十三鎋十四屑十五薛十六錫十七昔十八麥十九陌廿合廿一盍廿二洽廿三狎廿四葉廿五怗廿六緝廿七藥廿八鐸廿九職卅德卅一業卅二乏。與廣韻次序固殊。即與本書平上二聲之次序亦不相應。自顏氏干祿字書至孫愐唐韻皆用其次。事具後表。

書內府所藏王仁昫切韻後

內府藏唐寫本刊謬補缺切韻。平聲上下及上聲中有闕佚。去入二聲全。首題朝議郎行衢州信安縣尉王仁昫撰。前德州司戶參軍長孫訥言注。承奉郎行江夏縣主簿裴務齊正字。前有王仁昫長孫訥言二序及字樣。蓋王仁昫用長孫氏裴氏二家所注陸法言切韻重修者。故兼題二人之名。其書平聲分上下卷上去入各一卷宋祕書省續編到四庫闕書目有刊謬補缺切韻五卷闕日本見在書目有切韻五卷王仁煦撰即此書也此書平聲分為五十四韻上聲五十二韻去聲五十七韻入聲三十二韻以校巴黎圖書館唐寫本陸法言切韻僅上聲多一广韻而與項子京所藏孫愐開元間所撰唐韻部目則毫無出入其次第則平聲升陽唐於鍾江之次登於文斤之次寒於魂痕之前侵蒸於尤侯之前又降元於先仙之後佳於歌麻之間鹽添覃談於侯幽之後上去二聲倣此入聲則以屋沃燭覺藥鐸質櫛物訖德褐黠紇屑薛鎋月緝職葉沓帖踏洽狎格昔業之為次與陸孫諸家不同且其平入分配之法以黠紇配魂痕以鎋月配有豪以隔麥覓錫配歌麻故陽聲或無入陰聲或有入而格陌昔二韻乃無所配與陸孫二家配隸入聲之法不同余疑仁昫此書以刊繆補缺為名其書於陸韻次序蓋無變更

今本蓋為寫書者所亂非其朔也何以言之此書平聲上凡每紐下字數皆云厶加厶上厶為陸韻字數下厶為王氏所加之數而平聲下及上去入三聲每紐下但記總數不復分別原字數及所加之數惟平聲上之陽唐二韻每紐下但記總數與平聲下及上去入三聲同而與前之東冬鍾江四韻後之支脂之三韻（今平聲上所存者止此）不同是此二韻分明由王韻平聲下移入平聲上者設王氏草此書時陽唐二部本置於支脂之前不容參差不治如此也但就今本次序言之惟升登於文斤寒之間於古今音理均無所據而合鹽添以下八韻為一類已開李舟切韻與廣韻之先合江陽唐為一類又為菉斐軒詞韻與周德清中原音韻之祖合歌佳麻為一類又近世言古韻者合故此書次序無論出於王氏與否其於音理固非無所貢獻也至於陸氏切韻巴黎所藏唐寫本去聲全闕而此本獨完又上聲僅五十一

韻而此本獨五十二韻與孫愐唐韻第一本同皆足以窺見陸氏原本之大概又如平聲上目錄所記呂夏侯陽李杜五家異文余前已考定爲陸韻原文六朝韻書部目於此可見一斑然則此書於音韻學上之價值豈在陸孫二韻之後乎

書式古堂書畫彙考所錄唐韻後

余於隋唐韻書得見唐寫本陸法言切韻殘卷三孫愐唐韻殘卷一既據以作唐諸家切韻部目表矣壬戌秋讀卞令之式古堂書畫彙考中錄明項子京所藏唐韻五卷前有孫愐序并四聲部目都數後題元和九年正月三日寫吳王本孫序首行題唐韻序次行題朝議郎行陳州司法參軍事臣孫愐上序文與廣韻前所載者文句頗異其最有關繫者序中皆引憑據下無隨韻編紀添彼數家八字而有今加三千五百字通舊總一萬五千文其注訓解不在此數二十三字又武德以來創置訖開

見八 十一

元三十年并列注中。三十作卅愧以上陳天心。作悳愧上陳死罪死罪。序文至此止。而無又有元青子吉成子者以下三百三十四字。此實當時進書之序。其書載郡縣建置訖於開元廿年。又自署行陳州司法參軍事。尚在天寶元年改州為郡之前。自是開元中所撰。至元青子吉成子以下後題歲次辛卯天寶十載。則又為第二序。是唐韻有開元天寶二本。亦有二序。今廣韻前所載。乃合二序為一。違失甚矣。項本但有第一序。乃開元中初撰之本。其部目都數。計平聲上二十六韻。平聲下廿八韻。上聲五十二韻。去聲五十七韻。入聲卅二韻。與巴黎所藏陸法言切韻全同。惟上聲較陸多一韻。與王仁昫切韻同。攷王韻出於陸韻。上聲固亦有分五十二韻者。則其部數固全用陸韻之舊也。而魏鶴山所藏唐韻。刪第廿八山第廿九。蓋已增諄桓二韻。而齊韻後又有移韻。故陸韻平聲上廿六者增為廿九。蔣氏殘本。去聲別稕於震。別換於翰。別過於箇。入聲別術於質。別曷於末。則平聲有諄桓戈。上聲有準緩果。各三韻。可知此二本視開元本增平聲四。上去聲各三。入聲二。當是天寶十載重定之本。魏鶴山所云前有部敍。各注清濁。又廣韻前所載清濁之論。亦皆天寶本所加也。然則唐韻前後二本。部目不同。前者尚是陸韻支流。後者則孫氏自以己意分部者也。又項本序云。今加三千五百字。通舊總一萬五千文。則陸氏切韻原本止萬一千五百字。封氏聞見記云。陸法言切韻凡一萬二千一百五十八字。蓋併長孫訥言所加六百字（見敦煌本切韻長孫序）計之。則孫氏所據切韻非長孫氏箋注本也。其第二序所云前後總加四萬二千三百八十三言。尋其文義。似專指注解之字。其所加正文若干。序中必明言之。惜已為後人刪去。（如長孫序孫氏前序所記加字之數廣韻悉行刪去）然於三千五百字外。必尚有增加可知。孫韻第二本。今已有蔣氏所藏殘本行世。項氏所藏開元本。下令之著錄甚詳。殆必親見其書。頗疑此物尚在人間。安得一朝復出。與敦煌本切韻蔣氏唐韻并傳耶。

書吳縣蔣氏藏唐寫本唐韻後

吳縣蔣伯斧郎中藏唐寫本唐韻。存去入二聲。去聲首又闕一送二宋三用四絳五寘六至七志及八未之半。中間又闕十九代之小半廿廢廿一震廿二稕廿三問廿四焮及廿五願之大半。曩蔣君跋此書。以此為陸法言切韻原本。又以為長孫訥言初箋注之本。然余則以此為孫愐書。此有數證焉。蔣本廿三線⿰糹風字下注云。陸無訓義。五十五證瞪字下注云。陸本作眙。廿麥⿰魚鬲字下注云。陸入格韻。凡三引陸韻。則此本非陸韻也。卅鐸彍字下注云。開元十三年置彍騎。案長孫箋注成於儀鳳二年。而此有開元十三年事。則此本非長孫氏箋注也。其為孫愐書亦有數證。隋唐韻書皆曰切韻。獨孫愐取周易周禮之義。勒成一書名曰唐韻見於自序此本卷五前題尚存曰唐韻卷第五與孫序合是為孫書之證一也孫序云州縣名號亦據今時又云武德以來創置及開元三十年并列注中蔣君跋中舉未韻之暨字廣韻注云諸暨縣在越州此本云在會稽齊韻之薊字廣韻注云縣名又州開元十八年以漁陽為薊州此本直云縣名代韻之代字廣韻注云州名此本云郡名緝韻之汲字廣韻注云縣名在衛州此本云郡名在衛謂郡縣之沿用隋名者即以此為法言書之證余謂此正孫書之證也舊唐書玄宗紀天寶元年二月天下諸州改為郡刺史改為太守唐時建置以此及乾元元年復郡為州為最大孫序所云開元三十年即天寶元年開元無三十年越州之為會稽郡薊州之改為漁陽郡而僅存薊縣代州之為代郡汲縣之為汲郡皆開元三十年事與隋無涉又此本注中說水地所在凡五十餘科皆舉郡名不舉州名正序中

所謂州縣名號悉用今時者。惟歙字下注云縣名在歙州。不云新安郡。鄭字下注云縣名在鄭州。不云又安郡。鄎字下注云新息縣在豫州。不云汝南郡。鄴字下注云縣名在襄（當作相）州。不云鄴郡。然舉郡名者五十餘科。而舉州名者僅四科。自係偶爾疏失。且歙字鄭字下均云縣名。不云州名。尤為是時已無歙州鄭州之證。此其為孫書之證二也。魏鶴山唐韻後序云。今書升藥鐸於麥陌昔之前。置職德於錫緝之間。所謂今書謂禮部韻畧是。鶴山所見唐韻藥鐸職德亦如此本之次。是此本為孫書之證三也。孫序又云。其有異聞奇怪傳說姓氏原由備載其間。皆引憑據。又列其引據書目。關乎姓氏者。有姓苑風俗通貫執姓氏英賢傳王僧孺百家譜等。是韻書中詳注姓氏始於孫愐。此本注中姓氏雖不如廣韻之詳。然每字之為古姓氏者已概舉無遺。此其為孫書之證四也。封氏聞見記云。陸法言切韻凡一萬二千一百五十八字爾後有孫愐之徒以字書中閒字釀於切韻殊不知為文之要匪是陸之畧也（雅雨堂刊本要匪二字誤倒）今此本所增之字皆注云加又多云出說文出字林出音譜云云即封記所謂以字書中閒字釀於切韻者封氏雖云孫愐之徒不專指一家而此書正與之同此其為孫書之證五也廣韻三鍾恭字下注云陸以恭蜙縱等入冬韻非也考之大徐說文則恭俱容切縱即容切蜙息恭切皆在鍾韻大徐說文用孫愐音則孫愐始改此數字入鍾韻廣韻此注必係唐韻舊文今此本冬韻鳊字下注云陸入格韻與廣韻恭字下注例同此其為孫書之證六也廣韻一書兼採諸家切韻然首載陸法言長孫訥言孫愐三序是以陸孫二韻為藍本之證考倭名類聚鈔引諸家切韻中有孫愐切韻二十五條唐韻三百八十四條其字見於此殘本者多與此本合與廣韻合者亦十之八其與此本異者則廣韻多合

於此本而異於倭名鈔所據之本此由倭名鈔已經後人增改（見日本狩谷棭齋倭名類聚鈔序）故有此不合此其為孫書之證七也前蔣君跋此書謂書中於太宗諱世字睿宗諱旦字皆闕筆代宗以後之諱則否玄肅二宗之諱皆在平韻不可考余細檢全書見九御中豫字（代宗諱）四十禡㦿字注中豫字十三末中括字（德宗諱）均不闕筆然三十一職鄎字下注中豫州之豫作豫闕末二筆則此書當是肅代之間寫本當寫第四卷時肅宗未崩比寫至第五卷末則已聞代宗更名及登極之詔（均在四月）故不闕於前而闕於後不闕於大字而闕於小注也是歲距孫氏書成已十年其所寫者為孫氏書無疑此八證也此本既得證明為孫氏書則唐韻種種疑問均可迎刃而解惜蔣君墓已宿草不能復起而與討論此事也

孫氏唐韻唐宋二志著錄均云五卷蔣氏所藏殘本入聲首亦題唐韻卷第五惟魏鶴山唐韻後序云其部敘於一東下注云

德紅反。濁滿口聲。自此至三十四乏皆然。於二十八刪二十九山之後繼之以三十先三十一仙上聲去聲亦然云云則似魏氏所藏唐韻。平聲不分上下卷。余謂魏氏所謂部敘。蓋於每卷首分目之外。別為一總目。其下分注清濁。以明所以分析之故。其平聲本是同類。故二十八刪二十九山之後即繼以三十先三十一仙。至於本書則分卷仍與陸韻同自當云一先二仙不得云三十先三十一仙也。今大宋重修廣韻。孫愐序後尚有論曰一段。凡一百五字。專論以五音清濁分韻之理。此即孫氏部敘後之總論。有目故云部。有論故云敘。部敘自為一篇。冠於書首。與分卷無涉。惜廣韻刪其目而存其論。致使孫氏所分之清濁不可復考。而其論亦不能知為孫氏所作。微鶴山之言。無由知孫書之審於音理如是矣。孫愐既審於音理。故於陸韻部目頗有修正。魏鶴山唐韻後序曰。此書別出移臡二字為一部注

十五

云陸與齊同。今別又以殘本去入二韻求之，去聲代十九願廿五，是中間闕五韻，當有稕韻，而入聲有術韻，是諄之去入也。去聲有換韻，入聲曷末亦分為二，是桓之去入也。去聲箇後有過韻，是戈之去。則別諄於真，別桓於寒，別戈於歌，皆始於孫氏。又韻中之紐，紐中之字，亦頗有移易。廣韻惟齊移不分用陸氏本，其餘皆從孫本，此外別無增損也。

唐人盛為詩賦，韻書當家置一部，故陸孫二韻當時寫本當以萬計。陸韻即巴黎所藏三本已有異同。孫韻傳之後世可考見者，除鶴山所藏外，如歐陽公見吳彩鸞書葉子本（歸田錄），黃山谷所見凡六本（山谷題跋），鮮于伯機藏一卷（雲烟過眼錄），傳寫既多，故名稱部目不能盡同。倭名鈔所引有唐韻，有孫愐切韻，遼希麟續一切經音義又引孫愐廣韻，而唐段公路北户錄（卷一）引廣韻一條（據明影宋鈔本，陸氏刊本作唐韻），唐僧慧琳一切經音義（卷八十）引廣切韻一條，并見於蔣氏所藏殘本中。蓋孫氏書本因法言切韻而廣之。故亦名廣切韻。畧之則或稱切韻。或稱廣韻。而據其自序則確名唐韻。是其書名已自不同。又倭名鈔所引唐韻及孫愐切韻。與淨土三部經音義所引孫愐說。以唐韻殘本所有者校之。頗有不合。即大徐說文所用孫愐反切。亦與唐韻殘本有異同。蓋傳寫既多。寫者往往以意自爲增損。即部目之間。亦不免小有分合。如夏英公四聲韻所據之唐切韻。與唐韻相去尤近。即視爲唐韻別本。爲後人增加者。亦無不可。學者苟一思唐韻寫本之多。則不必疑其參池不合矣。

書小徐說文解字篆韻譜後

徐楚金說文解字篆韻譜。傳世者有五卷本及十卷本。十卷本部次與陸孫諸韻及古文四聲韻大同。此即大徐後序所謂以切韻次之者也。五卷本則與廣韻大同。即大徐後序所謂以李舟切韻為正者也馮敬亭跋十卷本言之極為精詳惟以譜中無栘韻而欈字在齊韻末謂此譜即用陸法言切韻則恐不然陸韻恭蜙縱諸字皆在冬韻孫愐改入鍾韻今小徐譜中恭蜙二字皆在鍾韻縱字在用韻（用為鍾之去）即用孫說是所據者非陸韻明矣惟齊後無栘韻又入聲以聿為術且無曷韻與孫愐韻殊

書古文四聲韻後

夏英公進古文四聲韻表云準唐切韻分為四聲其書平聲齊韻後有栘韻又恭縱蜙三字皆在鍾韻與孫愐唐韻同仙韻後有宣韻與小徐所據切韻大徐所據李舟韻同惟上聲獮後有選韻為彼二韻所無去聲梵後有釅韻為唐韻及小徐所據切韻所無又入聲質後有聿術二韻（聿韻收聿卒戌卹黜術出七字術韻收術述繘三字）而殘本唐韻有術無聿小徐所據切韻有聿無術唐人韻書部目以此為最多矣然其獮韻中䆐字下注人兖切而部目中選字上注思兖切

二韻俱以究字為切。又目中聿字注余律切。術字注食律切。二韻俱以律字為切。蓋淺人見平聲仙宣為二。故增選韻以配宣又見術韻或以術為部首（如唐韻）或以聿為部首（如小徐所據切韻）遂分術聿為二。而其反切皆未及改。其本當在唐韻與小徐所據切韻之後矣。

唐諸家切韻考

唐韻一書。以法言切韻為本。而以諸家增字附之。故首列切韻撰人。後即列增字諸家姓名。如郭知玄關亮薛峋王仁煦祝尚丘孫愐嚴寶文裴務齊鄭道固凡九人。皆唐時撰切韻者也。中土書惟郭忠恕汗簡引郭知玄字畧鉩鈒二字。佩觿引裴務齊切韻序轉注之說。夏英公古文四聲韻引郭知玄朱箋及祝尚丘韻。此外無聞焉。惟日本現在書目有郭知玄王仁煦祝尚丘裴務齊陳道固切韻各五卷。倭名類聚鈔引郭知玄切韻一條。

郭知玄曰五條。薛峋切韻一條。薛峋曰一條。祝尚丘切韻一條。祝尚丘曰一條。裴務齊切韻二條。而日本僧瑞信所撰淨土三部經音義集（是書成於日本嘉禎二年當宋理宗端平三年）所引尤夥。有郭知玄五十三條。薛峋三十條。王仁煦十三條。祝尚丘十九條。（皆自唐時日本所撰東宮切韻轉引）是以上九家皆有專書。廣韻於陸韻外兼綜諸家。故封氏聞見記謂陸書僅一萬二千一百五十八字。長孫訥言增六百字。孫愐所增據殘本注加字者計之。亦僅七分一有奇。而廣韻二萬六千一百四十九言。視陸韻字數踰倍。知其所取者博矣。

唐人所撰切韻。除九家外。唐書藝文志有李舟切韻十卷（宋志五卷）僧猷智辨修加字切韻五卷。通志藝文畧有李邕唐韻要畧一卷。無名氏唐切韻五卷。汗簡佩觿所引有王存乂切韻。（日本現在書目王存藝切韻五卷藝即乂也佩觿序引王甯存乂疏又云諸家以經史借用字加陸氏切韻本為王甯存乂刪之云云）佩觿又引李審言切韻。汗簡古文四聲韻引義雲切韻。（汗簡首載所引書目有義雲章又有義雲切韻古文四聲韻首目同然汗簡頁部題字下注云義雲章切韻則又似一書）日本現在書目有麻果孫伷蔣魴盧自始韓知十沙門清澈切韻各五卷釋弘演切韻十卷倭名鈔所引釋氏切韻殆即弘演書宋史藝文志有天寶元年集唐韻五卷而玄宗與陳廷堅所撰韻英張戩考聲切韻武玄之韻銓別為一系者尚不與焉以上諸書脩廣韻時雖未必盡存然於關亮九人增字後又云更有諸家增字幷列卷中則當時未必不采及此矣

李舟切韻考

唐諸家切韻中不可不特記者李舟切韻是也李舟之名屢見於唐人說部而新舊唐書無傳新書宰相世系表姑臧房李承九世孫舟字公受虔州刺史隴西縣男案承之六世孫義琰相高宗八世孫揆相肅宗則其九世孫舟自當在孫愐之後舊書梁從義傳建中元年金部員外郎李舟奉使荆襄當即其人又杜工部有送李校書二十六韻云李舟名父子清峻文章伯十

五富文史。十八足賓客。十九授校書。二十聲輝赫。又云。乾元二年春萬姓始安宅舟也衣綵衣告我欲遠適是代宗乾元之初。舟年二十許。則切韻之作。當在代德二宗之世。其書唐時不顯。至宋初而始見重。有宋一代韻書部次。皆自李舟出也。

唐人韻書以部次觀之。可分爲二系。陸法言切韻孫愐唐韻及小徐說文解字篆韻譜夏英公古文四聲韻所據韻書爲一系。大徐改定篆韻譜與廣韻所據者爲一系。前系四種。其部次雖稍有出入。然大抵平聲覃談在陽唐之前。蒸登居鹽添之後。上去二聲準是。去聲之泰又在霽前。或并釅於梵。入聲則以屋沃燭覺質術物櫛迄月沒曷末黠鎋屑薛錫昔麥陌合盍洽狎葉帖緝藥鐸職德業乏爲次。不與平上去三聲部次相配。則韻書自隋至於有唐中葉。固未有條理秩然之部次。如今所見之廣韻者也。惟大徐改定說文解字篆韻譜。除增三宣一部外。其諸部次第與廣韻全同。大徐於雍熙四年作韻譜後序云。韻譜既成。廣求餘本。頗有刊正。今復承詔校定說文。更與諸儒精加研覈。又得李舟切韻。殊有補益。其間疑者。以李氏為正。是大徐改定韻譜多據李舟。今小徐原本與大徐定本二者具存。其間無大異同。惟小徐原本部次與唐韻同。大徐改本與廣韻同。而大徐本所據為李舟切韻。然則謂廣韻部次即李舟切韻之部次。殆無不可也。

取唐人韻書。與宋以後韻書比校觀之。則李舟於韻學上有大功二。一使各部皆以聲類相從。二四聲之次相配不紊是也。前者如降覃談於侵後。升蒸登於青後。覃談之降。於古韻及文字之偏旁諧聲皆有依據。不獨覃談二部。唐時早與侵鹽諸部字俱變而已。蒸登之升。則本於呂靜韻集。顏氏家訓謂韻集以成仍宏登合成兩韻。則呂氏書蒸登部字自與耕清為類。而李舟從之。其次勝於陸孫諸韻遠甚。至於四聲次序相配。觀下唐宋諸韻部次表自明。其尤顯者。在上去二聲末四韻。唐時韻書平聲或有嚴無凡。（惟陸韻及古文四聲韻有之。小徐所據切韻升凡於嚴。李舟韻自其上去入三聲觀之。必有凡韻。而今大徐本無者。蓋因嚴凡二部字少合之。）而上去則有范梵而無儼釅。（惟古文四聲韻有之。）李韻上聲末四韻以湛（即豏）檻儼范為次。去聲以陷鑑釅梵為次。入聲以狎洽業乏為次。是增改舊韻部目（小徐所據切韻上湛檻范。去陷鑑梵。無儼釅二部。唐韻殘本闕上聲。去聲陷鑑梵。而梵韻末有嚴字。古文四聲韻雖有儼釅二部。上聲亦以豏檻儼范為次。然去聲仍以陷鑑梵釅為次。與平上入三聲不相應。）以配平聲咸銜嚴凡者。而廣韻從之。今傳世廣韻上聲以儼豏檻范。去聲以釅陷鑑梵為次。不與平入二聲相配。（宋本元本皆同。惟曹楝亭所藏一宋本去聲以陷鑑釅梵為次。上聲琰韻下注與忝同用。不注忝儼同用。與李舟韻合。）戴氏聲韻考。謂今廣韻儼釅二部在豏陷二部前者。乃後人據景祐禮部韻畧改之。案廣韻既用李舟部次。不應此處或異。戴說是也。又案陸韻儼字在琰韻中。小徐篆韻譜所據切韻同。即廣韻儼字亦琰儼兩收。則景祐韻畧改儼與琰忝。釅與豔㮇同用。亦據舊韻。而廣韻以儼范釅梵同用。則據唐韻。唐韻梵韻有嚴字殆釅之譌是梵釅為一而廣韻釅韻四切其魚欠許欠亡劍三切皆用梵韻字可見廣韻所據本釅韻諸字皆在梵韻與唐韻同廣韻雖從李舟韻增改部目然反切仍未及改也要之諸部以聲類相近為次又平上去入四聲相配秩然乃李舟切韻之一特色大徐改定篆韻譜既用其次陳彭年亦江南舊人又嘗師事大徐故修廣韻亦用之以後韻略集韻諸書雖升嚴儼釅業四韻與廣韻異然四聲之次無不相配故李舟切韻之為宋韻之祖猶陸法言切韻之為唐人韻書之祖也乃南宋以後皆以廣韻本於陸法言孫愐遂疑其次第亦本陸孫致使李舟整齊畫一之功不顯於世使陸孫二韻殘本及二徐篆韻譜不存此事將湮沒終古矣

唐時韻書部次先後表 表中陸者切韻孫者唐韻一為卞氏書畫錄所載二為蔣氏所藏故以一二別之夏者古文四聲韻鍇者小徐篆韻譜鉉者大徐改定篆韻譜也王者內府藏王仁昫切韻也并附列廣韻部次以資比校切韻去聲蔣本唐韻平上二聲唐寫本闕以壹貳叁肆等大數字別之 孫氏開元廿年所編唐韻與陸韻同此表所列天寶十載重編本也

平聲	陸	孫一	孫二	夏	鍇	鉉	王	廣
東	一	一	壹	一	一	一	一	一
冬	二	二	貳	二	二	二	二	二
鍾	三	三	叁	三	三	三	三	三
江	四	四	肆	四	四	四	四	四
支	五	五	伍	五	五	五	七	五
脂	六	六	陸	六	六	六	八	六
之	七	七	柒	七	七	七	九	七
微	八	八	捌	八	八	八	十	八
魚	九	九	玖	九	九	九	十一	九
虞	十	十	拾	十	十	十	十二	十
模	十一	十一	拾壹	十一	十一	十一	十三	十一

上聲	陸	孫一	孫二	夏	鍇	鉉	王	廣
董	一	一	壹	一	一	一	一	一
腫	二	二	貳	二	二	二	二	二
講	三	三	叁	三	三	三	三	三
紙	四	四	肆	四	四	四	六	四
旨	五	五	伍	五	五	五	七	五
止	六	六	陸	六	六	六	八	六
尾	七	七	柒	七	七	七	九	七
語	八	八	捌	八	八	八	十	八
麌	九	九	玖	九	九	九	十一	九
姥	十	十	拾	十	十	十	十二	十

去聲	陸	孫一	孫二	夏	鍇	鉉	王	廣
送	壹	一	壹	一	一	一	一	一
宋	貳	二	貳	二	二	二	二	二
用	叁	三	叁	三	三	三	無	三
絳	肆	四	肆	四	四	四	三	四
寘	伍	五	伍	五	五	五	六	五
至	陸	六	陸	六	六	六	七	六
志	柒	七	柒	七	七	七	八	七
未	捌	八	八	八	八	八	九	八
御	玖	九	九	九	九	九	十	九
遇	拾	十	十	十	十	十	十一	十
暮	拾壹	十一	十一	十一	十一	十一	十二	十一

入聲	陸	孫一	孫二	夏	鍇	鉉	王	廣
屋	一	一	一	一	一	一	一	一
沃	二	二	二	二	二	二	二	二
燭	三	三	三	三	三	三	三	三
覺	四	四	四	四	四	四	四	四

齊	移			佳	皆		灰	咍		真		諄
十二 十二 拾貳 十二 十二 十二 十四 十二	無 無 拾叁 十三			十三 十三 拾肆 十四 十三 十三 四十 十三	十四 十四 拾伍 十五 十四 十四 十五 十四		十五 十五 拾陸 十六 十五 十五 十六 十五	十六 十六 拾柒 十七 十六 十六 十七 十六		十七 十七 拾捌 十八 十七 十七 十八 十七		無 無 拾玖 十九 十八 十八 無 十八
薺				蟹	駭		賄	海		軫		準
十一 十一 拾壹 十一 十一 十一 十三 十一				十二 十二 拾貳 十二 十二 十二 三八 十二	十三 十三 拾叁 十三 十三 十三 十四 十三		十四 十四 拾肆 十四 十四 十四 十五 十四	十五 十五 拾伍 十五 十五 十五 十六 十五		十六 十六 拾陸 十六 十六 十六 十七 十六		無 無 拾柒 十七 十七 十七 無 十七
霽		祭	泰	卦	怪	夬	隊	代	廢	震		稕
拾叁 十二 十三 十三 十三 十二 十三 十二		拾肆 十四 十四 十四 十四 十三 十四 十三	拾貳 十二 十二 十二 十二 十四 十五 十四	拾伍 十五 十五 十五 十五 十五 四二 十五	拾陸 十六 十六 十六 十六 十六 十六 十六	拾柒 十七 十七 十七 十七 十七 十七 十七	拾捌 十八 十八 十八 十八 十八 十九 十八	拾玖 十九 十九 十九 十九 十九 二十 十九	貳拾 廿 貳拾 二十 二十 二十 十八 二十	貳壹 廿一 貳壹 二一 二一 二一 二一 二一		無 無 貳貳 二二 二二 二二 無 二二
										質	聿	術
										五 五 五 五 五 五 七 五	無 無 無 六 六	無 無 六 七 無 六 無 六

二十一

臻	文	殷	元	魂	痕	寒	桓	刪	山	先	仙	宣
十八 十八 貳拾 廿 十九 十九 十九 十九	十九 十九 貳壹 二一 二十 二十 二十 二十	廿 廿 貳貳 二二 二一 二一 二一 二一	二一 廿一 貳叄 二三 二二 二二 三十 二二	二二 廿二 貳肆 二四 二三 二三 二四 二三	二三 廿三 貳伍 二五 二四 二四 二五 二四	二四 廿四 貳陸 二六 二五 二五 二三 二五	無 無 貳柒 二七 二六 二六 無 二六	二五 廿五 貳捌 二八 二七 二七 二八 二七	二六 廿六 貳玖 二九 二八 二八 二九 二八	一 一 壹 一 一 一 二六 一	二 二 貳 二 二 二 二七 二	無 無 三 三 三
	吻	隱	阮	混	很	旱	緩	潸	產	銑	獮	選
	十七 十七 拾捌 十八 十八 十八 十八 十八	十八 十八 拾玖 十九 十九 十九 十九 十九	十九 十九 貳拾 二十 二十 二十 二八 二十	二十 廿 貳壹 二一 二一 二一 二二 二一	二一 廿一 貳貳 二二 二二 二二 二三 二二	二二 廿二 貳叄 二三 二三 二三 二一 二三	無 無 貳肆 二四 二四 二四 無 二四	二三 廿三 貳伍 二五 二五 二五 二六 二五	二四 廿四 貳陸 二六 二六 二六 二七 二六	二五 廿五 貳柒 二七 二七 二七 二四 二七	二六 廿六 貳捌 二八 二八 二八 二五 二八	無 無 無 二九
	問	焮	願	慁	恨	翰	換	諫	襉	霰	線	
	貳貳 廿二 貳叄 二三 二三 二三 二二 二三	貳叄 廿三 貳肆 二四 二四 二四 二三 二四	貳肆 廿四 二五 二五 二五 二五 三二 二五	貳伍 廿五 二六 二六 二六 二六 二六 二六	貳陸 廿六 二七 二七 二七 二七 二七 二七	貳柒 廿七 二八 二八 二八 二八 二五 二八	無 無 二九 二九 二九 二九 無 二九	貳捌 廿八 三十 三十 三十 三十 三十 三十	貳玖 廿九 三一 三一 三一 三一 三一 三一	叄拾 卅 三二 三二 三二 三二 二八 三二	叄壹 卅一 三三 三三 三三 三三 二九 三三	
櫛	物	迄	月	沒		曷	末	黠	鎋	屑	薛	
七 七 八 九 八 七 八 七	六 六 七 八 七 八 九 八	八 八 九 十 九 九 十 九	九 九 十 十一 十 十 十八 十	十 十 十一 十二 十一 十一 十四 十一		無 無 十二 十三 無 十二 無 十二	十一 十一 十三 十四 十二 十三 十二 十三	十二 十二 十四 十五 十三 十四 十三 十四	十三 十三 十五 十六 十四 十五 十七 十五	十四 十四 十六 十七 十五 十六 十五 十六	十五 十五 十七 十八 十六 十七 十六 十七	

字	數
蕭	三三叄四四四三三 / 一
宵	四四肆五五五三四 / 二
肴	五五伍六六六三五 / 三
豪	六六陸七七七三六 / 四
歌	七七柒八八八三七 / 九
戈	無無捌九九九無八
麻	八八玖十十十四九 / 一
陽	十十拾十十十五十 / 一一貳三三一
唐	十十拾十十十十 / 二二叄四四二六一
庚	十十拾十十十三十 / 三三肆五五三五二
耕	十十拾十十十三十 / 四四伍六六四六三
清	十十拾十十十三十 / 五五陸七七五七四
青	十十拾十十十三十 / 六六柒八八六八五
篠	二廿貳三二二二二 / 七七玖十九九九九
小	二廿叄三三三三三 / 八八拾一十十十十
巧	二廿叄三三三三三 / 九九壹二一一一一
皓	三卅叄三三三三三 / 十貳三二二二二
哿	三卅叄三三三三三 / 一一叄四三三七三
果	無無叄三三三無三 / 肆五四四四
馬	三卅叄三三三三三 / 二二伍六五五九五
養	三卅叄三三三四三 / 五五捌九八六六
蕩	三卅叄四三三五三 / 六六玖十九七七
梗	三卅肆四四三三三 / 七七拾一十八三八
耿	三卅肆四四三三三 / 八八壹二一九四九
靜	三卅肆四四四三四 / 九九貳三二十五十
迥	四四肆四四四三四 / 十十叄四三一六一
嘯	叄卅三三三三三三 / 貳二四四四四三四
笑	叄卅三三三三三三 / 叄三五五五五四五
效	叄卅三三三三三三 / 肆四六六六六五六
號	叄卅三三三三三三 / 伍五七七七七六七
箇	叄卅三三三三四三 / 陸六八八八八一八
過	無無三三三三無三 / 九九九九九
禡	叄卅四四四四四四 / 柒七十十十十三十
漾	肆四四四四四四四 / 拾十三三三一一
宕	肆四四四四四五四 / 壹一四四四二二
映	肆四四四四四三四 / 貳二五五五三七三
諍	肆四四四四四三四 / 叄三六六六四八四
勁	肆四四四四四三四 / 肆四七七七五九五
徑	肆四四四四四四四 / 伍五八八八五十五
藥	二廿二三二十五十 / 七七九十八八八
鐸	二廿三三二十六十 / 八八十一九九九
陌	十十二二二二二二 / 九九一二十十九十
麥	十十二二十二十二 / 八八十一九一九一
昔	十十十二十二三二 / 七七九十八二十二
錫	十十十十十二二二 / 六六八九七三十三

二十二

蒸	二廿貳二二十四十 三三肆五五七三六	拯	四四伍五五四四四 七七拾一十二一二	證	伍五五五五四四四 貳二四四四六五六	職	二廿三三三二二二 九九一二十四二四
登	二廿貳二二十廿十 四四伍六六八二七	等	四四伍五五四二四 八八壹二一三十三	嶝	伍五五五五四二四 叁三五五五七四七	德	三卅三三三二十二 十二三一五一五
尤	十十拾十十十四十 七七捌九九九四八	有	四四肆四四四四四 一一肆五四四二四	宥	肆四四四四四四四 陸六九九九八六八		
侯	十十拾二二二四十 八八玖十十十五九	厚	四四肆四四四四四 二二伍六五五三五	候	肆四五五五四四四 柒七十十十九七九		
幽	十十貳二二二四二 九九拾一一一六十	黝	四四肆四四四四四 三三陸七六六四六	幼	肆四五五五五四五 捌八一一一十八十		
侵	二廿貳二二二四二 十壹二二二二一	寑	四四肆四四四四四 四四柒八七七十七	沁	肆四五五五五四五 玖九二二二一四一	緝	二廿二二二二二二 六六八九七六一六
覃	九九拾十十二四二 一一三九二	感	三卅叁三三四四四 三三陸七六八七八	勘	叁卅四四四五五五 捌八一一一二一二	合	二廿二二二二二二 十二三一七五七
談	十十拾十十二五二 壹二二四十三	敢	三卅叁三三四四四 四四柒八七九八九	闞	叁卅四四四五五五 玖九二二二三二三	盍	二廿二二二二二二 一一三四二八六八
鹽	二廿貳二二二四二 一一貳三三五七四	琰	四三肆四四五四五 五五捌九八十五十	豔	伍五五五五五四五 拾十三三三四九四	葉	二廿二二二二二二 四四六七五九三九
添	二廿貳二二二四二 二二叁四四六八五	忝	四四肆五四五四五 六六玖十九一六一	㮇	伍五五五五五五五 壹一四四四五十五	帖	二廿二二二三二三 五五七八六十四十
咸	二廿貳二二二五二 五五陸七七七一六	豏	四四伍五五五四五 九九貳三二二九二	陷	伍五五五五五五五 肆四七七七六三六	洽	二廿二二二三二三 二二四五三一七一
銜	二廿貳二二二五二 六六柒八八八二七	檻	五五伍五五五五五 十十叁四三三十三	鑑	伍五五五五五五五 伍五八八八七四七	狎	二廿二二二三二三 三三五六四二八二
嚴	二廿貳二二二五二 七七捌九九九三八	儼	無五無五無五五五 一五四一四	釅	無五無六無五五五 六十八五八	業	三卅三三三三三三 一一三四二三一三

凡 二廿貳三無無五二 八八玖十無無四九
范 五五伍五五五五五 一二肆六四五二五
梵 伍五五五五五五五 陸七九九九九六九
乏 三卅三三三三三三 二二四五三四二四

唐廣韻宋雍熙廣韻

唐韻別有廣韻廣切韻之名。前既述之。然唐人以廣韻名書者尚不止此。通志藝文畧有張參唐廣韻五卷。玉海四十五引崇文目亦有唐廣韻五卷。二者不知是否一書。然其非孫愐書則可決也。釋文瑩玉壺清話云。句中正有字學。同吳鉉楊文舉同撰雍熙廣韻。（宋史句中正傳玉海并同）是宋雍熙中曾修廣韻。故景德祥符所修名大宋重修廣韻。然玉海引崇文目雍熙廣韻一百卷。則殆韻海鏡源之流。是類書而非韻書。且卷帙過鉅。不易須行。故景德有重修之舉。是景德以前自有廣韻。紀文達據宋人書目誤說。謂陸法言諸家書均號廣韻。并以麻沙坊刊之宋廣韻畧本當之。殊可異也。

天寶韻英陳廷堅韻英張戩考聲切韻武玄之韻銓分部考

唐人韻書皆祖陸法言。雖部目有增損。次序有移易。要皆以法言爲本。然法言之書。用六朝正音。至唐時已稍變易。於是有根據唐時言語以作韻書者。其分部乃不得不與法言大異。此從來音韻學家所未嘗留意也。以今日所知。其書蓋有數種。玉海四十五引韋述集賢記注云。天寶末上以自古用韻不甚區分。陸法言切韻又未能釐革。乃改撰韻英。仍舊爲五卷。舊韻四百三十九。新加百五十一。合五百八十。分析至細云云。案舊韻四百三十九。不知何指。南部新書謂天寶末有陳友元廷堅撰韻英十卷。戴東原疑舊韻指廷堅韻。蓋兩書皆名韻英。天寶御撰之書。當因廷堅書而廣之。理或然也。案隋唐韻部自法言以下皆不過二百有奇。而兩書獨分至四百三十九或五百八十。幾三倍於陸韻。此必其分析之法根本不同。否則法言所部分者爲一種方言。而韻英所部分者又爲一種方言。故其差別如此。其鉅也。唐景審序慧琳一切經音義云。古來音反多以傍紐而為雙聲。始自服虔。元無定旨。吳音與秦音莫辨。清韻與濁韻難明。至如武與緜為雙聲。企以智為疊韻。若斯之類。蓋所不取。近有元廷堅韻英及張戩考聲切韻。今之所音。取則於此。是慧琳音義全用廷堅及張戩二書。故其反切與六朝以來諸家字書及韻書頗殊。其開卷音大唐三藏聖教序覆載二字云。上敷務反。見韻英。秦音也。諸字書皆敷救反。吳楚之音也。此一條實為全書起例。凡琳師反切之異於陸孫諸韻者。胥視此矣。據此則韻英反切。以當時秦音為據。與陸韻之據南北朝舊音者不同。故所增部目乃視陸韻踰倍。景審所譏武與緜為雙聲。企以智為疊韻。與琳師所舉覆為敷救反。皆指陸韻一派言之。緜之為武延反。企之為去智反。覆之為敷救反。自六朝已然。唐人韻書如切韻唐韻小徐篆韻譜所據某切韻以及廣韻。無不從之。是故陸韻者六朝之音也韻英與考聲切韻者唐音也六朝舊音多存於江左故唐人謂之吳音而以關中之音為秦音故由唐人言之則陸韻者吳音也韻英一派秦音也厥後陸韻行而韻英一派微則由音韻之書用於屬辭者多而用以辨聲者少唐宋於二百餘部之韻猶病其窄許其就近通用卒變為一百六部之今韻然則韻英諸書之不行於世固其所也然欲考唐時關中之音固非由韻英及考聲切韻不可而琳師音義中反切實本此二書苟能取而類之雖不能見四百餘部之全亦可得其大畧及其所以分析之故此亦音韻學上一大事業而有待於後人為之者也

韻英諸書原本秦音至其著書之方法異於陸韻者有二一改類隔切為音和切二細分五音之清濁是也唐人所謂清濁蓋以呼等言陸孫諸家撰韻時固亦以清濁分類陸氏去欲廣文

路自可清濁相通若賞知音即須輕重有別孫氏云欲令清濁昭然魏鶴山所藏唐韻前有部敍於一東下注德紅反濁滿口聲自此至三十四乏皆然皆具證也然所分清濁固有未盡廣韻首孫愐序後有論曰一段余曩以為即孫氏部敍其言曰夫五音者五行之響八音之和四聲間迭在其中矣必以五音為定則參宮參羽半徵半商引字調音各自有清濁若細分其條目則令韻部繁碎徒拘桎於文辭耳云云是就五音清濁言二百六部以上尚可細分陸孫以其繁碎故不為耳故景審識清濁難明舉企智二字為例企智二字陸孫同部而韻英諸書異部即所謂細分具條目者其分部多寡之懸殊未始不由於此也

撰韻英者一切經音義序作元廷堅南部新書作陳友元廷堅太平廣記鳥類作陳王友元廷堅其人均無可考至撰考聲切

韻之張戩其人見唐書宰相世系表官至泗州刺史其弟錫相武后溫王則戩亦僞周時人然則據今音爲韻書實自戩始故以考聲名其書是天寶兩韻英亦有所本也

唐書藝文志有武玄之韻銓十五卷此亦韻英一派也北夢瑣言云廣明以前切韻多用吳音而清青二字不必分用李涪尚書改切韻全刋吳音又云曾見韻銓鄙薄切韻改正吳音亦甚覈當是韻銓之作與韻英旨趣畧同故慧琳音義於韻英及考聲切韻外多引韻銓以三書皆當時正音琳師爲疏勒人其入中國殆止習關中語故獨有取於此也

韻銓之作根據唐音雖與韻英同然韻英大分析舊韻部目而韻銓則大合幷其部目非所根據之唐音不同乃其分部之見地異也考玄之書久佚然其部目見於日本僧安然所著悉曇藏卷二中庚申春日嘉興沈乙庵先生舉以示余乃得記之安然

之言曰如真旦韻銓五十韻頭今於天竺悉曇十六韻頭皆悉攝盡以彼羅（盧何反）家（古牙反）攝此阿（阿引）以彼支（章移反）之（止而反）微（无飛反）攝此伊（伊引）以彼魚（語居反）虞（語俱反）模（莫胡反）攝此鄔（烏引）以彼佳（胡膎反）齊（徂兮反）皆（古階反）栘（成西反）灰（呼恢反）咍（呼來反）攝此翳愛以彼蕭（蘇聊反）宵（相焦反）周（之牛反）幽（於虯反）侯（胡溝反）肴（胡交反）豪（胡刀反）攝此汗奧以彼東（德紅反）冬（都宗反）江（古邦反）鍾（之容反）陽（移章反）唐（徒郎反）京（古行反）爭（側耕反）青（倉經反）清（七情反）蒸（七應反）登（都滕反）春（尺倫反）臻（側詵反）文（武分反）魂（戶昆反）元（愚袁反）先（蘇前反）仙（相然反）山（所姦反）寒（胡安反）琴（渠今反）岑（鋤簪反）覃（徒含反）談（徒甘反）咸（胡讒反）嚴（語杴反）添（他兼反）鹽（余占反）及以諸入聲字攝此暗惡如攝韻頭從韻皆攝以彼平上去入之響攝此短聲或呼平聲或呼上聲及以長聲引呼弁以涅槃音也云云據此則韻銓平韻共五十部其中羅即歌家即麻周即尤京即庚爭即耕春即真琴即侵視唐諸家韻少戈脂諄殷痕桓删銜凡九韻而自侵部別出岑部亦諸家所無玄之何地人又所據為何處方言均不可考然如李涪刊正切韻用東都音切而謂東冬魚

模不須分別見所著刊誤切韻條則唐人論今音者於增部外別有并部一派然其以當時聲音為根據則固所同也

書金王文郁新刊韻畧張天錫草書韻會後

自王文郁新刊韻畧出世人始知今韻一百六部之目不始於劉淵矣余又見金張天錫草書韻會五卷前有趙秉文序署正大八年二月其書上下平聲各十五韻上聲廿九韻去聲三十韻入聲十七韻凡一百六部與王文郁韻同王韻前有許古序署正大六年己丑季夏前乎張書之成才一年有半又王韻刊於平陽張書成於南京未必即用王韻部目是一百六部之目幷不始於王文郁蓋金人舊韻如是王張皆用其部目耳何以知之王文郁書名平水新刊韻畧劉淵書亦名新刊禮部韻畧韻畧上冠以禮部字蓋金人官書也宋之禮部韻畧自寶元訖於南渡之末場屋用之者逾二百年後世遞有增字然必經羣

臣疏請國子監看詳，然後許之。惟毛晃增注本加字乃逾二千，而其書於紹興三十二年表進，是亦不啻官書也。然歷朝官私所修改，惟在增字增注，至於部目之分合，則無敢妄議者。金韻亦然。許古序王文郁韻，其於舊韻謂之簡嚴，簡謂注畧，嚴謂字少。然則文郁之書亦不過增字增注，與毛晃書同。其於部目固非有所合併也。故王韻并宋韻同用諸韻為一韻，又并宋韻不同用之迥拯等及徑證嶝六韻為二韻者，必金時功令如是。考金源詞賦一科，所重惟在律賦，律賦用韻平仄各半，而上聲拯等二韻，廣韻惟十二字，韻畧又減焉，在諸韻中字為最少。金人場屋或曾以拯韻字為韻，許其與迥通用，於是有百七部之目。如劉淵書或因拯及證，於是有百六部之目。如王文郁書及張天錫所據韻書，至拯證之平入兩聲猶自為一部，則因韻字較寬之故。要之此種韻書全為場屋而設，故參差不治如此，殆未

可以聲音之理繩之也

周代金石文韻讀序

自漢以後學術之盛莫過於近三百年此三百年中經學史學皆足以陵駕前代然其尤卓絶者則曰小學小學之中如高郵王氏棲霞郝氏之於訓故歙縣程氏之於名物金壇段氏之於說文皆足以上掩前哲然其尤卓絶者則爲韻學古韻之學自崑山顧氏而婺源江氏而休甯戴氏而金壇段氏而曲阜孔氏而高郵王氏而歙縣江氏作者不過七人然古音廿二部之目遂令後世無可增損故訓故名物文字之學有待於將來者甚多至古韻之學謂之前無古人後無來者可也原斯學所以能完密至此者以其材料不過羣經諸子及漢魏有韻之文其方法則皆因乎古人用韻之自然而不容以後說私意參乎其間其道至簡而其事有涯以至簡入有涯故不數傳而遂臻其極

也余讀諸家韻書竊歎言韻至王江二氏已無遺憾惟音分陰陽二類當從戴孔而陽類有平無上去入段氏六書音韻表已微及之前哲所言既已包舉靡遺故不復有所論述惟昔人於有周一代韻文除羣經諸子楚辭外所見無多余更蒐其見金石刻者得四十餘篇其時代則自宗周以訖戰國之初其國別如杞鄫邾婁徐許等幷出國風十五之外然求其用韻與三百篇無乎不合故即王江二家部目譜而讀之非徒補諸家古韻書之所未詳亦以證國朝古韻之學之精確無以易也丁巳八月

高郵王懷祖先生訓詁音韻書稿敘錄

雅詁表二十一册

手稿無書題取爾雅方言廣雅小爾雅四書詁訓以建首字即所用以訓釋之字為經而以古韻二十一部分列所釋之字以緯之其建首字

亦各分為二十一部。故共為二十一表。每表又分二十一格。如爾雅釋詁初哉首基肇祖元胎俶落權輿始也。始為建首字。在王氏古音第十七部。故此條入第十七表。而所釋之字則元權二字在第九部。哉基胎之字在第十七部。初祖落輿四字在第十八部。首俶二字在第二十部。肇字在第二十一部。故此諸字亦各分別入第九第十七第十八第二十第二十一諸格。而權輿二字為聯緜字不可分剖。則於第九格大書權字。而注輿字於其下。第十八格則小書權字。大書輿字。其方言廣雅中諸訓始之字。亦各以其部列入。如是諸書中訓始之字三十有一盡在一覽中。而其聲義相通之故。亦從可識矣。昔戴東原先生作轉語二十章。其書不傳。惟有一序在集中。先生此表頗與戴君書類。惟戴君書以字母列字。先生以韻列字。此事全異。然欲以通聲音詁訓之郵。則所同也。原稿書爾雅以黑字。方言以朱字。

廣雅以綠字。然全書亦不盡用此例。而所列爾雅諸書之字。核以原書。亦尚未盡。蓋尚非寫定之本也

雅詁表一册

以爾雅建首字為次。乃前書之初稿。

爾雅分韻四册

方言廣雅小爾雅分韻一册

前四册正書。後一册小字行書。皆雅詁表之長編。

古音義雜記三十一葉散片

雜記古書中文字音義異同。草書。

釋大七篇二册

正書清稿。取字之有大義者。依所隸之字母彙而釋之。并自為之注。存見谿羣疑影喻曉七母。凡七篇。篇分上下。余從雜稿中蒐得匣母一篇。草書初稿。錄附卷末。并為八篇。據第四篇岸字

注云說見第十八篇洒字下又第三篇君字注云物之大者皆以牛馬稱之說見第二十三篇是先生此書畧已竣事惜遺稿中已不可見矣案唐宋以來相傳字母凡三十有六古音則舌頭舌上邪齒正齒輕脣重脣幷無差別故得二十三母先生此書亦當有二十三篇其前八篇為牙喉八母而洒字在第十八篇馬字在第二十三篇則此書自十五篇至十九篇當釋齒音精清從心邪五母之字自二十篇至二十三篇當釋邦滂幷明四母之字然則第九至第十四六篇其釋來日端透定泥六母字無疑也今存首七篇視全書不及三分之一又觀先生遺稿似尚欲為釋始釋君諸篇而未就者殊不無俄空之憾然雅詁之繁固不能一一為之疏釋先生蓋特取爾雅首數目釋之以示聲義相通之理使學者推而用之而已然則此書苟完釋始釋君諸篇苟存亦不過示後人以治詁訓之矩矱而此殘篇足

以為後人矩矱者固亦與完書無以異蓋大家之書足以啓迪來學者固不以完闕異也

雅詁雜纂一册

雜纂雅詁中同義同母之字而疏釋之以字母分類存見母四十一條匣母一條精母一條

疊韻轉語 散片

有書題雜記聯緜字以字母二字為之綱如具區二字入見谿部扶疏夫須扶蘇扶胥諸字入并心部所記寥寥亦無解說

詩經羣經楚辭韻譜七本

周秦韻譜一册

西漢韻譜十七册

詩經羣經楚辭合韻譜三册

周秦合韻譜三册

西漢合韻譜十七册

諧聲譜二册

古音義索隱 散片

右諸韻譜但摘經典中韻字書之而於同韻合韻之字旁加記識與金壇段氏六書音韻表例同多完具可繕寫惟周秦合韻譜中采穆天子傳逸周書戰國策諸書西漢合韻譜中采尚書大傳韓詩外傳春秋繁露諸書而正韻譜中無之蓋尚闕一二册也諧聲譜者以二十一部譜說文字當時已有成書今惟存殘稿錄說文第一篇字以下未錄古音義索隱多論合韻與三種合韻譜相表裏草書叢雜尚待編理

案國朝治古韻者始於崑山顧君至婺源江君休寧戴君金壇段君而剖析益精至先生與曲阜孔君出而此學乃大備先生分古音為無入有入二大類與戴孔二君同而不用其異平同

入及陰陽對轉之說其分支脂之為三尤侯為二真諄為二與段君同又以尤之入聲之半屬侯與孔君同而增至祭二部則又為段孔二君之所未及此六家之於古韻雖先後疎密不同其說亦不能强合然其為百世不祧之宗則一也顧五家之書先後行世獨先生說學者謹從經義述聞卷三十一所載古音二十一部表窺其崖略今遺稿粲然出於百年之後亦可謂學者之幸矣先生於戴君為弟子於段孔二君為同門然其分別韻部畧與段君同時又在戴孔二君之前先生與江晉三書云年二十三入都會試得江氏古韻標準讀之始知顧氏所分十部尚有罅漏旋里後取三百五篇反覆尋繹始知江氏之書仍未盡善輒以己意重加編次分古韻為二十一部及服官後始得亡友段君六書音韻表見其分支脂之為三尤侯為二真諄為二皆與鄙意若合符節惟入聲之分合及分配平上去與念

孫多有不合。云云考先生會試旋里。始治古韻。在乾隆三十一年。段君書成在三十五年。先生始服官見段君書在四十年。戴君九部之分又在四十一年。然則先生二十一部之分稍後於段君。而先於戴君。三君者皆得之於己。不相爲謀而其説之大同如此所謂閉戶造車出而合轍者歟。然先生諸譜與段書體例畧同。殆分部在先。成書在後歟。抑具體裁又自闇合歟。而先生之精密。要在戴段二家上也。世人或以先生書本於戴段者。故附論之。

先生諸韻譜中。最切要者爲説文諧聲譜。先生恒舉以示人。致李許齋方伯書中。所錄至祭二部及侯部入聲表。即自此譜中摘出者也。後以定稿寄阮文達公於廣東。故遺書中僅有初稿。雖二十一部完具。然所錄許書字不過二十分之一而已。此書文達在粵東時擬爲刊行。未幾去粵。而稿本尚留學海堂。文達於嘉慶乙丑由雲南致文簡札云古韻廿一部刻字之事若元在粤十日即成而至今杳然吳蘭修辦事有名瘦緩堂中經解若非夏道與厚民緊緊催辦必至中輟因思年凡大人此時居鄉無事何不將廣韻取出選一教館之人令其排寫特須至祭等部一一指示耳單寫大字不寫小字寫成交舍下刻之又一札云頃接粤中曾釗來書知廿一部古韻已上板冬初可有等語然則前書欲在揚另刻者不必矣曾公書内又云如風芃等字亦須提出究不知所提出者若干字云云要之此書粤中刻成與否雖不可知即令刻成乃任不知此學之人將表中諸字任意出入不如不刻之為愈可知文達於此事全屬憒憒不知文簡得此書如何作答也又第一札勸文簡將廣韻取出令一教館之人排寫此事亦談何容易然因此可知先生此譜家中別無副本矣先生父子歿後遺稿在第三孫忠介壽同所道光季

年鄞縣王艧軒梓材館忠介家為補二十一表冠於詩經韻譜之首艧軒治史學與徐星伯張石舟諸公遊又補宋元學案有名於時然於此學實未能升先生之堂其於至祭二部及侯部入聲均不用先生原譜又不用原譜體例蓋未知先生此譜為說文而作其書視今教館之人照廣韻排寫者未之能愈也嗚呼以文達之通博而於先生之學尚隔膜如此則其他又何責焉今盡去艧軒所補表以存先生之真他日當據先生至祭二表條例補十九表附先生書後以成一家之學因先記粤東刊改一事資後世一笑柄也癸亥二月

江氏音學跋

余曩讀段懋堂先生經韻樓集見有江氏音學序及與江晉三論韻書知嘉道間言古韻者有歙縣江氏一家嗣讀當塗夏心伯炘詩古韻表廿二部集說以江氏殿顧江段王四家後舉其

說畧備。客游南北，求江氏書未得也。丙辰春始於嘉興沈氏海日樓見之。乃咸豐壬子重刊本。其已刊者為詩經韻讀（前有諸家書牘及古音廿一部目、古音總論，即其書之敘錄）、羣經韻讀、楚辭韻讀（附宋賦韻讀）、先秦韻讀、唐韻四聲正、諧聲表、入聲表、等韻叢說，凡八種。而隸書糾繆一種，則重刊時所附也。亟假歸讀之。并取其敘錄及諧聲表、入聲表、唐韻四聲正四種，先後刊入學術叢編，校理未竟。乃兩見原刊本於滬肆，亟購致之。自留其一，以其一寄羅叔言參事於海外。原刊二本總目不同，而種數無異。其每種封面皆署刊書之年，始知其書刊行始於嘉慶甲戌（詩經韻讀），畢於道光辛卯（諧聲表、入聲表、等韻叢說）。越十五年丙午而板燬於火。逮咸豐壬子重刊，則不數載而徽州被兵，其板再燬。宜其傳世之希如是也。江君古韻分部與高郵王懷祖先生尤近。去入之祭與入聲之葉、緝各自為部，全與王君同。惟王君於脂部中分出至、質為一部，而江君不分。江君從曲阜孔氏說分東冬爲二部，而王君不分，故兩家韻目皆廿一部。王君於古韻亦有專書，成書畧與段君同時，其所定部目，當乾隆己亥已與段君言之，然其書迄未刊布。至其子伯申尚書撰經義述聞，始載懷祖先生與李許齋方伯書及古韻廿一部目。述聞成於嘉慶廿一年，次年盧氏宣旬刊之南昌，而江君書成於嘉慶十七年，（段君跋江君書在是年七月，作序在十月。）刊於十九年，反在王君之前。王君於道光四年三月復江君書，始以所撰與李方伯書及古韻目詒之，是江君以前未聞王說，而兩家所造若合符節，猶其脂祭之分合於戴氏，屋沃之分合於孔氏，其時亦未見戴孔二家書也。烏虖！我朝學術莫盛於乾嘉之際，當戴東原與江慎修撰古韻標準在乾隆一二十年間，至丁亥（乾隆三十二年）而段君之六書音韻表成，戴君因之於癸巳（三十七年）分古音爲七類，於丙申（四十一年）更分爲九類，孔氏詩聲類即繼之而出，王君著書與戴段同時，而其書未布，江君生諸老後，其於諸家之書有見有不見而其說多與之闇合或加精焉前後數十年間古韻之學遂以大成而江君自奮於窮鄉孤學其事尤難今諸家之書盛行而江書板經再燬傳世無多其未刊之稿又皆燬於丙午之火亦有幸不幸歟江君名有誥字晉三歙縣人貢生卒於咸豐辛亥丁巳九月記

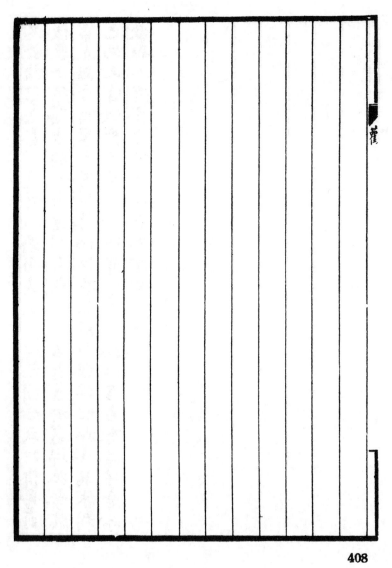

觀堂集林卷第九　史林一

海甯　王國維

殷卜辭中所見先公先王考

甲寅歲莫，上虞羅叔言參事撰殷虛書契考釋，始於卜辭中發見王亥之名。嗣余讀山海經、竹書紀年，乃知王亥為殷之先公，幷與世本作篇之胲、帝繫篇之核、楚辭天問之該、呂氏春秋之王氷、史記殷本紀及三代世表之振、漢書古今人表之核，實係一人。嘗以此語參事及日本內藤博士虎次郎。參事復博蒐甲骨中之紀王亥事者，得七八條，載之殷虛書契後編。博士亦采余說，旁加考證，作王亥一篇，載諸藝文雜誌，幷謂自契以降諸先公之名，苟後此尚得於卜辭中發見之，則有裨於古史學者當尤鉅。余感博士言，乃復就卜辭有所攻究，復於王亥之外得王恆一人。案楚辭天問云該秉季德厥父是臧又云恆秉季德王亥即該則王恆即恆而卜辭之季之即冥（羅參事說）至是始得其證矣。又觀卜辭中數十見之田字从甲在口中（十古甲字）及通觀諸卜辭而知田即上甲微於是參事前疑卜辭之⿷匚乙⿵冂丙⿵冂丁（即乙丙丁三字之在匚或冂中者與田字甲在口中同意）即報乙報丙報丁者至是亦得其證矣。又卜辭自上甲以降皆稱曰示則參事謂卜辭之示壬示癸即主壬主癸亦信而有徵。又觀卜辭王恆之祀與王亥同。太丁之祀與太乙太甲同。孝己之祀與祖庚同。知商人兄弟無論長幼與已立未立其名號典禮蓋無差別。於是卜辭中人物其名與禮皆類先王而史無其人者。與夫父甲兄乙等名稱之浩繁求諸帝系而不可通者至是亦理順氷釋。而世本史記之為實錄且得於今日證之。又卜辭人名中有[illegible]字。疑即帝嚳之名。又有土字。或亦相土之畧。此二事雖未能遽定。然容有可證明之日。由是有商一代先公先王之名。不見於卜辭者殆鮮。乃為此考以質諸博士及參事并使世人知殷虛遺物之有裨於經史二學者有如斯也。丁巳二月。

夋

卜辭有[illegible]字。其文曰貞𡆥（古燎字）于[illegible]。（殷虛書契前編卷六第十八葉）又曰𡆥于[illegible]口牢。（同上）又曰𡆥于[illegible]六牛。（同上卷七第二十葉）又曰于[illegible]𡆥牛六。又曰貞求年于[illegible]九牛。（所見以上皆羅氏拓本）又曰（上闕）又于[illegible]。（殷虛書契後編卷上第十四葉）案[illegible][illegible]二形。象人首手足之形。說文戈部。夒貪獸也。一曰母猴。似人从頁。巳止戈其手足。毛公鼎我弗作先王羞之羞作[illegible]。克鼎柔遠能䖒之柔作[illegible]。番生敦作[illegible]。而博古圖薛氏款識盄和鐘之柔燮百邦。晉姜鼎之用康柔綏懷遠廷。柔并作[illegible]。皆是字也。夒羞柔三字古音同部。故互相通借。此稱高祖夒。案卜

見

二

辭惟王亥稱高祖王亥。（後編卷上第廿二葉）或高祖亥。（戩壽堂所藏殷虛文字第一葉）大乙稱高祖乙。（後編卷上第三葉）則夒必為殷先祖之最顯赫者。以聲類求之，蓋即帝嚳也。帝嚳之名已見逸書。書序：自契至於成湯八遷，湯始居亳，从先王居，作帝告。史記殷本紀告作誥。索隱曰：一作倍。案史記三代世表、封禪書、管子侈靡篇皆以倍為嚳。偽孔傳亦云：契父帝嚳都亳，湯自商丘遷亳，故曰從先王居。若書序之說可信，則帝嚳之名已見商初之書矣。諸書作嚳或倍者，與夒字聲相近，其或作夋者，則又夒字之譌也。史記五帝本紀索隱引皇甫謐曰：帝嚳名夋。初學記九引帝王世紀曰：帝嚳生而神靈，自言其名曰夋。太平御覽八十引作逡，史記正義引作岌。逡為異文，岌則譌字也。山海經屢稱帝俊（凡十二見），郭璞注於大荒西經帝俊生后稷下云：俊宜為嚳，餘皆以為帝舜之假借。然大荒東經曰：帝俊生仲容；南經曰：帝俊生季釐。是即左氏傳之仲熊、季貍，所謂高辛氏之才子也海内經曰帝俊有子八人實始為歌舞即左氏傳所謂有才子八人也大荒西經帝俊妻常羲生月十有二又傳記所云帝嚳次妃諏訾氏女曰常儀生帝摯者也案詩大雅生民疏引大戴禮帝繫篇曰帝嚳下妃娵訾之女曰常儀生帝摯家語世本其文亦然禮記正義引同而作娵氏之女曰常宜然今本大戴禮及藝文類聚十五太平御覽一百三十五所引世本但云次妃曰娵訾氏產帝摯無曰常儀三字以上文有邰氏之女曰姜嫄有娀氏之女曰簡狄例之當有曰常儀三字三占從二知郭璞以帝俊為帝舜不如皇甫以夋為帝嚳名之當矣祭法殷人禘嚳魯語作殷人禘舜舜亦當作夋嚳為契父為商人所自出之帝故商人禘之卜辭稱高祖夒乃與王亥大乙同稱疑非嚳不足以當之矣

相土

殷虛卜辭有(土)字其文曰貞尞于(土)三小牢卯一牛書契前編卷一第二十四葉又書契卷七第二十五葉又曰貞求年于(土)九牛鐵雲藏龜第二百十六葉又曰貞[illegible]尞于(土)同上第二百二十八葉又曰貞于(土)求前編卷五第一葉(土)即土字盂鼎受民受疆土之土作⊥卜辭用刀契不能作肥筆故空其中作(土)猶[illegible]之作[illegible]■之作口

矣。土疑即相土。史記殷本紀。契卒。子昭明立。昭明卒。子相土立。相土之字。詩商頌春秋左氏傳世本帝繫篇皆作土。而周禮校人注引世本作篇相士作乘馬。作士(楊倞荀子注引世本此條作土)而荀子解蔽篇曰乘杜作乘馬。呂覽勿躬篇曰乘雅作駕。注雅一作持。持杜聲相近。則土是士非。楊倞注荀子曰。以其作乘馬。故謂之乘杜。是乘本非名。相土或單名土。又假用杜也。然則卜辭之土當即相土。曩以卜辭有𡉚土(前編卷四第十七葉)字即邦社。假土為社。疑諸土字皆社之假借字。今觀卜辭中殷之先公有季。有王亥。有王恆。又自上甲至於主癸。無一不見於卜辭。則此土亦當為相土。而非社矣。

季

卜辭人名中又有季。其文曰辛亥卜□貞季□求王。(前編卷五第四十葉兩見)又曰癸巳卜之于季。(同上卷七第四十一葉)又曰貞之于季。(後編卷上第九葉)季亦殷之先公。即冥是也。楚辭天問曰。該秉季德。厥父是臧。又曰恆秉季德。則該與恆皆季之子。該即王亥。恆即王恆。皆見於卜辭。則卜辭之季。亦當是王亥之父冥矣。

王亥

卜辭多記祭王亥事。殷虛書契前編有二事。曰貞尞于王亥。（卷一第四十九葉）曰貞之于王亥卌牛辛亥用。（卷四第八葉）後編中又有七事。曰貞于王亥求年。（卷上第一葉）曰乙巳卜□貞之于王亥十。（下闕同上第十二葉）曰貞尞于王亥。（同上第十九葉）曰尞于王亥。（同上第二十三葉）曰癸卯□貞□□高祖王亥□□□。（同上第二十一葉）曰甲辰卜□貞来辛亥尞于王亥卌牛十二月。（同上第二十三葉）曰貞登王亥羊。（同上第二十六葉）曰貞之于王亥□三百牛。（同上第二十八葉）龜甲獸骨文字有一事。曰貞尞于王亥五牛。（卷一第九葉）觀其祭日用辛亥。其牲用五牛三十牛四十牛。乃至三百牛。乃祭禮之最隆者。必為商之先王先公無疑。案史記殷本紀及三代世表。商先祖中無王亥。惟云冥卒。子振立。振卒。子微立。索隱。振。系本作核。漢書古今人表作垓。然則史記之振。當為核或為垓字之譌也。大荒東經曰。有困民國。句姓而食。有人曰王亥。兩手操鳥。方食其頭。王亥託於有易河伯僕牛。有易殺王亥。取僕牛。郭璞注引竹書曰。殷王子亥賓於有易而淫焉。有易之君緜臣殺而放之。是故殷主甲微假師於河伯以伐有易。克之。遂殺其君緜臣也。（此竹書紀年真本郭氏隱括之如此）今本竹書紀年。帝泄十二年。殷侯子亥賓于有易。有易殺而放之。十六年。殷侯微以河伯之師伐有易。殺其君緜臣。是山海經之王亥。古本紀年作殷王子亥。今本作殷侯子亥。又前於上甲微者一世。則為殷之先祖冥之子微之父無疑。卜辭作王亥。正與山海經同。又祭王亥皆以亥日。則亥乃其正字。世本作核。古今人表作垓。皆其通假字。史記作振。則因與核或垓二字形近而譌。夫山海經一書。其文不雅馴。其中人物。世亦以子虛烏有視之。紀年一書。亦非可盡信者。而王亥之名竟於卜辭見之。其事雖未必盡然，而其人則確非虛構，可知古代傳說存於周秦之間者，非絕無根據也。

王亥之名及其事蹟，非徒見於山海經、竹書，周秦間人著書多能道之。呂覽勿躬篇「王氷作服牛」，案篆文氷作仌，與亥字相似，王仌亦王亥之譌。世本作篇「胲作服牛」（初學記卷二十九引，又御覽八百九十九引世本注作服牛，駭，胲之譌，路史注引世本胲為黄帝馬醫，常醫龍，疑引宋衷注，御覽引宋注曰：胲，黄帝臣也，能駕牛。又云：少昊時人，始駕牛。皆漢人說，不足據。實則作篇之胲，即帝繫篇之核也），其證也。服牛者，即大荒東經之僕牛，古服僕同音，楚辭天問「該秉季德，厥父是臧，胡終弊于有扈，牧夫牛羊」，又曰「恆秉季德，焉得夫朴牛」。該即胲，有扈即有易（說見下），朴牛亦即服牛，是山海經、天問、呂覽、世本，皆以王亥為始作服牛之人。蓋夏初奚仲作車，或尚以人挽之，至相土作乘馬，王亥作服牛，而車之用益廣。管子輕重戊云：殷人之王，立帛牢，服牛馬，以為民利，而天下化之。蓋古之有天下者，其先皆有大功德於天下，禹抑鴻水，稷降嘉種，爰啓夏、周，商之相土、王亥，蓋亦其僖。然則王亥祀典之隆。亦以其為制作之聖人。非徒以其為先祖。周秦間王亥之傳說。胥由是起也。

卜辭言王亥者九。其二有祭日。皆以辛亥。與祭大乙用乙日。祭大甲用甲日同例。是王亥確為殷人以辰為名之始。猶上甲微之為以日為名之始也。然觀殷人之名。即不用日辰者。亦取於時為多。自契以下。若昭明。若昌若。若冥。皆含朝莫明晦之意。而王恒之名。亦取象於月弦。是以時為名或號者。乃殷俗也。夏后氏之以日為名者。有孔甲。有履癸。要在王亥及上甲之後矣。

王恒

卜辭人名。於王亥外。又有王亘。其文曰貞之于王亘。（鐵雲藏龜第一百九十九葉及書契後編卷上第九葉）又曰貞[illegible]之于王亘。（後編卷下第七葉）又作王[illegible]曰貞王[illegible]□（下闕）（前編卷七第十一葉）案亘即恆字。說文解字二部。恆常也。从心从舟在二之間上下。心以舟施恆也。亙古文恆从月。詩曰。如月之恆。案許君既云古文恆从月。復引詩以釋从月之意。而今本古文乃作亙。从二从古文外。蓋傳寫之譌。字當作亙。又說文木部。榧竟也。从木恆聲。亙古文榧。案古从月之字。後或變而从舟。殷虛卜辭朝莫之朝作□。（後編卷下第三葉）从日月在茻間。與莫字从日在茻間同意。而篆文作𦩶。不从月而从舟。以此例之。亙本當作亙。曶鼎有亙字。从心从亙。與篆文之恆从亙者同。即恆之初字。可知亙亙一字。卜辭亙字从二从□。（卜辭月字或作D或作D）其為亙亙二字或恆字之省無疑。其作□者。詩小雅。如月之恆。毛傳。恆。弦也。弦本弓上物。故字又从弓。然則亙□二字。確為恆字。王恆之為殷先祖。惟見於楚辭天問。天問自簡狄在臺嚳何宜以下二十韻。皆述商事。（前夏事後周事）其問王亥以下數世事曰。該秉季德。厥父是臧。胡終弊于有扈。牧夫牛羊。干協時舞。何以懷之。平脅曼膚。何以肥之。有扈牧豎。云何而逢。擊牀先出。其命何從。恆秉季德。焉得夫朴牛。何往營班祿不但還來昏微遵跡有狄不寧何繁鳥萃棘負子肆情眩弟并淫危害厥兄何變化以作詐後嗣而逢長此十二韻以大荒東經及郭注所引竹書參證之實紀王亥王恆及上甲微三世之事而山海經竹書之有易天問作有扈乃字之誤蓋後人多見有扈少見有易又同是夏時事故改易為扈下文又云昏微遵跡有狄不寧昏微即上甲微有狄亦即有易也古狄易二字同音故互相通假說文解字辵部逖之古文作逷書牧誓逖矣西土之人爾雅郭注引作逷矣西土之人書多士離逖爾土詩大雅用逷蠻方魯頌狄彼東南畢狄鐘畢狄不龔此逖逷狄三字異文同義史記殷本紀之簡狄索隱曰舊本作易漢書古今人表作簡逷白虎通禮樂篇狄者易也是古狄易二字通有狄即有易上甲遵跡而有易不寧是王亥弊于有易非弊于有扈故曰扈當為易字之誤也狄易二字不知孰正孰借其國

當在大河之北。或在易水左右。孫氏之說蓋商之先自冥治河。王亥遷殷。今本竹書紀年帝芒三十三年商侯遷于殷其時商侯即王亥也山海經注所引真本竹書亦稱王亥為殷王子亥稱殷不稱商則今本紀年此條古本想亦有之殷在河北非亳殷見余撰三代地理小記已由商邱越大河而北。故游牧於有易高爽之地。服牛之利即發見於此。有易之人乃殺王亥。取服牛。所謂胡終弊于有扈牧夫牛羊者也。其云有扈牧豎云何而逢。擊牀先出其命何從者。似記王亥被殺之事。其云恒秉季德。焉得夫朴牛者。恒蓋該弟。與該同秉季德。復得該所失服牛也。所云昏微遵跡。有狄不寧者。謂上甲微能率循其先人之跡。有易與之有殺父之讎。故為之不寧也。繁鳥萃棘以下。當亦記上甲事。書闕有間。不敢妄為之說。然非如王逸章句所說解居父及象事。固自顯然。要之天問所說。當與山海經及竹書紀年同出一源。而天問就壁畫發問。所記尤詳。恒之一人。并為諸書所未載。卜辭之王恒。與王亥同以王稱。其時代自當相接。而天問之該與恒。適與之相當。前後所陳又皆商家故事則中間十二韻自係述王亥王恆上甲微三世之事然則王亥與上甲微之間又當有王恆一世以世本史記所未載山經竹書所不詳而今於卜辭得之天問之辭千古不能通其說者而今由卜辭通之此治史學與文學者所當同聲稱快者也

上甲

魯語上甲微能帥契者也商人報焉是商人祭上甲微而卜辭不見上甲郭璞大荒東經注引竹書作主甲微而卜辭亦不見主甲余由卜辭有⿷匚乙⿷匚丙⿷匚丁三人名其乙丙丁三字皆在匚或コ中而悟卜辭中凡數十見之田（或作囲）即上甲也卜辭中凡田狩之田字其口中橫直二筆皆與其四旁相接而人名之田則其中橫直二筆或其直筆必與四旁不接與田字區別較然田中十字即古甲字（卜辭與古金文皆同）甲在口中與⿷匚乙⿷匚丙⿷匚丁之乙丙丁三字在匚或

囗中同意亦有口中橫直二筆與四旁接而與田狩字無別者，則上加一作田以別之。上加一者，古六書中指事之法，一在田上，與二字（古文上字）之一在一上同意，去上甲之義尤近。細觀卜辭中記田或𤰔者數十條，亦惟上甲徵始足當之。卜辭中云自田（或作𤰔）至于多后衣者五（書契前編卷二第二十五葉三見，又卷三第二十七葉，後編卷上第二十葉各一見）。其斷片云自田至于多后者三（前編卷二第二十五葉兩見，又卷三第二十八葉一見）。云自田至于武乙衣者一（後編卷上第二十葉）。衣者，古殷祭之名。又卜辭曰丁卯貞來乙亥告自田（後編卷上第二十八葉）。又曰乙亥卜賓貞口大御自田（同上卷下第六葉）。又曰（上闕）貞翌甲口𢆶自田（同上第三十四葉）。凡祭告皆曰自田，是田實居先公先王之首也。又曰辛巳卜大貞之自田元示三牛二示一牛十三月（前編卷三第二十二葉）。又云乙未貞其求自田十又三示牛小示羊（後編卷上第二十八葉）。是田為元示及十有三示之首。殷之先公稱示，主壬主癸，卜辭稱示壬示癸，則田又居先公之首也。商之先人王亥始以辰名，上甲以降皆以日名，是商人數先公當自上甲始且田之為上甲又有可徵證者殷之祭先率以其所名之日祭之祭名甲者用甲日祭名乙者用乙日此卜辭之通例也今卜辭中凡專祭田者皆用甲日如曰在三月甲子□祭田（前編卷四第十八葉）又曰在十月又一（即十有一月）甲申□耏祭田（後編卷下第二十葉）又曰癸卯卜翌甲辰之田牛吉（同上第二十七葉）又曰甲辰卜貞來甲寅又伐田羊五卯牛一（同上第二十一葉）此四事祭田有日者皆用甲日又云在正月□□（此二字闕）祭大甲𢆶田（同上第二十一葉）此條雖無祭日然與大甲同日祭則亦用甲日矣即與諸先王先公合祭時其有日可考者亦用甲日如曰貞翌甲□𢆶自田（同上）又曰癸巳卜貞耏肜日自田至于多后衣亡它自□在四月惟王二祀（前編卷三第二十七葉）又曰癸卯王卜貞耏翌日自田至多后衣亡它在□在九月惟王五祀（後編卷上第二十葉）此二條以癸巳及癸卯卜則其所云之肜日翌日皆甲日也是故田之名甲可以祭日用甲證之田字為十（古甲字）在□中可以匚田

⿴囗丁三名乙丙丁在匚中證之。而此甲之即上甲。又可以其居先公先王之首證之。此說雖若穿鑿。然恐殷人復起。亦無易之矣。魯語稱商人報上甲微。孔叢子引逸書惟高宗報上甲微。此魏晉間僞書之本采入輯本者。今本竹書紀年武丁十二年報祀上甲微。即本諸此。報者蓋非常祭。今卜辭於上甲。有合祭。有專祭。皆常祭也。又商人於先公皆祭。非獨上甲。可知周人言殷禮已多失實。此孔子所以有文獻不足之歎與。

報丁 報丙 報乙

自上甲至湯。史記殷本紀三代世表漢書古今人表有報丁報丙報乙主壬主癸五世。蓋皆出於世本。案卜辭有⿷匚乙⿴囗丙⿴囗丁三人。其文曰。乙丑卜囗貞王賓⿷匚乙祭。下闕見書契後編卷上第八葉又斷片二 又曰丙申卜旅貞王賓⿴囗丙囗亡⿴囗占。同上 又曰丁亥卜貞王賓⿴囗丁彡日亡囗。同上 其乙丙丁三字皆在匚或コ中。又稱之曰王賓。與他先王同。羅參事疑即報乙報丙報丁。而苦無以證之。余案參事說是也。卜辭又有一條曰。丁酉彡𦾔（中闕）⿴口丙三⿴口丁三示（中闕）大丁十大。（下闕見後編卷上第八葉）此文殘闕。然示字下所闕當爲壬字。又自報丁經示壬示癸大乙而後及大丁大甲。則其下又當闕示癸大乙諸字。又所謂⿴口丙三⿴口丁三大丁十者。當謂牲牢之數。據此則⿴口丙⿴口丁在大丁之前。又在示壬示癸之前。非報丙報丁奚屬矣。⿴口丙⿴口丁既爲報丙報丁。則⿷匚乙亦當即報乙。惟卜辭⿴口丙⿴口丁之後即繼以示字。蓋謂示壬。殆以⿷匚乙⿴口丙⿴口丁爲次。與史記諸書不合。然何必史記諸書是而卜辭非乎。又報乙報丙報丁稱報者。殆亦取報上甲微之報以爲義。自是後世追號。非殷人本稱。當時但稱⿷匚乙⿴口丙⿴口丁而已。上甲之甲字在口中。報乙報丙報丁之乙丙丁三字在匚或𠃊中。自是一例。意壇墠或郊宗石室之制。殷人已有行之者與。

主壬　主癸

卜辭屢見示壬示癸。羅參事謂即史記之主壬主癸。其說至確。

而證之至難。今既知田為上甲，則示壬示癸之即主壬主癸亦可證之。卜辭曰：辛巳卜大貞之自田元示三牛二示一牛。（前編卷三第二十二葉）又曰：乙未貞其求自田十又三示牛小示羊。（後編卷上第二十八葉）是自上甲以降均謂之示。則主壬主癸宜稱示壬示癸。又卜辭有示丁。（殷虛書契菁華第九葉）蓋亦即報丁。報丁既作□，又作示丁，則自上甲至示癸皆卜辭所謂元示也。又卜辭稱自田十有三示，而史記諸書自上甲至主癸歷六世而僅得六君，疑其間當有兄弟相及而史失其名者。如王亥與王恆，疑亦兄弟相及，而史記諸書皆不載。蓋商之先公具世數雖傳，而君數已不可考。又商人於先王先公之未立者祀之與已立者同。（見後）故多至十有三示也。

大乙

湯名天乙，見於世本（書湯誓釋文引）及荀子成相篇，而史記仍之。卜辭有大乙，無天乙。羅參事謂天乙為大乙之譌，觀於大戊卜辭亦作

十

天戊。前編卷四第二十六葉卜辭之大邑商。周書多士作天邑商。蓋天大二字形近。故互譌也。且商初葉諸帝。如大丁。如大甲。如大庚。如大戊。皆冠以大字。則湯自當稱大乙。又卜辭曰癸巳貞又ㄐ于伊其□大乙肜日。後編卷上第二十二葉又曰癸酉卜貞大乙伊其。下闕見同上伊即伊尹。以大乙與伊尹并言。尤大乙即天乙之證矣。

唐

卜辭又屢見唐字。亦人名。其一條有唐大丁大甲三人相連。而下文不具。鐵雲藏龜第二百十四葉又一骨上有卜辭三。一曰貞于唐告𠱒方。二曰貞于大甲告。三曰貞于大丁告𠱒。書契後編卷上第二十九葉三辭在一骨上。自係一時所卜。據此則唐與大丁大甲連文。而又居其首。疑即湯也。說文口部。啺古文唐。从口昜。與湯字形相近。博古圖所載齊侯鎛鐘銘曰。虩虩成唐。有嚴在帝所。尃受天命。又曰。奄有九州。處禹之都。夫受天命。有九州。非成湯其孰能當之。太平御覽八十二及九百一十二引歸藏曰昔者桀筮伐唐而枚占熒惑曰不吉博物志六亦云案唐亦即湯也卜辭之唐必湯之本字後轉作啺遂通作湯然卜辭於湯之專祭必曰王賓大乙惟告祭等乃稱唐未知其故

羊甲

卜辭有羊甲無陽甲羅參事證以古樂陽作樂羊歐陽作歐羊謂羊甲即陽甲今案卜辭有曰南庚曰羊甲六字前編卷上第四十二葉羊甲在南庚之次則其即陽甲審矣

祖某　父某　兄某

有商一代二十九帝其未見卜辭者仲壬沃丁雍己河亶甲沃甲廩辛帝乙帝辛八帝也而卜辭出於殷虛乃自盤庚至帝乙時所刻辭自當無帝乙帝辛之名則名不見於卜辭者於二十七帝中實六帝耳又卜辭中人名若𦉢甲前編卷一第十六葉後編卷上第八葉若祖丙前編卷一

第二十二葉。若小丁。同上若祖戊。同上第二十三葉若祖己。同上若中己。後編卷上第八葉若南壬。前編卷一第四十五葉若小癸。龜甲獸骨文字卷二第廿五葉其名號與祀之之禮。皆與先王同。而史無其人。又卜辭所見父甲兄乙等人名頗衆。求之遷殷以後諸帝之父兄。或無其人。曩頗疑世本及史記於有商一代帝繫不無遺漏。今由種種研究。知卜辭中所未見之諸帝。或名亡而實存。至卜辭所有而史所無者。與夫父某兄某等之史無其人以當之者。皆諸帝兄弟之未立而殂者。或諸帝之異名也。試詳證之。一事。商之繼統法。以弟及為主。而以子繼輔之。無弟然後傳子。自湯至於帝辛二十九帝中。以弟繼兄者凡十四帝。此據史記殷本紀若據三代世表及漢書古今人表則得十五帝其傳子者。亦多傳弟之子。而罕傳兄之子。蓋周時以嫡庶長幼為貴賤之制。商無有也。故兄弟之中有未立而死者。其祀之也與已立者同。王亥之弟王恆。其立否不可考。而亦在祀典。且卜辭於王亥王恆外。又有王夨。前編卷一第三十五葉兩見又卷四第三十三葉及後編卷下第四葉各一見亦在祀典疑亦王亥兄弟也。又自上甲至於示癸，史記僅有六君，而卜辭稱自田十有三示，又或稱九示、十示，蓋亦升諸先公兄弟之立與未立者數之。逮有天下後亦然。孟子稱大丁未立，今觀其祀禮則與大乙、大甲同。卜辭有一節曰：癸酉卜貞王賓（此字原奪，以他文例之，此處當有賓字）父丁𢦏三牛，眔兄己一牛，兄庚□□（此二字殘闕，疑亦是一牛二字）亡□。（後編卷上第十九葉）又曰：癸亥卜貞兄庚□眔兄己□。（同上第八葉）又曰：貞兄庚□眔兄己其牛。（同上）考商時諸帝中，凡丁之子無己、庚二人相繼在位者，惟武丁之子有孝己（戰國秦策二、策莊子外物篇、荀子性惡、大畧二篇、漢書古今人表均有孝己，家語弟子解云：高宗以後妻殺孝己，則孝己武丁子也），有祖庚，有祖甲，則此條乃祖甲時所卜，父丁即武丁，兄己、兄庚即孝己及祖庚也。孝己未立，故不見於世本及史記，而其祀典乃與祖庚同，然則上所舉祖丙、小丁諸人名與禮視先王無異者，非諸帝之異名，必諸帝兄弟之未立者矣。周初之制猶與之同。逸周書克殷解曰：王烈祖太王、太伯、王季、虞公、文王、邑考以列升，蓋周公

未制禮以前殷禮固如斯矣

二事卜辭於諸先王本名之外或稱帝某或稱祖某或稱父某兄某羅參事曰有商一代帝王以甲名者六以乙名者五以丁名者六以庚辛名者四以壬名者二惟以丙及戊己名者各一其稱大甲小甲大乙小乙大丁中丁者殆後來加之以示別然在嗣位之君則徑稱其父為父甲其兄為兄己當時已自了然故疑所稱父某兄某者即大乙以下諸帝矣余案參事說是也非獨父某兄某為然其云帝與祖者亦諸帝之通稱卜辭曰己卯卜貞帝甲□（中闕二字）其眔祖丁（後編卷上第四葉）案祖丁之前一帝為沃甲則帝甲即沃甲非周語帝甲亂之之帝甲也又曰祖辛一牛祖甲一牛祖丁一牛（同上第二十六葉）案祖辛祖丁之閒惟有沃甲則祖甲亦即沃甲非武丁之子祖甲也又曰甲辰卜貞王賓求祖乙祖丁祖甲康祖丁武乙衣亡□（同上第二十葉）案武乙以前四世為小乙武丁祖

甲庚丁（羅參事以庚丁爲康丁之譌是也）則祖乙即小乙祖丁即武丁非河亶甲之子祖乙亦非祖辛之子祖丁也又此五世中名丁者有二故於庚丁（實康丁）云康祖丁以別之否則亦直云祖而已然則商人自大父以上皆稱曰祖其不須區別而自明者不必舉其本號但云祖某足矣即須加區別時亦有不舉其本號而但以數別之者如云口口于三祖庚（前編卷一第十九葉）案商諸帝以庚名者大庚第一南庚第二盤庚第三祖庚第四則三祖庚即盤庚也又有稱四祖丁者（後編卷上第三葉凡三見）案商諸帝以丁名者大丁第一沃丁第二中丁第三祖丁第四則四祖丁即史記之祖丁也以名庚者皆可稱祖庚名丁者皆可稱祖丁故加三四等字以別之否則贅矣由是推之則卜辭之祖丙或即外丙祖戊或即大戊祖己或即雍己孝己（此祖己非書高宗肜日之祖己卜辭稱卜貞王賓祖己與先王同而伊尹巫咸皆無此稱固宜別是一人且商時云祖某者皆先王之名非臣子可襲用疑尚書誤）故祖者大父以上諸先王之通稱也其稱父某者亦然父者父與諸父之通稱卜辭

曰父甲一牡。父庚一牡。父辛一牡。後編卷上第二十五葉 此當為武丁時所卜。父甲父庚父辛即陽甲盤庚小辛。皆小乙之兄。而武丁之諸父也。羅參事說 又卜辭凡單稱父某者。有父甲。前編卷一第二十四葉 有父乙。同上第二十五及第二十六葉 有父丁。同上第二十六葉 有父己。同上第二十七葉及卷三第二十三葉後編卷上第六第七葉 有父庚。前編卷一第二十六及第二十七葉 有父辛。同上第二十七葉 今於盤庚以後諸帝之父及諸父中求之。則武丁之於陽甲。庚丁之於祖甲。皆得稱父甲。武丁之於小乙。文丁之於武乙。帝辛之於帝乙。皆得稱父乙。廩辛庚丁之於孝己。皆得稱父己。餘如父庚當為盤庚或祖庚。父辛當為小辛或廩辛。他皆放此。其稱兄某者亦然。案卜辭云兄某者。有兄甲。前編卷一第三十八葉 有兄丁。同上卷一第三十九葉又後編卷上第七葉 有兄戊。前編卷一第四十葉 有兄己。前編卷一第四十及第四十一葉後編卷上第七葉 有兄庚。前編卷一第四十一葉後編卷上第七葉及第十九葉 有兄辛。後編卷上第七葉 有兄壬。同上 有兄癸。同上 今於盤庚以後諸帝之兄求之。則兄甲當為盤庚小辛小乙之稱陽甲。兄己當為祖庚祖甲之稱孝己。兄庚當為小辛小乙之稱盤庚。或祖甲之稱祖庚。

兄辛，當為小乙之稱小辛，或庚丁之稱廩辛，而丁戊、壬癸，則盤庚以後諸帝之兄在位者，初無其人，自是未立而殂者，與孝己同矣。由是觀之，則卜辭中所未見之雍己、沃甲、廩辛等名，雖亡而實或存。其史家所不載之祖丙、小丁（此疑即沃丁或武丁，對大丁或祖丁言，則沃丁與武丁自當稱小丁，猶大甲之後有小甲，祖乙之後有小乙，祖辛之後有小辛矣）、祖戊、祖己、中己、南壬等，或為諸帝之異稱，或為諸帝兄弟之未立者。於是卜辭與世本、史記間毫無牴牾之處矣。

附羅叔言參事二書

昨日下午郵局送到大稿，燈下讀一過，忻快無似。弟自去冬病胃悶損已數月，披覽來編，積痾若失。憶自卜辭初出洹陰，弟一見以為奇寶，而考釋之事未敢自任。研究十年，始稍稍能貫通。往者寫定考釋，尚未能自慊，固知繼我有作者必在先生。不謂捷悟遂至此也。上甲之釋無可疑者，弟意田字即小篆甲字所從出，卜辭田字十外加口，固以示別，與匚回同同例然疑亦用以別於數名之十周人尚用此字兮伯吉父盤之兮田即兮甲也小篆復改作甲者初以十嫌於數名之十古七字而加口作田既又嫌於田疇之田而稍變之秦陽陵虎符甲兵之字作甲變口為冂更譌冂為凵譌十為丁如說文甲字而初形全失反不如隸書甲字尚存古文面目也弟因考卜辭知今隸頗存古文此亦其一矣又田或作亩者弟以為即上甲二字合文許書帝古文作帝注古文諸丄字皆从一篆文皆从二二古文上字考之卜辭及古金文帝示諸文或从二或从一知古文二亦省作一亩者上甲也許君之注當改正為古文諸丄字或从一或从二一與二皆古文上或洨長原文本如此後人轉寫失之耳尊稿當已寫定可不必改正或以弟此書寫附大著之後奉讀大稿弟為忻快累日此書寄到公亦當攬紙首肯也第一札

前書與公論𠀠即上甲二字合書想公必謂然今日補拓以前未選入之龜甲獸骨得一骨上有𠀠字則竟作上田為之狂喜已而檢書契後編見卷下第四十二葉上甲字已有作𠀠者（英人明義士所藏殷虛卜辭第二十九葉并一百十八葉亦兩見𠀠字）又為之失笑不獨弟忽之公亦忽之何耶卜辭上字多作𠄞下字作𠄟下字無所嫌二作𠄟者所以別於數名之二也此𠀠字兩見皆作𠄞又上帝字作𠄞帝其為上字無疑𠀠為𠀠字之省亦無可疑不僅可為弟前說之證亦足證尊說之精確至今隸甲字全與田同但長其直畫想公於此益信今隸源流之古矣（第二札）

丁巳二月參事聞余考卜辭中殷先公先王索稿甚亟既寫定即以草稿寄之復書兩通為余證成上甲二字之釋第一札作於閏二月之望第二札則二十日也余適以展墓反浙至滬讀此二書開緘狂喜亟錄附於後越七日國維記

殷卜辭中所見先公先王續考

丁巳二月，余作殷卜辭中所見先公先王考，時所據者，鐵雲藏龜及殷虛書契前後編諸書耳。踰月，得見英倫哈同氏戩壽堂所藏殷虛文字拓本凡八百紙，又踰月，上虞羅叔言參事以養疴來海上，行裝中有新拓之書契文字約千紙，余盡得見之。二家拓本中足以補證余前說者頗多，乃復寫為一編，以質世之治古文及古史者。閏二月下旬，海甯王國維。

高祖夒

前考以卜辭之□及□為夒，即帝嚳之名，但就字形定之，無他證也。今見羅氏拓本中有一條曰：癸巳貞于高祖□（下闕）案卜辭中惟王亥稱高祖王亥（書契後編卷上第二十二葉），或高祖亥（哈氏拓本），大乙稱高祖乙（後編卷上第三葉）。今□亦稱高祖，斯為□□即夒之確證，亦為夒即帝嚳之確證矣。

上甲　報乙　報丙　報丁　主壬　主癸

前考據書契後編上第八葉一條，證匚丙匚丁即報丙報丁。又據此知卜辭以報丙報丁為次，與史記殷本紀及三代世表不同。比觀哈氏拓本中有一片，有田匚乙示癸等字，而彼片有匚丙匚丁等字，疑本一骨折為二者。乃以二拓本合之，其斷痕若合符節，文辭亦連續可誦。凡殷先公先王自上甲至於大甲，其名皆在焉。其文三行，左行。其辭曰：乙未酒茲品田十、匚乙三、匚丙三、匚丁三、示壬三、示癸三、大丁十、大甲十。下闕此中曰十曰三者，蓋謂牲牢之數。上甲大丁大甲十，而其餘皆三者，以上甲為先公之首，大丁大甲又先王而非先公，故殊其數也。示癸大丁之間無大乙者，大乙為大祖，先公先王或均合食於大祖故也。據此一文之中，先公之名具在，不獨田即上甲，匚乙匚丙匚丁即報乙報丙報丁，示壬示癸即主壬主癸，胥得確證，且足證上甲以後諸先公之次當為報乙報丙報丁主壬主癸，而史記以報丁報乙報丙為次，乃違事實。又據此次序。則首甲次乙次丙次丁。而終於壬癸。與十日之次全同。疑商人以日為名號。乃成湯以後之事。其先世諸公生卒之日。至湯有天下後。定祀典名號時。已不可知。乃即用十日之次序以追名之。故先公之次。乃適與十日之次同。否則不應如此巧合也。茲摹二骨之形狀及文字如左。

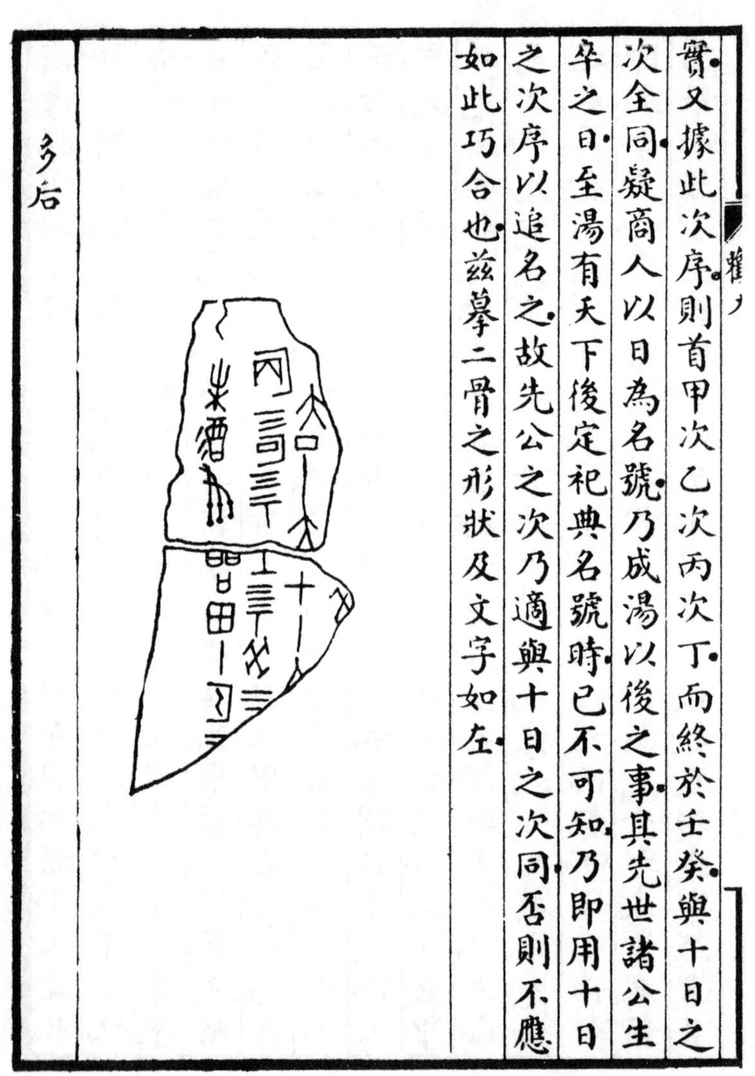

卜辭屢云自田至于多毓衣（見前考）曩疑多毓亦先公或先王之名。今觀戩壽堂所藏殷虛文字，乃知其不然。其辭曰：乙丑卜貞王賓居祖乙□亡尤。又曰：乙卯卜即貞王賓居祖乙父丁𡈼亡尤。又曰：貞居祖乙古十牛四月。又曰：貞居祖乙古十物牛四月。（以上出戩壽堂所藏殷虛文字）又曰：咸居祖乙。（書契前編卷五第五葉）又曰：甲□□貞翌乙□酒彡日于居祖乙亡它。（後編卷上第二十葉）則居亦作居。卜辭又曰：□丑之于五居。（前編卷一第三十葉）合此諸文觀之，則多居殆非人名。案卜辭居字異文頗多，或作毓（前編卷六第二十七葉），或作居（同上卷二第二十五葉），或作毓、作毓、作毓（均同上），或作毓（同上二十五葉），或作毓（後編卷上第二十葉）。字皆从女从古（倒子），或从母从古，象產子之形。其从八川者，則象產子之有水液也。或从人者，與从女从母同意。故以字形言，此字即說文育之或體毓字。毓从每从㐬（倒古文子），與此正同。呂中僕尊曰：呂中僕作毓子寶尊彝。毓子即毓子，毓，稚也。書今文堯典「教育子」，詩豳風「鬻子之閔斯」，書康誥「凡亦不念鞠子哀康王之誥無遺鞠子羞育鬻鞠三字通然卜辭假此為后字古者育胄后聲相近誼亦相通說文解字后繼體君也象人之形施令以告四方故厂之从一口是后从人厂當即𠂊之譌變一口亦古之譌變也后字之誼本从毓義引申其後毓字專用毓育二形后字專用启又譌為后遂成二字卜辭[illegible]又作吘（後編卷下第二十二葉）與启启諸形皆象倒子在人後故先後之後古亦作后蓋毓后後三字實本一字也商人稱先王為后書盤庚曰古我前后又曰女曷不念我古后之聞又曰予念我先神后之勞爾先又曰高后丕乃崇降罪疾又曰先后丕降與汝罪疾詩商頌曰商之先后是商人稱其先人為后是故多后者猶書言多子多士多方也五后者猶詩書言三后在天三后成功也其與祖乙連言者又假為後字後祖乙謂武乙也卜辭以启祖乙父丁連文考殷諸帝中父名乙子名丁者盤庚以後惟小乙武丁及武

乙文丁而小乙卜辭稱小祖乙。（戩壽堂所藏殷虛文字）則居祖乙必武乙矣。商諸帝名乙者六。除帝乙外。皆有祖乙之稱。而各加字以別之。是故高祖乙者謂大乙也。中宗祖乙者謂祖乙也。小祖乙者謂小乙也。武祖乙后祖乙者謂武乙也。卜辭君后之后與先後之後。均用𣫭或居。知毓后後三字之古為一字矣。

中宗祖乙

戩壽堂所藏殷虛文字中。有斷片。存字六。曰中宗祖乙牛吉。稱祖乙為中宗。全與古來尚書學家之說違異。惟太平御覽（八十三）引竹書紀年。曰祖乙滕即位。是為中宗。居庇。（今本紀年注亦云祖乙之世商道復興號為中宗即本此）今由此斷片。知紀年是而古今尚書家說非也。史記殷本紀。以大甲為大宗。大戊為中宗。武丁為高宗。此本尚書今文家說。今徵之卜辭。則大甲祖乙往往并祭。而大戊不與焉。卜辭曰□亥卜貞三示御大乙大甲祖乙五牢。（羅氏拓本）又曰癸丑卜□貞求年于大甲十牢祖乙十牢。（後編上第二十七葉）又曰丁亥卜□貞昔乙酉服𢆶御（中闕）大丁大甲祖乙百鬯百羊卯三百牛。（下闕同上第二十八葉）大乙大甲之後。獨舉祖乙。亦中宗是祖乙非大戊之一證。（晏子春秋內篇諫上夫湯大甲武丁祖乙天下之盛君也亦以祖乙與大甲武丁并稱）

大示　二示　三示　四示

戩壽堂所藏殷虛文字中有一條。其文曰癸卯卜酌求貞乙巳自田廿示一牛二示羊仌賣三示彘牢四示犬。前考以示為先公之專稱。故因卜辭十有三示一語。疑商先公之數不止如史記所紀。今此條稱自田廿示。又與彼云十有三示不同。蓋示者。先公先王之通稱。卜辭云□亥卜貞三示御大乙大甲祖乙五牢。（見前）以大乙大甲祖乙為三示。是先王亦稱示矣。其有大示（亦云元示）二示三示四示之別者。蓋商人祀其先自有差等。上甲之祀與報乙以下不同。大乙大甲祖乙之祀。又與他先王不同。又諸臣亦稱示。卜辭云癸酉卜右伊五示。（羅氏拓本）伊謂伊尹。故有大示二示三示四示之名。卜辭又有小示。蓋卽謂二示以下。小者。對大示言之也。

商先王世數

史記殷本紀三代世表及漢書古今人表所記殷君數同。而於世數則互相違異。據殷本紀。則商三十一帝（除大丁爲三十帝）。共十七世。三代世表以小甲雍己大戊爲大庚弟。（殷本紀大庚子）則爲十六世。古今人表以中丁外壬河亶甲爲大戊弟。（殷本紀大戊子）祖乙爲河亶甲弟。（殷本紀河亶甲子）小辛爲盤庚子。（殷本紀盤庚弟）則增一世。減二世。亦爲十六世。今由卜辭證之。則以殷本紀所記爲近。案殷人祭祀中。有特祭其所自出之先王。而非所自出之先王不與者。前考所舉求祖乙（小乙）祖丁（武丁）祖甲康祖丁（庚丁）武乙衣。其一例也。今檢卜辭中又有一斷片。其文曰（上闕）大甲大庚（中闕）丁祖乙祖（中闕）一羊一南。（下闕共三行左讀見後編卷上第五葉）此片雖殘闕。然於大甲大庚之間不數沃丁。中丁。（中字直筆尚存）祖乙之間不數外壬河亶甲。而一世之中僅舉一帝。蓋亦與前所舉者同例。又其上下所闕。得以意補之如左。

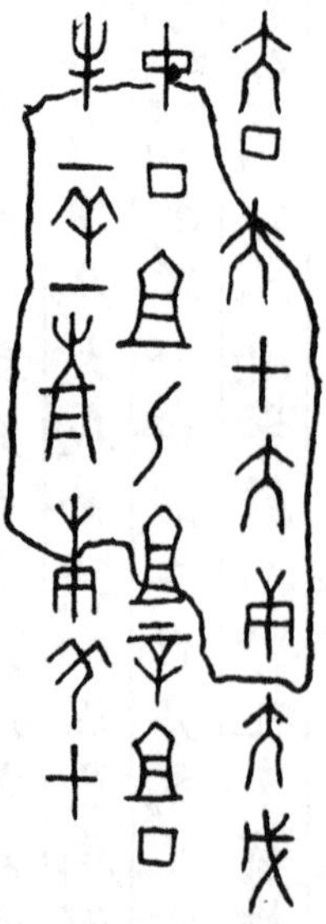

由此觀之。則此片當為盤庚小辛小乙三帝時之物。自大丁至祖丁皆其所自出之先王。以殷本紀世數次之。并以行款求之。其文當如是也。惟據殷本紀。則祖乙乃河亶甲子。而非中丁子。今此片中有中丁而無河亶甲。則祖乙自當為中丁子。史記蓋誤也。且據此。則大甲之後有大庚。則大戊自當爲大庚子。其兄小甲雍己亦然。知三代世表以小甲雍己大戊爲大庚弟者非矣。大戊之後有中丁。中丁之後有祖乙。則中丁外壬河亶甲自當爲大戊子。祖乙自當爲中丁子。知人表以中丁外壬河亶甲祖乙皆爲大戊弟者非矣。卜辭又云父甲一牡。父庚一牡。父辛一牡。（後編卷上第二十五葉）甲爲陽甲。庚則盤庚。辛則小辛。皆武丁之諸父。故曰父甲父庚父辛則人表以小辛爲盤庚子者非矣。凡此諸證。皆與殷本紀合。而與世表人表不合。是故殷自小乙以上之世數。可由此二片證之。小乙以下之世數。可由祖乙祖丁祖甲康祖丁武乙一條證之。考古者得此。可以無遺憾矣。

附殷世數異同表

帝名	殷本紀	三代世表	古今人表	卜辭
湯	主癸子	主癸子	主癸子	一世

大丁	湯子	湯子	湯子	湯子 二世
外丙	大丁弟	大丁弟	大丁弟	
中壬	外丙弟	外丙弟	外丙弟	
大甲	大丁子	大丁子	大丁子	大丁子 三世
沃丁	大甲子	大甲子	大甲子	
大庚	沃丁弟	沃丁弟	沃丁弟	大甲子 四世
小甲	大庚子	大庚弟	大庚子	
雍己	小甲弟	小甲弟	小甲弟	
大戊	雍己弟	雍己弟	雍己弟	大庚子 五世
中丁	大戊子	大戊子	大戊弟	大戊子 六世
外壬	中丁弟	中丁弟	中丁弟	
河亶甲	外壬弟	外壬弟	外壬弟	
祖乙	河亶甲子	河亶甲子	河亶甲弟	中丁子 七世

祖辛	祖乙子	祖乙子	祖乙子	祖乙子 八世
沃甲	祖辛弟	祖辛弟	祖辛弟	
祖丁	祖辛子	祖辛子	祖辛子	祖辛子 九世
南庚	沃甲子	沃甲子	沃甲子	
陽甲	祖丁子	祖丁子	祖丁子	祖丁子 十世
盤庚	陽甲弟	陽甲弟	陽甲弟	陽甲弟 十世
小辛	盤庚弟	盤庚弟	盤庚子	盤庚弟 十世
小乙	小辛弟	小辛弟	小辛弟	小辛弟 十世
武丁	小乙子	小乙子	小乙子	小乙子 十一世
祖庚	武丁子	武丁子	武丁子	武丁子 十二世
祖甲	祖庚弟	祖庚弟	祖庚弟	祖庚弟 十二世
廩辛	祖甲子	祖甲子	祖甲子	
庚丁	廩辛弟	廩辛弟	廩辛弟	祖甲子 十三世

武乙	大丁	帝乙	帝辛
庚丁子	武乙子	大丁子	帝乙子
庚丁子	武乙子	大丁子	帝乙子
庚丁子	武乙子	大丁子	帝乙子
庚丁子十四世			

觀堂集林卷第十

史林二

海甯　王國維

殷周制度論

中國政治與文化之變革莫劇於殷周之際都邑者政治與文化之標徵也自上古以來帝王之都皆在東方太皞之虛在陳大庭氏之庫在魯黃帝邑於涿鹿之阿少皞與顓頊之虛皆在魯衞帝嚳居亳惟史言堯都平陽舜都蒲坂禹都安邑俱僻在西北與古帝宅京之處不同然堯號陶唐氏而冢在定陶之成陽舜號有虞氏而子孫封於梁國之虞縣孟子稱舜生卒之地皆在東夷蓋洪水之災兗州當其下游一時或有遷都之事非定居於西土也禹時都邑雖無可考然夏自太康以後以迄后桀其都邑及他地名之見於經典者率在東土與商人錯處河

濟間蓋數百歲商有天下不常厥邑而前後五遷不出邦畿千里之內故自五帝以來政治文物所自出之都邑皆在東方惟周獨崛起西土武王克紂之後立武庚置三監而去未能撫有東土也逮武庚之亂始以兵力平定東方克商踐奄滅國五十乃建康叔於衛伯禽於魯太公望於齊召公之子於燕其餘蔡郕郜雍曹滕凡蔣邢茅諸國棊置於殷之畿內及其侯甸而齊魯衛三國以王室懿親幷有勳伐居蒲姑商奄故地為諸侯長又作雒邑為東都以臨東諸侯而天子仍居豐鎬者凡十一世自五帝以來都邑之自東方而移於西方蓋自周始故以族類言之則虞夏皆顓頊後殷周皆帝嚳後宜殷周為親以地理言之則虞夏商皆居東土周獨起於西方故夏商二代文化畧同洪範九疇帝之所以錫禹者而箕子傳之矣夏之季世若胤甲若孔甲若履癸始以日為名而殷人承之矣文化既爾政治亦

然周之克殷滅國五十又其遺民或遷之雒邑或分之魯衛諸國而殷人所伐不過韋顧昆吾且豕韋之後仍爲商伯昆吾雖亡而己姓之國仍存於商周之世書多士曰夏迪簡在王庭有服在百僚當屬事實故夏殷間政治與文物之變革不似殷周間之劇烈矣殷周間之大變革自其表言之不過一姓一家之興亡與都邑之移轉自其裏言之則舊制度廢而新制度興舊文化廢而新文化興又自其表言之則古聖人之所以取天下及所以守之者若無以異於後世之帝王而自其裏言之則其制度文物與其立制之本意乃出於萬世治安之大計其心術與規摹迥非後世帝王所能夢見也

欲觀周之所以定天下必自其制度始矣周人制度之大異於商者一曰立子立嫡之制由是而生宗法及喪服之制并由是而有封建子弟之制君天子臣諸侯之制二曰廟數之制三曰

同姓不婚之制。此數者。皆周之所以綱紀天下。其旨則在納上下於道德。而合天子諸侯卿大夫士庶民以成一道德之團體。周公制作之本意。實在於此。此非穿鑿附會之言也。茲篇所論皆有事實為之根據。試畧述之。

殷以前無嫡庶之制。黃帝之崩。其二子昌意玄囂之後。代有天下。顓頊者。昌意之子。帝嚳者。玄囂之子也。厥後虞夏皆顓頊後。殷周皆帝嚳後。有天下者但為黃帝之子孫。不必為黃帝之嫡。世動言堯舜禪讓。湯武征誅。若其傳天下與受天下有大不同者。然以帝繫言之。堯舜之禪天下。以舜禹之功。然舜禹皆顓頊後。本可以有天下者也。湯武之代夏商。固以其功與德。然湯武皆帝嚳後。亦本可以有天下者也。以顓頊以來諸朝相繼之次言之。固已無嫡庶之別矣。一朝之中。其嗣位者亦然。特如商之繼統法。以弟及為主。而以子繼輔之。無弟然後傳子。自成湯至於帝辛三十帝中。以弟繼兄者凡十四帝。（外丙中壬大庚雍己大戊外壬河亶甲沃甲南庚盤庚大辛小乙祖甲庚丁）其以子繼父者。亦非兄之子而多為弟之子。（小甲中丁祖辛武丁祖庚廩辛武乙）惟沃甲崩。祖辛之子祖丁立。祖丁崩。沃甲之子南庚立。南庚崩。祖丁之子陽甲立。此三事獨與商人繼統法不合。此蓋史記殷本紀所謂中丁以後九世之亂。其間當有爭立之事。而不可考矣。故商人祀其先王。兄弟同禮。即先王兄弟之未立者。其禮亦同。是未嘗有嫡庶之別也。此不獨王朝之制。諸侯以下亦然。近保定南鄉出句兵三。皆有銘。其一曰大祖日己祖日丁祖日乙祖日庚祖日丁祖日己祖日己。其二曰祖日乙大父日癸大父日癸中父日癸父日癸父日辛父日己其三曰大兄日乙兄日戊兄日壬兄日癸兄日癸兄日丙。此當是殷時北方侯國勒祖父兄之名於兵器以紀功者。而三世兄弟之名先後駢列。無上下貴賤之別。是故大王之立王季也。文王之舍伯邑考而立武王也。周公之繼武王而攝政稱王也。自殷制言之。皆正也。殷自武乙以後四世傳子又孟子謂以紂為兄之子且以為君而有微子啓王子比干呂氏春秋當務篇云紂之同母三人其長子曰微子啓其次曰仲衍其次曰受德受德乃紂也甚少矣紂母之生微子啓與仲衍也尚為妾已而為妻而生紂紂之父紂之母欲置微子啓以為太子大史據法而爭之曰有妻之子而不可置妾之子紂故為後史記殷本紀則云帝乙長子為微子啓啓母賤不得嗣少子辛辛母正后故立辛為嗣此三說雖不同似商末已有立嫡之制然三說已自互異恐即以周代之制擬之未敢信為事實也舍弟傳子之法實自周始。當武王之崩。天下未定。國賴長君。周公既相武王克殷勝紂。勳勞最高。以德以長。以歷代之制。則繼武王而自立。固其所矣。而周公乃立成王而己攝之。後又反政焉。攝政者。所以濟變也。立成王者。所以居正也。自是以後子繼之法遂為百王不易之制矣。

由傳子之制而嫡庶之制生焉。夫舍弟而傳子者。所以息爭也。兄弟之親本不如父子。而兄之尊又不如父。故兄弟間常不免有爭位之事。特如傳弟既盡之後。則嗣立者當為兄之子歟。弟之子歟。以理論言之。自當立兄之子。以事實言之。則所立者往往為弟之子。此商人所以有中丁以後九世之亂。而周人傳子之制正為救此弊而設也。然使於諸子之中可以任擇一人而立之。而此子又可任立其欲立者。則其爭益甚。反不如商之兄弟以長幼相及者。猶有次第矣。故有傳子之法。而嫡庶之法亦與之俱生。其條例。則春秋左氏傳之說曰。太子死。有母弟則立之。無則立長。年鈞擇賢。義鈞則卜。公羊家之說曰。禮。嫡夫人無子。立右媵。右媵無子。立左媵。左媵無子。立嫡姪娣。嫡姪娣無子立右媵姪娣。右媵姪娣無子。立左媵姪娣。質家親親先立娣。文家尊尊先立姪。嫡子有孫而死。質家親親先立弟。文家尊尊先立孫。其雙生也。質家據現在立先生。文家據本意立後生。此二說中。後說尤為詳密。顧皆後儒充類之說。當立法之初。未必窮其變至此。然所謂立子以貴不以長。立適以長不以賢者。乃傳子法之精髓。當時雖未必有此語。固已用此意矣。蓋天下之大利莫如定。其大害莫如爭。任天者定。任人者爭。定之以天。爭乃不生。故天子諸侯之傳世也，繼統法之立子與立嫡也，後世用人之以資格也，皆任天而不參以人，所以求定而息爭也。古人非不知官天下之名美於家天下，立賢之利過於立嫡，人才之用優於資格，而終不以此易彼者，蓋懼夫名之可藉而爭之易生，其敝將不可勝窮，而民將無時或息也。故衡利而取重，絜害而取輕，而定為立子立嫡之法，以利天下後世，而此制實自周公定之，是周人改制之最大者，可由殷制比較得之。有周一代禮制，大抵由是出也。

是故由嫡庶之制而宗法與服術二者生焉。商人無嫡庶之制，故不能有宗法，藉曰有之，不過合一族之人奉其族之貴且賢者而宗之，其所宗之人，固非一定而不可易，如周之大宗小宗也。周人嫡庶之制，本為天子諸侯繼統法而設，復以此制通之大夫以下，則不為君統而為宗統，於是宗法生焉。周初宗法雖不可考。其見於七十子後學所述者。則喪服小記曰。別子為祖。繼別為宗。繼禰者為小宗。有五世而遷之宗。其繼高祖者也。是故祖遷於上。宗易於下。敬宗所以尊祖禰也。大傳曰。別子為祖。繼別為宗。繼禰者為小宗。有百世不遷之宗。有五世則遷之宗。百世不遷者。別子之後也。宗其繼別子者。百世不遷者也。宗其繼高祖者。五世則遷者也。尊祖故敬宗。敬宗尊祖之義也。是故有繼別之大宗。有繼高祖之宗。有繼曾祖之宗。有繼祖之宗。有繼禰之宗。是為五宗。其所宗者皆嫡也。宗之者皆庶也。此制為大夫以下設。而不上及天子諸侯。鄭康成於喪服小記注曰。別子。諸侯之庶子。別為後世為始祖者也。謂之別子者。公子不得禰先君也。又於大傳注曰。公子不得宗君。是天子諸侯雖本世嫡。於事實當統無數之大宗。然以尊故無宗名。其庶子不得禰先君。又不得宗今君。故自為別子。而其子乃為繼別之大宗。言禮者嫌別子之世近於無宗也故大傳說之曰有大宗而無小宗者有小宗而無大宗者有無宗亦莫之宗者公子是也公子有宗道公子之公為其士大夫之庶者宗其士大夫之適者注曰公子不得宗君君命適昆弟為之宗使之宗之此傳所謂有大宗而無小宗也又若無適昆弟則使庶昆弟一人為之宗而諸庶兄弟事之如小宗此傳所謂有小宗而無大宗也大傳此說頗與小記及其自說違異蓋宗必有所繼我之所以宗之者以其繼別若繼高祖以下故也君之嫡昆弟庶昆弟皆不得繼先君又何所據以為衆兄弟之宗乎或云立此宗子者所以合族也若然則所合者一公之子耳至此公之子與先公之子若孫間仍無合之之道是大夫士以下皆有族而天子諸侯之子於其族曾祖父母從祖祖父母世父母叔父母以下服之所及者乃無綴屬之法是非先王教人親親之意也故由尊之統言

則天子諸侯絶宗王子公子無宗可也由親之統言則天子諸侯之子身為別子而其後世為大宗者無不奉天子諸侯以為最大之大宗特以尊卑既殊不敢加以宗名而其實則仍在也故大傳曰君有合族之道其在詩小雅之常棣序曰燕兄弟也其詩曰儐爾籩豆飲酒之飫兄弟既具和樂且孺大雅之行葦序曰周家能内睦九族也其詩曰戚戚兄弟莫遠具邇或肆之筵或授之几是即周禮大宗伯所謂以飲食之禮親宗族兄弟者是天子之收族也文王世子曰公與族人燕則以齒又曰公與族人燕則異姓為賓是諸侯之收族也夫收族者大宗之事也又在小雅之楚茨曰諸父兄弟備言燕私此言天子諸侯祭畢而與族人燕也尚書大傳曰宗室有事族人皆侍終日大宗已侍於賓奠然後燕私燕私者何也祭已而與族人飲也是祭畢而燕族人者亦大宗之事也是故天子諸侯雖無大宗之名

而有大宗之實篤公劉之詩曰食之飲之君之宗之傳曰為之君為之大宗也板之詩曰大宗維翰傳曰王者天下之大宗又曰宗子維城箋曰王者之嫡子謂之宗子是禮家之大宗限於大夫以下者詩人直以稱天子諸侯惟在天子諸侯則宗統與君統合故不必以宗名大夫士以下皆以賢才進不必身是嫡子故宗法乃成一獨立之統系是以喪服有為宗子及其母妻之服皆齊衰三月與庶人為國君曾孫為曾祖父母之服同適子庶子祗事宗子宗婦雖貴富不敢以貴富入於宗子之家子弟猶歸器祭則具二牲獻其賢者於宗子夫婦皆齊而宗敬焉終事而敢私祭是故大夫以下君統之外復戴宗統此由嫡庶之制自然而生者也

其次則為喪服之制喪服之大綱四曰親親曰尊尊曰長長曰男女有別無嫡庶則有親而無尊有恩而無義而喪服之統系

矣故殷以前之服制就令成一統系其不能如周禮服之完密則可斷也喪服中之自嫡庶之制出者如父為長子三年為衆子期庶子不得為長子三年母為長子三年為衆子期公為適子之長殤中殤大功為庶子之長殤中殤無服大夫為適子之長殤中殤大功為庶子之長殤小功適婦大功庶婦小功適孫期庶孫小功大夫為嫡孫為士者期庶孫小功出妻之子為母期為父後者則為出母無服為父後者為其母緦大夫之適子為妻期庶子為妻小功大夫之庶子為適昆弟期為庶昆弟大功為適昆弟之長殤中殤大功為庶昆弟之長殤小功為適昆弟之下殤小功為庶昆弟之下殤無服女子子適人者為其昆弟之為父後者期為衆昆弟大功凡此皆出於嫡庶之制無嫡庶之世其不適用此制明矣又無嫡庶則無宗法故為宗子與宗子之母妻之服無所施無嫡庶無宗法則無為人後者故為

人後者爲其所後及爲其父母昆弟之服亦無所用故喪服一篇其條理至精密纖悉者乃出於嫡庶之制既行以後自殷以前決不能有此制度也

爲人後者爲之子此亦由嫡庶之制生者也商之諸帝以弟繼兄者但後其父而不後其兄故稱其所繼者仍曰兄甲兄乙既不爲之子斯亦不得云爲之後矣又商之諸帝有專祭其所自出之帝而不及非所自出者卜辭有一條曰大丁大甲大庚大戊中丁祖乙祖辛祖丁牛一羊一（殷虛書契後編卷上第五葉及拙撰殷卜辭中所見先公先王續考）其於大甲大庚之間不數沃丁是大庚但後其父大甲而不爲其兄沃丁後也中丁祖乙之間不數外壬河亶甲是祖乙但後其父中丁而不爲其兄外壬河亶甲後也又一條曰□祖乙（小乙）祖丁（武丁）祖甲康祖丁（庚丁）武乙衣（書契後編卷上第二十葉并拙撰殷卜辭中所見先公先王考）於祖甲前不數祖庚康祖丁前不數廩辛是亦祖甲本不後其兄祖庚庚丁不後其兄廩

辛。故後世之帝。於合祭之一種中乃廢其祀。(其特祭仍不廢)是商無為人後者為之子之制也。周則兄弟之相繼者。非為其父後而實為所繼之兄弟後。以春秋時之制言之。春秋經文二年書八月丁卯大事于大廟躋僖公。公羊傳曰。譏何譏爾逆祀也。其逆祀奈何。先禰而後祖也。夫僖本閔兄而傳乃以閔為祖僖為禰。是僖公以兄為弟閔公後。即為閔公子也。又經於成十五年書三月乙巳仲嬰齊卒。傳曰。仲嬰齊者。公孫嬰齊也。公孫嬰齊則曷為謂之仲嬰齊。為兄後也。為兄後則曷為謂之仲嬰齊。為人後者為之子也。為人後者為之子。則其稱仲何。孫以王父字為氏也。然則嬰齊孰後。後歸父也。夫嬰齊為歸父弟。以為歸父後。故祖其父仲遂而以其字為氏。是春秋時為人後者無不即為其子。此事於周初雖無可考。然由嫡庶之制推之。固當如是也。

又與嫡庶之制相輔者。分封子弟之制是也。商人兄弟相及。凡一帝之子。無嫡庶長幼。皆為未來之儲貳。故自開國之初。已無封建之事。矧在後世。惟商末之微子箕子。先儒以微箕為二國名。然比干亦王子而無封。則微箕之為國名。亦未可遽定也。是以殷之亡。僅有一微子以存商祀。而中原除宋以外。更無一子姓之國。以商人兄弟相及之制推之。其效固應如是也。周人既立嫡長。則天位素定。其餘嫡子庶子。皆視其貴賤賢否。疇以國邑。開國之初。建兄弟之國十五。姬姓之國四十。大抵在邦畿之外。後王之子弟。亦皆使食畿內之邑。故殷之諸侯皆異姓。而周則同姓異姓各半。此與政治文物之施行甚有關係。而天子諸侯君臣之分。亦由是而確定者也。

自殷以前。天子諸侯君臣之分未定也。故當夏后之世。而殷之王亥王恆累葉稱王。湯未放桀之時。亦已稱王。當商之末。而周之文武亦稱王。蓋諸侯之於天子。猶後世諸侯之於盟主。未有君臣之分也。周初亦然。於牧誓大誥。皆稱諸侯曰友邦君。是君臣之分亦未全定也。逮克殷踐奄。滅國數十。而新建之國皆其功臣昆弟甥舅。本周之臣子。而魯衛晉齊四國。又以王室至親為東方大藩。夏殷以來古國。方之蔑矣。由是天子之尊。非復諸侯之長而為諸侯之君。其在喪服。則諸侯為天子斬衰三年。與子為父臣為君同。蓋天子諸侯君臣之分始定於此。此周初大一統之規模。實與其大居正之制度相待而成者也。

嫡庶者尊尊之統也。由是而有宗法。有服術。其效及於政治者。則為天位之前定。同姓諸侯之封建。天子之尊嚴。然周之制度。亦有用親親之統者。則祭法是已。商人祭法見於卜辭所紀者。至為繁複。自帝嚳以下。至於先公先王先妣。皆有專祭。祭各以其名之日。無親疏遠邇之殊也。先公先王之昆弟。在位者與不在位者祀典畧同。無尊卑之差也。其合祭也。則或自上甲至於大甲九世。或自上甲至於武乙二十世。或自大丁至於祖丁八世。或自大庚至於中丁三世。或自帝甲至於祖丁二世。或自小乙至於武乙五世。或自武丁至於武乙四世。又數言自上甲至於多后衣。此於卜辭屢見。必非周人三年一祫五年一禘之大祭。是無毀廟之制也。雖呂覽引商書言五世之廟可以觀怪。而卜辭所紀事實。乃全不與之合。是殷人祭其先無定制也。周人祭法。詩書禮經皆無明文。據禮家言。乃有七廟四廟之說。此雖不可視為宗周舊制。然禮家所言廟制。必已萌芽於周初。固無可疑也。古人言周制尚文者。蓋兼綜數義而不專主一義之謂。商人繼統之法。不合尊尊之義。其祭法又無遠邇尊卑之分。則於親親尊尊二義皆無當也。周人以尊尊之義經親親之義而立嫡庶之制。又以親親之義經尊尊之義而立廟制。此其所以為文也。說廟制者。有七廟四廟之殊。然其實不異。王制禮器祭法春秋穀梁傳皆言天子七廟諸侯五曾子問言當七廟五廟無虛主荀子禮論篇亦言有天下者事七世有一國者事五世惟喪服小記獨言王者禘其祖之所自出以其祖配之而立四廟鄭注高祖以下也與始祖而五也如鄭說是四廟實五廟也漢書韋玄成傳玄成等奏祭義曰王者禘其祖之所自出以其祖配之而立四廟言始受命而王祭天以其祖配而不為立廟親盡也立親廟四親親也親盡而迭毀親疏之殺示有終周之所以七廟者以后稷始封文王武王受命而王是以三廟不毀與親廟四而七公羊宣六年傳何注云禮天子諸侯立五廟周家祖有功宗有德立后稷文武廟至於子孫自高祖以下而七廟王制鄭注亦云七者太祖及文武之祧與親廟四則周之七廟仍不外四廟之制劉歆獨引王制說之曰天子三昭三穆與太祖之廟而七七者其正法不可常數者也宗不在此數中宗

變也是謂七廟之中不數文武則有親廟六以禮意言之劉說非也蓋禮有尊之統有親之統以尊之統言之祖愈遠則愈尊則如殷人之制徧祀先公先王可也廟之有制也出於親之統由親之統言之則親親以三為五以五為九上殺下殺旁殺而親畢矣親上不過高祖下不過玄孫故宗法服術皆以五為節喪服有曾祖父母服而無高祖父母服曾祖父母之服不過齊衰三月若夫玄孫之生殆未有及見高祖父母之死者就令有之其服亦不過袒免而止此親親之界也過是則親屬竭矣故遂無服服之所不及祭亦不敢及此禮服家所以有天子四廟之說也劉歆又云天子七日而殯七月而葬諸侯五日而殯五月而葬此喪事尊卑之序也與廟數相應春秋左氏傳曰名位不同禮亦異數自上以下降殺以兩禮也雖然言豈一端而已禮有以多為貴者有以少為貴者有無貴賤一者車服之節殯

葬之期此有等衰者也至於親親之事則貴賤無以異以三為五大夫以下用之以五為九雖天子不能過也既有不毀之廟以存尊統復有四親廟以存親統此周禮之至文者也宗周之初雖無四廟明文然祭之一種限於四世則有據矣逸周書世俘解王克殷格於廟王烈祖自大王大伯王季虞公文王邑考以列升此太伯虞公邑考與三王并升猶用殷禮然所祀者四世也中庸言周公成文武之德追王大王王季上祀先公以天子之禮於先公之中追王二代與文武而四則成王周公時廟數雖不必限於四王然追王者與不追王者之祭固當有別矣書顧命所設几筵乃成王崩召公攝成王册命康王時依神之席（見拙撰周書顧命考及顧命後考）而其席則牖間西序東序與西夾凡四此亦為大王王季文王武王設是周初所立即令不止四廟其於高祖以下固與他先公不同其後遂為四親廟之制又加以后稷文武

遂為七廟。是故徧祀先公先王者，殷制也；七廟四廟者，七十子後學之說也。周初制度自當在此二者間，雖不敢以七十子後學之說上擬宗周制度，然其不如殷人之徧祀其先，固可由其他制度知之矣。

以上諸制，皆由尊尊親親二義出。然尊尊親親賢賢，此三者治天下之通義也。周人以尊尊親親二義，上治祖禰，下治子孫，旁治昆弟，而以賢賢之義治官。故天子諸侯世，而天子諸侯之卿大夫士皆不世。蓋天子諸侯者，有土之君也；有土之君不傳子不立嫡，則無以弭天下之爭；卿大夫士者，圖事之臣也，不任賢無以治天下之事。以事實證之，周初三公，惟周公為武王母弟，召公則疏遠之族兄弟，而太公又異姓也。成康之際，其六卿為召公、芮伯、彤伯、畢公、衛侯、毛公，而召、畢、毛三公又以卿兼三公，周公、太公之子不與焉。王朝如是，侯國亦然，故春秋譏世卿世卿者後世之亂制也。禮有大夫為宗子之服，若如春秋以後世卿之制，則宗子世為大夫，而支子不得與，又何大夫為宗子服之有矣。此卿大夫士不世之制，當自殷已然，非屬周制，慮後人疑傳子立嫡之制通乎大夫以下，故附著之。

男女之別，周亦較前代為嚴。男子稱氏，女子稱姓，此周之通制也。上古女無稱姓者，有之惟一姜嫄，姜嫄者，周之妣，而其名出於周人之口者也。傳言黃帝之子為十二姓，祝融之後為八姓，又言虞為姚姓，夏為姒姓，商為子姓，凡此紀錄，皆出周世。據殷人文字，則帝王之妣與母皆以日名，與先王同，諸侯以下之妣亦然。（傳世商人彝器多有妣甲妣乙諸文）雖不敢謂殷以前無女姓之制，然女子不以姓稱，固事實也。（晉語殷辛伐有蘇氏，有蘇氏以妲己女焉。案蘇國己姓，其女稱妲己，似已為女子稱姓之始，然恐亦周人追名之）而周則大姜、大任、大姒、邑姜皆以姓著，自是訖於春秋之末，無不稱姓之女子。大傳曰：四世而緦，服之窮也；五世袒免，殺同姓也；六世親屬竭矣。其庶姓別於上而戚單於下婚姻可以通乎又曰繫之以姓而弗別綴之以食而弗殊雖百世而婚姻不通者周道然也然則商人六世以後或可通婚而同姓不婚之制實自周始女子稱姓亦自周人始矣

是故有立子之制而君位定有封建子弟之制而異姓之勢弱天子之位尊有嫡庶之制於是有宗法有服術而自國以至天下合為一家有卿大夫不世之制而賢才得以進有同姓不婚之制而男女之別嚴且異姓之國非宗法之所能統者以婚媾甥舅之誼通之於是天下之國大都王之兄弟甥舅而諸國之閒亦皆有兄弟甥舅之親周人一統之策實存於是此種制度固亦由時勢之所趨然手定此者實惟周公原周公所以能定此制者以公於舊制本有可以為天子之道其時又躬握天下之權而顧不嗣位而居攝又由居攝而致政其無利天下之心

昭昭然為天下所共見故其所設施人人知為安國家定民人之大計一切制度遂推行而無所阻矣由是制度乃生典禮則經禮三百曲禮三千是也凡制度典禮所及者除宗法喪服數大端外上自天子諸侯下至大夫士止民無與焉所謂禮不下庶人是也若然則周之政治但為天子諸侯卿大夫士設而不為民設乎曰非也凡有天子諸侯卿大夫士者以為民也有制度典禮以治天子諸侯卿大夫士使有恩以相治有義以相分而國家之基定爭奪之禍泯焉民之所求者莫先於此矣且古之所謂國家者非徒政治之樞機亦道德之樞機也使天子諸侯大夫士各奉其制度典禮以親親尊尊賢賢明男女之別於上而民風化於下此之謂治反是則謂之亂是故天子諸侯卿大夫士者民之表也制度典禮者道德之器也周人為政之精髓實存於此此非無徵之說也以經證

之禮。經言治之迹者。但言天子諸侯卿大夫士。而尚書言治之意者。則惟言庶民。康誥以下九篇。周之經綸天下之道胥在焉。其書皆以民為言。召誥一篇。言之尤為反覆詳盡。曰命。曰天。曰民。曰德。四者一以貫之。其言曰。天亦哀於四方民。其眷命用懋。王其疾敬德。又曰。今天其命哲。命吉凶。命歷年。知今我初服。宅新邑。肆惟王其疾敬德。王其德之用。祈天永命。又曰。欲王以小民受天永命。且其所謂德者。又非徒仁民之謂。必天子自納於德而使民則之。故曰。其惟王勿以小民淫用非彝。又曰。其惟王位在德元。小民乃惟刑用於天下。越王顯。充此言以治天下。可云至治之極軌。自來言政治者。未能有高焉者也。古之聖人亦豈無一姓福祚之念存於其心。然深知夫一姓之福祚與萬姓之福祚是一非二。又知一姓萬姓之福祚與其道德是一非二。故其所以祈天永命者。乃在德與民二字。此篇乃召公之言。而史佚書之以誥天下。洛誥云作册逸誥是史逸所作召誥與洛誥日月相承乃一篇分為二者故亦史佚作也文武周公所以治天下之精義大法胥在於此。故知周之制度典禮實皆為道德而設。而制度典禮之專及大夫士以上者亦未始不為民而設也。

周之制度典禮乃道德之器械。而尊尊親親賢賢男女有別四者之結體也。此之謂民彝。其有不由此者謂之非彝。康誥曰勿用非謀非彝。召誥曰其惟王勿以小民淫用非彝。非彝者禮之所去。刑之所加也。康誥曰凡民自得罪寇攘姦宄殺越人于貨暋不畏死。罔不憝。又曰元惡大憝。矧惟不孝不友子弗祗服厥父事。大傷厥考心。于父不能字厥子。乃疾厥子。於弟弗念天顯。乃弗克恭厥兄。兄亦不念鞠子哀。大不友于弟。惟弔茲不於我政人得罪。天惟與我民彝大泯亂。曰乃其速由文王作罰。刑茲無赦。此周公誥康叔治殷民之道。殷人之刑惟寇攘姦宄。而周人之刑則弁及不孝不友。故曰惟弔茲不於我政人得罪。又曰乃其速由文王作罰。其重民彝也如此。是周制刑之意亦本於德治禮治之大經。其所以致太平與刑措者。蓋可覩矣。

夫商之季世。紀綱之廢道德之隳極矣。周人數商之罪。於牧誓曰。今商王受。惟婦言是用。昏弃厥肆祀。弗答昏弃厥遺王父母弟弗迪。乃惟四方之多罪逋逃。是崇是長。是信是使。是以為大夫卿士。以暴虐於百姓。以姦宄於商邑。於多士曰。在今後嗣王。誕淫厥泆。罔顧於天顯民祇。於多方曰。乃惟爾辟。以爾多方。大淫圖天之命。屑有辭。於酒誥曰在今後嗣王酣身。厥命罔顯于民。祇保越怨不易。誕惟厥縱淫泆于非彝用燕喪威儀。民罔不盡傷心。惟荒腆于酒不惟自息乃逸。厥心疾很不克畏死。辜在商邑。越殷國民無罹。弗惟德馨香祀登聞于天。誕惟民怨。庶羣自酒。腥聞在上。故天降喪于殷。罔愛于殷惟逸。天非虐。惟民自速辜由前三者之説則失德在一人由後之説殷之臣民其漸於亡國之俗久矣此非敵國誣謗之言也殷人亦屢言之西伯戡黎曰惟王淫戲用自絕微子曰我用沈酗於酒用亂敗厥德於下殷罔不小大好草竊姦宄卿士師師非度凡有辜罪乃罔恆獲小民方興相為敵讎又曰天毒降災荒殷邦方興沈酗於酒乃罔畏畏咈其耇長舊有位人今殷民乃攘竊神祇之犧牷牲用以容將食無災夫商道尚鬼乃至竊神祇之犧牲卿士濁亂於上而法令隳廢於下舉國上下惟姦宄敵讎之是務固不待孟津之會牧野之誓而其亡已決矣而周自大王以後世載其德自西土邦君御事小子皆克用文王教至於庶民亦聰聽祖考之彝訓是殷周之興亡乃有德與無德之興亡故克殷之後尤兢兢以德治為務召誥曰我不可不監於有夏亦不可不監於有殷我不敢知曰有夏受天命惟有歷年我不敢知曰不

其延。惟不敬厥德。乃早墜厥命。我不敢知。曰有殷受天命。惟有歷年。我不敢知。曰不其延。惟不敬厥德。乃早墜厥命。今王嗣受厥命。我亦惟茲二國命。嗣若功。王乃初服。周之君臣。於其嗣服之初反覆教戒也如是。則知所以驅草竊姦宄相爲敵讎之民而躋之仁壽之域者。其經綸固大有在。欲知周公之聖。與周之所以王。必於是乎觀之矣。

觀堂集林卷第十一　史林三

海甯　王國維

太史公行年考

公姓司馬氏名遷字子長案子長之字史記自序與漢書本傳皆不載揚子法言寡見篇或問司馬子長有言五經不如老子之約也又君子篇多愛不忍子長也仲尼多愛愛義也子長多愛愛奇也子長二字之見於先漢人著述者始此嗣是王充論衡超奇變動須頌案書篇張衡應閒皆稱司馬子長或單稱子長是子長之字兩漢人已多道之正不必以不見史漢為疑矣左馮翊夏陽人也案自序司馬氏入少梁在晉隨會奔秦之歲即魯文公七年周襄王之三十二年越二百九十一年至秦惠文王八年而魏入少梁河西地於秦十一年改少梁曰夏陽自司馬氏入少梁逅史公之生凡四百七十五年自序云昔在顓頊至於夏商重黎氏世序天地其在周程伯休父其後也當周宣王時失其守而為司馬氏司馬氏世典周史惠襄之閒司馬氏去周適晉晉中軍隨會奔秦而司馬氏入少梁自司馬氏去周適晉分散或在衞或在趙或在秦在秦者名錯與張儀爭論於是惠王使錯將伐蜀遂拔因而守之錯孫靳事武安君白起與武安君共阬趙長平

單還而與之俱死杜郵葬於華池集解引晉灼曰地名在鄠縣索隱云晉灼非也案司馬遷碑在夏陽西北四里國維案水經河水注陶渠水又東南逕華池南池方三百六十七步在夏陽城西北四里許故司馬遷碑文云高門華池在茲夏陽城西北漢陽太守殷濟精舍四里所此索隱所本也靳孫昌昌為秦主鐵官昌生無澤漢書作毋澤無澤為漢市長無澤生喜喜為五大夫卒皆葬高門集解引蘇林曰長安北門瓚曰長安城無高門索隱云蘇說非也案遷碑高門在夏陽西北去華池三里國維案水經河水注陶渠水又南逕高門原蓋層阜墮缺故流高門之稱矣又云高門原東去華池三里太平寰宇記同州韓城縣下引水經注高門原南有層阜秀出雲表俗謂馬門原正義引括地志亦云高門原俗名馬門原蓋亦本古本水經注馬門原或以司馬氏冢地名矣喜生談談為太史公說見後太史公學天官於唐都律書今上即位招致方士唐都分其天部而巴落下閎運算轉歷然後日辰之度與夏正同天官書自漢之為天數者星則唐都氣則王朔漢書律歷志元封七年選漢歷方士唐都巴郡落下閎與焉又公孫宏傳論治歷則唐都落下閎是唐都實與於太初改歷之役考司馬談卒于元封元年而其所師之唐都至七年尚存則都實壽考人矣受易於楊何儒林列傳易漢興田何傳東武人王同子仲子仲傳菑川人楊何何以易元光元年徵官至中大夫漢書儒林傳何字叔元習道論於黃子集解徐廣曰儒林傳曰黃生好黃老之術案傳云轅固生孝景時為博士與黃生爭論是黃生與司馬談時代畧相當徐說殆是也談既習道論故論六家要旨頗右道家與史公無與乃揚雄云司馬子長有言五經不如老子之約班彪譏公先黃老而後六經是誤司馬談之說為史公之說矣仕於建元元封之間有子曰遷即公是也

漢景帝中五年丙申公生一歲

案自序索隱引博物志太史令茂陵顯武里大夫司馬此下奪遷字年二十八三年六月乙卯除六百石也今本博物志無此文當在逸篇中又茂先此條當本先漢記錄非魏晉人語說詳後

案三年者。武帝之元封三年。茍元封三年史公年二十八。則當生於建元六年。然張守節正義於自序為太史令五年而當太初元年下云。案遷年四十二歲。與索隱所引博物志差十歲。正義所云亦當本博物志。疑今本索隱所引博物志年二十八。張守節所見本作年三十八。三訛為二。乃事之常。三訛為四。則於理為遠。以此觀之。則史公生年。當為孝景中五年。而非孝武建元六年矣。

又案自序。遷生龍門。龍門在夏陽北。正義引括地志云。龍門山在同州韓城縣北五十里。而華池則在韓城縣西南十七里。相去七十里。似當司馬談時。公家已徙而向東北。然公自云生龍門者。以龍門之名見於夏書。較少梁夏陽為古。故樂用之。未必專指龍門山下。又云耕牧河山之陽。則所謂龍門。固指山南河曲數十里間矣。

武帝建元元年辛丑六歲

五年乙巳十歲

案自序年十歲則誦古文索隱引劉伯莊説謂即左傳國語世本等書是也考司馬談仕於建元元封間是時當已入官公或隨父在京師故得誦古文矣自是以前必已就閭里書師受小學書故十歲而能誦古文

元光元年丁未十二歲

二年戊申十三歲

案漢舊儀（太平御覽卷二百三十五引）司馬遷父談世爲太史遷年十三使乘傳行天下求古諸侯之史記（西京雜記卷六文畧同）考自序云二十而南遊江淮則衞宏説非也或本作二十誤倒爲十二又訛二爲三與

元朔元年癸丑十八歲

三年乙卯二十歲

案自序。二十而南遊江淮。上會稽。探禹穴。闚九疑。浮於沅湘。北涉汶泗。講業齊魯之都。觀孔子之遺風。鄉射鄒嶧。𡰥困鄱薛彭城。過梁楚以歸。考自序所紀。亦不盡以遊之先後為次。其次當先浮沅湘。闚九疑。然後上會稽。自是北涉汶泗過楚及梁而歸。否則既東復西。又折而之東北。殆無是理。史公此行。據衞宏說。以為奉使乘傳行天下。求古諸侯之史記也。然公此時尚未服官。下文云於是遷始仕為郎中。明此時尚未仕。則此行殆為宦學。而非奉使矣。

又案史公遊踪見於史記者。五帝本紀曰。余嘗西至空同。北過涿鹿。東漸於海。南浮江淮矣。封禪書曰。余從祭天地諸神名山川而封禪焉。河渠書曰。余南登廬山。觀禹疏九江。遂至於會稽大湟。上姑蘇。望五湖。東闚洛汭大邳。迎河。行淮泗濟漯洛渠。西瞻蜀之岷山及離碓。北至龍門。至於朔方。齊太公世家曰。吾適齊。自泰山屬之琅邪。北被於海。膏壤二千里。巍世家曰。吾適故大梁之墟。孔子世家曰。余適魯。觀仲尼廟堂車服禮器。諸生以時習禮其家。余低徊留之不能去云。伯夷列傳曰。余登箕山。其上蓋有許由冢云。孟嘗君列傳曰。吾嘗過薛。其俗閭里率多暴桀子弟。與鄒魯殊。信陵君列傳曰。吾過大梁之墟。求問其所謂夷門。夷門者城之東門也。春申君列傳曰。吾適楚。觀春申君故城宮室。盛矣哉。屈原賈生列傳曰。余適長沙。觀屈原所自沈淵。蒙恬列傳曰。吾適北邊。自直道歸。行觀蒙恬所為秦築長城亭障。塹山堙谷。通直道。固已輕百姓力矣。淮陰侯列傳曰。吾如淮陰。淮陰人為言。韓信雖為布衣時。其志與衆異。其母死。貧無以葬。然乃行營高敞地。令其旁可置萬家。余視其母冢。良然。樊酈滕灌列傳曰。吾適豐沛。問其遺老。觀故蕭曹樊噲滕公之家。自序曰。奉使西征巴蜀以南。南略邛笮昆明。是史公足跡。殆遍宇內。所未至者。朝鮮河西嶺南諸初郡耳。此上所引。其有年可考者。仍各繫之於其年下。餘大抵是歲事也。是歲所歷各地。以先後次之如左。

適長沙。觀屈原所自沈淵。（屈原賈生列傳）浮於沅湘。（自序）闚九疑。（同上）南登廬山。觀禹疏九江。遂至於會稽大湟。（河渠書）上會稽。探禹穴。（自序）上姑蘇。望五湖。（河渠書）適楚。觀春申君故城宮室。（春申君列傳）（據越絕書則春申君故城宮室在吳）適淮陰。（淮陰侯列傳）行淮泗濟漯。（河渠書）北涉汶泗。講業齊魯之都。觀孔子之遺風。鄉射鄒嶧。（自序）適魯。觀仲尼廟堂車服禮器。諸生以時習禮其家。（孔子世家）戹困鄱薛彭城。（自序）過薛。（孟嘗君列傳）適豐沛。（樊酈滕灌列傳）過梁楚以歸。（自序）適大梁之墟。（魏世家及信陵君列傳）

又案漢書儒林傳。司馬遷亦從孔安國問故。遷書載堯典禹貢洪範微子金縢諸篇多古文說公從安國問古文尚書其年無考孔子世家但云安國為今皇帝博士至臨淮太守蚤卒安國生驩驩生卬既云早卒而又及紀其孫則安國之卒當在武帝初葉以漢書兒寬傳攷之則兒寬為博士弟子時安國正為博士而寬自博士弟子補廷尉文學卒史則當張湯為廷尉湯以元朔三年為廷尉至元狩三年遷御史大夫在職凡六年寬為廷尉史至北地視畜數年始為湯所知則其自博士弟子為廷尉卒史當在湯初任廷尉時也以此推之則安國為博士當在元光元朔間攷褚大亦以此時為博士至元狩六年猶在職然安國既云蚤卒則其出為臨淮太守亦當在此數年中時史公年二十左右其從安國問古文尚書當在此時也又史公於自序中述董生語董生雖至元狩元朔間尚存然已家居不在京師則史公見董生亦當在

十七八以前。以此二事證之。知博物志之年二十八為太史

令。二確為三之訛字也。

元狩元年己未。二十四歲

元鼎元年乙丑。三十歲。

案自序云。於是遷仕為郎中。其年無考。大抵在元朔元鼎間。

其何自為郎。亦不可考。

四年戊辰。三十三歲。

案封禪書。明年冬。天子郊雍。詔曰。今上帝朕親郊。而后土無祀。則禮不答也。有司與太史公祠官寬舒議。天地牲角繭栗。今陛下親祠后土。后土宜於澤中為五壇。壇一黄犢太牢具。已祠盡瘞。而從祠衣上黄。於是天子遂東。始立后土祠汾陰脽邱。如寬舒等議。考漢書武帝紀。是歲冬十月。行幸雍。祠五畤。行自夏陽東幸汾陰。十一月甲子。立后土祠於汾陰脽上。則司

馬談等議立后土。乃十月事也。談為太史令始見此

五年己巳。三十四歲。

案五帝本紀。余嘗西至空同。考漢書武帝紀。是歲冬十月。行

幸雍。祠五畤。遂踰隴。登空同。西臨祖厲河而還。公西至空同。

當是是歲十月扈從時事。

又案封禪書。公卿言皇帝始郊見太一雲陽。有司奉瑄玉嘉

牲。是夜有美光。及晝。黄氣上屬天。太史公祠官寬舒等曰。神

靈之休。祐福兆祥。宜因此地光域。立太畤壇以明應。令太祝

領秋及臘閒祠。三歲一郊見。案漢書武帝紀。是歲十一月。立

太畤於甘泉。天子親郊見。則太史談等議泰畤典禮。當在是

月。

元封元年辛未。三十六歲。

案自序。奉使西征巴蜀以南。南畧邛笮昆明。還報命。是歲。天

子始建漢家之封，而太史公留滯周南，不得與從事，故發憤且卒。而子遷適使反，見父於河洛之間云云。考漢書武帝紀，元鼎六年定西南夷，以為武都、牂柯、越巂、沈黎、文山郡。史公奉使西南，當在置郡之後。其明年（元封元年）春正月，行幸緱氏，登崇高，遂東巡海上。夏四月癸卯，還登封泰山，復東巡海上，自碣石至遼西，歷北邊九原，歸於甘泉。蓋史公自西南還報命，當在春間，時帝已東行，故自長安赴行在。其父談當亦扈駕至緱氏崇高間，或因病不得從，故留滯周南。適史公使反，遂遇父於河洛之間也。史公見父後，復從封泰山，故封禪書曰：余從巡祭天地諸神名山川而封禪焉。後復從帝海上，自碣石至遼西，故齊太公世家曰：吾適齊，自泰山屬之琅邪，北被於海。又歷北邊九原，歸於甘泉，故蒙恬傳曰：吾適北邊，自直道歸。直道者，自九原抵雲陽（即甘泉）之道，秦始皇本紀所謂除道，道

九原抵雲陽塹山湮谷直通之者也父談之卒當在是秋或在史公扈駕之日矣

二年壬申三十七歲

案河渠書余從負薪塞宣房考漢書武帝紀是歲春幸緱氏遂至東萊夏四月還祠泰山至瓠子臨決河命從臣將軍以下皆負薪塞河堤作瓠子之歌史公既從塞宣房則亦從至緱氏東萊泰山矣

三年癸酉三十八歲

案自序太史公卒三歲而遷為太史令紬史記石室金匱之書索隱引博物志太史令茂陵顯武里大夫司馬遷年二十八（當作三十八說見上）三年六月乙卯除六百石也考史公本夏陽人而云茂陵顯武里者父談以事武帝故遷茂陵也大夫者漢爵第五級也漢人履歷輒具縣里及爵扁鵲倉公列傳有安陵阪

里公乘項處。敦煌所出新莽時木簡有敦德亭間田東武里士伍王參，是也。或并記其年。敦煌漢簡有新望興盛里公乘□殺之年卅八。又有□□中陽里大夫呂年年廿八。此云茂陵顯武里大夫司馬遷年三十八，與彼二簡正同。乙卯者，以顓頊曆及殷曆推之，均為六月二日。由此數證，知博物志此條乃本於漢時簿書，為最可信之史料矣。

又案：公官為太史令，自序具有明文。然全書中自稱及稱其父談，皆曰太史公。其稱父為公者，顏師古及司馬貞均謂遷自尊其父，稱之曰公。其自稱公者，桓譚新論謂太史公造書成，示東方朔，朔為平定，因署其下。太史公者，皆東方朔所加之也。（見孝武本紀及自序索隱引）韋昭則以為外孫楊惲所稱。（見孝武本紀集解）張守節正義則以為遷所自稱。案東方朔卒年雖無可考，要當在史記成書之前，且朔與公友也，籍令有平定之事，不得稱之為公。又秦漢間人著書雖有以公名者。如漢書藝文志易家有蔡公二篇。陰陽家有南公三十一篇。名家有黄公四篇。毛公九篇。然此或後人所加。未必其所自稱。則桓譚張守節二說均有所不可通。惟公書傳自楊惲。公於惲爲外王父。父談又其外曾祖父也。稱之爲公。於理爲宜。韋昭一說最爲近之矣。自易令爲公。遂滋異說。漢儀注謂太史公武帝置。位在丞相上。天下計書先上太史公。副上丞相。序事如古春秋。遷死後宣帝以其官爲令。行太史公文書而已。太史公自序集解漢書本傳注如淳說皆引此文西京雜記卷六語畧同亦吳均用漢儀注文也又云。太史公秩二千石。卒史皆秩二百石。自序正義引漢舊儀案漢舊儀與漢儀注本一書皆漢舊儀注之畧稱衛宏所據也臣瓚駁之曰。百官表無太史公。茂陵中書司馬談以太史丞爲太史令。集解引晉灼駁之曰。百官表無太史公在丞相上。且衛宏所說多不實。未可以爲正。漢書本傳注引虞喜志林又爲調停之說曰。古者主天官者皆上公。自周至漢。其職轉卑。然朝會坐

位猶居公上尊天之道其官屬猶以舊名尊而稱公也自序索隱引

國維案漢官皆承秦制以丞相太尉御史大夫為三公以奉常郎中令等為九卿中間名有更易員有增省而其制不變終先漢之世惟末置三師在丞相上他無所聞且太史令一官本屬奉常與太樂太祝太宰太卜太醫五令丞聯事無獨升置丞相上之理且漢之三公官名上均無公字何獨於太史稱太史公史公報任安書云僕之先人非有剖符丹書之功文史星歷近乎卜祝之間固主上所戲弄倡優畜之流俗之所輕也宋祁援此語以破衛宏其論篤矣且漢太史令之職掌天時星歷續漢志不掌紀事則衛宏序事如古春秋之說亦屬不根既不序事自無受天下計書之理晉灼謂衛宏所說多不實其說是也竊謂司馬談以太史丞為太史令見茂陵中書公為太史令見於自序較之衛宏所記自可依據至太

史令之秩。漢書百官公卿表無文。或以為千石。報任安書。鄉者僕嘗廁下大夫之列。臣瓚曰。漢太史令秩千石。故比下大夫。或以為八百石。漢書律歷志。太史令張壽王上書言歷。有司劾壽王。吏八百石。古之大夫。服儒衣。誦不祥之辭。作袄言欲亂制度。不道。據此則太史令秩八百石。或以為六百石。則漢舊儀北堂書鈔卷三十五引 續漢書百官志皆同。又據索隱所引博物志。則史公時秩亦六百石。案史公自稱僕嘗廁下大夫之列。而自序又稱壺遂為上大夫。太初元年事 據漢書律歷志。壺遂此時為大中大夫。而大中大夫秩千石。千石為上大夫。則八百石為中大夫。六百石為下大夫矣。漢時官秩。以古制差之。則丞相太尉御史大夫當古三公。中二千石二千石比二千石當古上中下三卿。千石八百石六百石當上中下三大夫。五百石以下至二百石當上中下士。續漢志引漢舊注。即漢舊注儀 三公東西曹掾比四百石。餘掾比三百石。屬比二百石。故曰公府掾比古元士三命者也。元士四百石。則下大夫六百石審矣。又漢書百官表。凡吏秩比二千石以上皆銀印青綬。比六百石以上皆銅印墨綬。比二百石以上皆銅印黄綬。是亦隱以比二千石以上當古之卿。比六百石以上當古大夫。比二百石以上當古之士。則下大夫之為秩六百石。蓋昭昭矣。臣瓚千石之說。別無他據。元鳳中。太史令張壽王之秩八百石。或以他事增秩。據史公所自述。自以六百石之說為最長矣。

四年甲戌。三十九歲。

案五帝本紀。余北過涿鹿。考漢書武帝紀。是年冬十月。行幸雍。祠五畤。通回中道。遂北出蕭關。歷獨鹿鳴澤。自代而還。服虔曰。獨鹿。山名。在涿郡遒縣北界。今案漢書地理志。涿鹿縣在上谷。不在涿郡。然五帝本紀集解引服虔云。涿鹿在涿郡。

是服虔固以獨鹿涿鹿爲一地史公北過涿鹿蓋是年巡蹕時所經

太初元年丁丑四十二歲

案漢書律歷志武帝元封七年漢興百二歲矣大中大夫公孫卿壺遂太史令司馬遷等言歷紀廢壞宜改正朔於是迺詔御史曰迺者有司言歷未定廣延宣問以考星度未能讎也蓋聞古者黄帝合而不死名察發斂定清濁起五部建氣物分數然則上矣書缺樂弛朕甚難之依違以惟未能修明其以七年爲元年遂詔卿遂遷與侍郎尊大典星射姓等議造漢歷迺定東西立晷儀下漏刻以追二十八宿相距於四方舉終以定朔晦分至躔離弦望迺以前歷上元泰初四千六百一十七歲至於元封七年復得閼逢攝提格之歲中冬十一月甲子朔旦冬至日月在建星大歲在子巳得太初本

星度新正。姓等奏不能為算。願募治曆者。更造密度。各自增減。以造漢太初曆。迺選治曆鄧平及長樂司馬可酒泉候宜君侍郎尊及與民間治曆者凡二十餘人。方士唐都巴郡落下閎與焉。都分天部。而閎運算轉曆。其法以律起曆。曰律容一龠積八十一寸。則一日之分也。與長相終。律長九寸百七十一分而終復。三復而得甲子。夫律陰陽九六。爻象所從出也。故黃鍾紀元氣之謂律。律法也。莫不取法焉。與鄧平所治同。於是皆觀新星度日月行。更以算推。如閎平法。法一月之日二十九日八十一分日之四十三。先藉半日名曰陽曆。不藉名曰陰曆。所謂陽曆者先朔月生。陰曆者朔而後月迺生。平曰陽曆朔皆先旦月生。以朝諸侯王羣臣便。迺詔遷用鄧平所造八十一分律曆。罷廢尤疏遠者十七家。復使校曆律昏明。宦者淳于陵渠復覆太初曆。晦朔弦望皆最密。日月如合璧。五星如連珠。陵渠奏狀。遂用鄧平曆。以平爲太史丞云云。如是則太初改曆之議發於公。而始終總其事者亦公也。故韓長孺列傳言余與壺遂定律曆。漢志言乃詔遷用鄧平所造八十一分律曆。蓋公爲太史令。星曆乃其專職。公孫卿壺遂雖與此事。不過虛領而已。孔子言行夏之時。五百年後卒行於公之手。後雖曆術屢變。除魏明帝僞周武氏外無敢復用亥子丑三正者。此亦公之一大事業也。

又案自序。五年而當太初元年十一月甲子朔旦冬至。天曆始改。建於明堂。諸神受紀。太史公曰。先人有言。自周公卒五百歲而有孔子。孔子卒後至於今五百歲。有能紹明世正易傳。繼春秋。本詩書禮樂之際。意在斯乎。意在斯乎。小子何敢讓焉云云。於是論次其文。是史公作史記。雖受父談遺命。然其經始則在是年。蓋造曆事畢。述作之功乃始也。

天漢元年辛巳。四十六歲。

三年癸未。四十八歲。

案自序七年而太史公遭李陵之禍。幽於縲紲。徐廣曰天漢三年。正義亦云案從太初元年至天漢三年。乃七年也。然據李將軍匈奴列傳及漢書武帝紀李陵傳。陵降匈奴在天漢二年。蓋史公以二年下吏。至三年尚在縲紲。其受腐刑亦當在三年而不在二年也。

太始元年乙酉。五十歲。

案漢書本傳。遷既被刑之後。為中書令。尊寵任職。事當在此數年中。鹽鐵論周秦篇。今無行之人。一旦下蠶室。創未愈。宿衛人主。出入宮殿。得由受奉祿。食太官享賜。身以尊榮。妻子獲其饒。云云。是當時下蠶室者。刑竟即任以事。史公父子素以文學登用。奉使扈從。光寵有加。一旦以言獲罪。帝未嘗不

惜其才。中書令一官。設於武帝。或竟自公始任此官。未可知也

又案漢書百官公卿表。少府屬有中書謁者黄門鉤盾尚方御史永巷内者宦者八官令丞。中書令即中書謁者令之畧也。漢舊儀。大唐六典卷九引 中書令領贊尚書出入奏事。秩千石。漢書佞幸傳。蕭望之建白。以爲尚書百官之本。國家樞機。宜以通明公正處之。武帝遊宴後庭。始用宦者。非古制也。宜罷中書宦官。元帝不聽。成帝紀。建始四年春。罷中書宦官。置尚書員五人。續漢書百官志。尚書令一人。承秦所置。武帝用宦者。更爲中書謁者令。成帝用士人。復故。據此似武帝改尚書爲中書。復改士人用宦者。成帝復故。然漢書張安世傳。安世武帝末爲尚書令。霍光傳。尚書令讀奏。諸葛豐傳。有尚書令堯。京房傳。中書令石顯顓權。顯友人五鹿充宗爲尚書令。事皆在武

帝之後成帝建始之前是武帝雖置中書不廢尚書特於尚書外增一中書令使之出受尚書事入奏之於帝耳故蓋寬饒傳與佞幸傳亦謂之中尚書蓋謂中官之幹尚書事者以別於尚書令以下士人也漢舊儀（北堂書鈔卷五十七引）尚書令幷掌詔奏既置中書掌詔誥答表皆機密之事蓋武帝親攬大政丞相自公孫弘以後如李蔡莊青翟趙周石慶公孫賀等皆以中材備員而政事一歸尚書霍光以後凡秉政者無不領尚書事尚書為國政樞機中書令又為尚書之樞機本傳所謂尊寵任職者由是故也

太始四年戊子五十三歲

案公報益州刺史任安書在是歲十一月漢書武帝紀是歲春三月行幸太山夏四月幸不其五月還幸建章宮書所云會從上東來者也又冬十二月行幸雍祠五時書所云今少

卿抱不測之罪。涉旬月。迫季冬。僕又薄從上上雍者也。是報安書作於是冬十一月無疑。或以任安下獄坐受衞太子節當在征和二年。然是年無東巡事。又行幸雍在次年正月。均與報書不合。田叔列傳後載褚先生所述武帝語曰。任安有當死之罪甚衆。吾嘗活之。是安於征和二年前曾坐他事。公報安書。自在太始末。審矣。

征和元年己丑。五十四歲。

後元元年癸巳。五十八歲。

昭帝始元元年乙未。六十歲。

案史公卒年。絕不可考。惟漢書宣帝紀。載後元二年。武帝疾往來長楊五柞宮。望氣者言長安獄中有天子氣。上遣使者分條中都官獄繫者。輕重皆殺之。內謁者令郭穰夜至郡邸獄。丙吉拒閉。使者不得入。此內謁者令。師古注云。內者。署屬少府。不云内謁者。二劉漢書刊誤因以謁為衍字。又案劉屈氂傳。有内者令郭穰。在征和三年。似可為劉說之證。然丙吉傳亦稱内謁者令郭穰。與宣紀同。然則果宣帝紀與丙吉傳衍謁字。抑劉屈氂傳奪謁字。或郭穰於征和三年為内者令。至後元二年又轉為内謁者令。均未可知也。如謁字非衍。則内謁者令當即中謁者令。亦即中書謁者令。漢書百官公卿表。成帝建始四年。更名中書謁者令為中謁者令。然中謁者本漢初舊名。樊酈滕灌列傳。漢十月。拜灌嬰為中謁者。漢書魏相傳。述高帝時有中謁者趙堯等。高后時始用宦官。漢書高后紀。少帝八年。封中謁者張釋卿為列侯。史記呂后本紀作大中謁者張釋。又稱宦官令張澤。自是一人。大中謁者乃中謁者之長。猶言中謁者令也。成帝紀注引臣瓚曰。漢初中人有中謁者令。孝武加中謁者為中書謁者令。置僕射。其言當有所本。賈捐之傳。捐之言中謁者不宜受事。此即指宣帝後中書令出取封事見霍光傳言之。是則中書謁者。武帝後亦兼稱中謁者。不待成帝始改矣。由是言之。宣帝紀與丙吉傳之內謁者令。疑本作中謁者令。隋人諱忠。改中為內。亦固其所。此說果中。則武帝後元二年郭穰已為中謁者令。時史公必已去官或前卒矣。要之史公卒年雖未可遽知。然視為與武帝相終始。當無大誤也。

史記紀事。公自謂訖於太初。班固則云訖於天漢。案史公作記。創始於太初中。故原稿紀事。以元封太初為斷。此事於諸表中蹤跡最明。如漢興以來諸侯年表。建元以來王子侯者年表。皆訖太初四年。此史公原本也。高帝功臣年表則每帝一格。至末一格則云建元元年至元封六年三十六。又云太初元年盡後元二年十八。以武帝一代截而為二。明前三十六年事為史公原本。而後十八年事為後人所增入也。惠景間侯者年表與建元以來侯者年表，末太初已後一格，亦後人所增。殊如建元以來侯者年表，元封以前六元各占一格，而太初以後五元并為一格，尤為後人續補之證。表既如此，書傳亦宜然。故欲據史記紀事以定史公之卒年，尤不可恃。故據屈原賈生列傳，則訖孝昭矣。據楚元王世家，則訖宣帝地節矣。據歷書及曹相國世家，則訖成帝建始矣。據司馬相如列傳，則訖成哀之際矣。凡此在今史記本文，而與褚先生所補無與者也。今觀史記中最晚之記事，得信為出自公手者，唯匈奴列傳之李廣利降匈奴事（征和三年），餘皆出後人續補也。

史公雖居茂陵，然冢墓尚在夏陽。水經河水注：陶渠水又東南逕夏陽縣故城，又歷高陽宮北，又東南歷司馬子長墓北。墓前有廟，廟前有碑。永嘉四年，漢陽太守殷濟瞻仰遺文，大其功德遂建石室立碑樹桓太史公自序曰遷生於龍門是其墳墟所在矣（案漢永嘉無四年晉永嘉時又無漢陽郡此云永嘉四年漢陽太守殷濟疑四字或誤）括地志（正義引）漢司馬遷墓在韓城縣南二十二里夏陽縣故東南與水經注合又云司馬遷冢在高門原上則誤也

史公子姓無考漢書本傳至王莽時求封遷後爲史通子是史公有後也女適楊敞漢書楊敞傳敞子忠忠弟惲惲母司馬遷女也又云大將軍光謀欲廢昌邑王更立議既定使大司農田延年報敞敞驚懼不知所言汗出洽背唯唯而已延年起至更衣敞夫人遽從東箱謂敞曰此國大事今大將軍議已定使九卿來報君侯君侯不疾應與大將軍同心猶豫無決先事誅矣延年從更衣還敞夫人與延年參語許諾請奉大將軍敎令遂共廢昌邑王立宣帝案惲爲敞幼子則敞傳與延年參語之夫人必公女也廢立之是非姑置不論以

一女子而明決如此洵不媿爲公女矣

史公交遊據史記所載屈原賈生列傳有賈嘉刺客列傳有公孫季功董生樊酈滕灌列傳有樊它廣酈生陸賈列傳有平原君子（朱建子）張釋之馮唐列傳有馮遂（字王孫趙世家亦云余聞之馮王孫）田叔列傳有田仁韓長孺列傳有壺遂衛將軍驃騎列傳有蘇建自序有董生而公孫季功董生（非仲舒）曾與秦夏無且遊考荆軻刺秦王之歲下距史公之生凡八十有三年二人未必能及見史公道荆軻事又樊它廣及平原君子輩行亦遠在史公前然則此三傳所紀史公或追紀父談語也自馮遂以下皆與公同時漢書所紀有臨淮太守孔安國騎都尉李陵益州刺史任安皇甫謐高士傳所紀有處士摯峻

史公所著百三十篇後世謂之史記史記非公所自名也史公屢稱史記非自謂所著書周本紀云太史伯陽讀史記十

二諸侯年表云孔子西觀周室論史記舊聞又云魯君子左邱明因孔子史記具論其語成左氏春秋六國表云秦既得意燒天下詩書諸侯史記尤甚爲其有所刺譏也又曰史記獨藏周室以故滅天官書云余觀史記考行事孔子世家云乃因魯史記作春秋自序云紬史記石室金匱之書凡七稱史記皆謂古史也古書稱史記者亦然逸周書有史記解鹽鐵論散不足篇云孔子讀史記喟然而嘆公羊疏引春秋說謂春秋緯云邱攬史記又引閔因叙云孔子使子夏等十四人求周史記得百二十國寶書感精符考異郵説題辭具有其文至後漢猶然越絶書十四云夫子作經攬史記東觀漢記初學記卷二十一引云時人有上言班固私改作史記後漢書改史記為國史公羊莊七年傳何休注云不修春秋謂史記也是漢人所謂史記皆泛言古史不指太史公書明太史公書當時未有史記之名故在前漢則

著錄於向歆七畧者謂之太史公百三十篇楊惲傳謂之太史公記宣元六王傳謂之太史公書其在後漢則班彪畧論王充論衡超奇案書對作等篇宋忠注世本左傳正義引亦謂之太史公書應劭風俗通謂之太史公記見卷一及卷六亦謂之太史記見卷二是兩漢不稱史記之證惟後漢書班彪傳稱司馬遷作史記乃范曄語西京雜記卷二稱司馬遷發憤作史記則吳均語耳稱太史公書為史記蓋始於魏志王肅傳乃太史公記之畧語晉荀勗穆天子傳序亦稱太史公記抱朴子内篇猶以太史公記與史記互稱可知以史記名書始於魏晉間矣竊意史公原書本有小題而無大題此種著述秦漢間人本謂之記六國表云太史公讀秦記漢書藝文志春秋類漢著記百九十卷後漢班固劉珍等在東觀所作者亦謂之漢記蔡邕等所續者謂之後漢記則稱史公所撰為太史公記乃其所

也。其畧稱史記者。猶稱漢舊儀注爲漢舊儀。漢舊注。說文解字爲說文。世說新語爲世說矣。

史記一書。傳播最早。漢書本傳。遷旣死後。其書稍出。宣帝時。遷外孫平通侯楊惲祖述其書。遂宣播焉。其所謂宣播者。蓋上之於朝。又傳寫以公於世也。七畧春秋類有太史公百三十篇。宣元六王傳。成帝時。東平王宇來朝。上書求太史公書。是漢祕府有是書也。鹽鐵論毀學篇大夫曰。司馬子有言。天下攘攘。皆爲利往。（見貨殖列傳）此桓寬述桑宏羊語。考桑宏羊論鹽鐵。在昭帝始元六年。而論次之之桓寬。乃宣帝時人。此引貨殖傳語。卽不出宏羊之口。亦必爲寬所潤色。是宣帝時民閒亦有其書。嗣是馮商褚先生劉向揚雄等均見之。蓋在先漢之末。傳世已不止一二本矣。

漢世百三十篇。往往有寫以別行者。後漢書竇融傳。光武賜

融以太史公五宗外戚世家魏其侯列傳又循吏傳明帝賜王景河渠書是也

記言記事雖古史職然漢時太史令但掌天時星歷不掌紀載故史公所撰書仍私史也況成書之時又在官中書令以後其為私家著述甚明故此書在公生前未必進御乃漢舊儀注（自序集解引）云司馬遷作景帝本紀極言其短及武帝之過帝怒而削去之（西京雜記卷六同）魏志王肅傳亦云漢武帝聞遷述史記取孝景及己本紀覽之於是大怒削而投之於今此兩紀有錄無書後遭李陵事遂下遷蠶室此二說最為無稽自序與報任安書皆作於被刑之後而自序最目有孝景今上兩本紀報任安書亦云本紀十二是無削去之說也

隋書經籍志別集類有漢中書令司馬遷集一卷蓋後人所輯書已久佚今其遺文存者悲士不遇賦見藝文類聚卷三

十七

十。報任安書見漢書本傳及文選。與摯伯陵書見皇甫謐高士傳。悲士不遇賦陶靖節感士不遇賦序及劉孝標辨命論俱稱之。是六朝人已視爲公作。然其辭義殊未足與公他文相稱。若與摯伯陵書。則直恐是贋作耳。

隋志子部五行家載梁有太史公素王妙義二卷。亡。他書所引則作素王妙論。史記越王句踐世家集解。北堂書鈔卷四十五太平御覽卷四百四及四百七十二各引一條。其書似貨殖列傳。蓋取貨殖傳素封之語。故曰素王。非殷本紀素王九主之事。亦非仲尼素王之素王。殆魏晉人所依託也。

觀堂集林卷第十二

史林四

海甯 王國維

說自契至於成湯八遷

尚書序自契至於成湯八遷正義僅舉其三今考之古籍則世本居篇云契居蕃（見水經注渭水篇通鑑地理通釋引世本作番疑即漢志魯國之蕃縣觀相土之都在東岳下可知）契本帝嚳之子實本居亳今居於蕃是一遷也世本又云昭明居砥石（書正義引）由蕃遷於砥石是二遷也荀子成相篇云契玄王生昭明居於砥石遷於商是昭明又由砥石遷商是三遷也左氏襄九年傳云陶唐氏之火正閼伯居商邱祀大火而火紀時焉相土因之故商主大火是以商邱為昭明子相土所遷又定九年傳祝鮀論周封康叔曰取於相土之東都以會王之東蒐則相土之時曾有二都康叔取其東都以會王之東蒐則當在東岳之下蓋如泰山

之祊為鄭有者此為東都則商邱乃其西都矣疑昭明遷商後相土又東徙泰山下後復歸商邱是四遷五遷也今本竹書紀年云帝芬三十三年商侯遷於殷山海經郭璞注引真本紀年有殷王子亥殷主甲微稱殷不稱商則今本紀年此事或可信是六遷也又孔甲九年殷侯復歸於商邱是七遷也至湯始居亳從先王居則為八遷湯至盤庚五遷書序紀其四而前之八遷古未有說雖上古之事若存若亡世本紀年亦未可盡信然要不失為古之經說也梁氏玉繩史記志疑引路史國名紀上甲居鄴以當一遷不知鄴即殷也

說商

商之國號本於地名史記殷本紀云契封於商鄭玄皇甫謐以為上雒之商蓋非也古之宋國實名商邱邱者虛也說文解字虛大丘也崑崙丘謂之昆侖虛又云丘謂之虛从丘虍聲宋之稱商邱猶洹水南之稱殷虛是商在宋地左傳昭元年后帝不臧遷閼伯於商邱主辰商人是因故辰為商星又襄九年傳陶唐氏之火正閼伯居商邱祀大火而火紀時焉相

土因之故商主大火。又昭十七年傳。宋。大辰之虛也。大火謂之大辰。則宋之國都。確為昭明相土故地。杜預春秋釋地以商邱為梁國睢陽。（今河南歸德府商邱縣）又云。宋商商邱。三名一地。其說是也。始以地名為國號。繼以為有天下之號。其後雖不常厥居。而王都所在。仍稱大邑商。訖於失天下而不改。羅參事殷虛書契考釋序云。史稱盤庚以後。商改稱殷。而徧搜卜辭。既不見殷字。又屢言入商。田游所至。曰往曰出。商獨言入。可知文丁帝乙之世。雖居河北。國尚號商。其說是也。且周書多士云。肆予敢求爾於天邑商。是帝辛武庚之居。猶稱商也。至微子之封。國號未改。且處之商邱。又復其先世之地。故國謂之宋。亦謂之商。顧氏日知錄引左氏傳孝惠娶於商。（哀二十四年）天之棄商久矣。（傳二十二年）利以伐姜。不利子商。（哀九年）以證宋之得為商。閻百詩潛邱劄記駮之。其說甚辨。然不悟周時多謂宋為商。左氏襄九年傳。士弱曰。商人閱其禍敗之釁必始於火此答晉侯宋知天道之問商人謂宋人也昭八年傳大蒐於紅自根牟至於商衛革車千乘商衛謂宋衛也吳語闕為深溝通於商魯之間謂宋魯之間也樂記師乙謂子貢商者五帝之遺音也商人識之故謂之商齊者三王之遺音也齊人識之故謂之齊子貢之時有齊人無商人商人即宋人也余疑宋與商聲相近初本名商後人欲以別於有天下之商故謂之宋耳然則商之名起於昭明訖於宋國蓋於宋地終始矣

說亳

古地以亳名者甚多周書立政云三亳阪尹鄭玄謂湯舊都之民服文王者分為三邑其長居險故名阪尹蓋東成皋南轘轅西降谷也（書正義引）皇甫謐則云三處之地皆名為亳蒙為北亳穀熟為南亳偃師為西亳（同上）括地志申之曰宋州穀熟縣西南三十五里南亳故城即南亳湯都也宋州北五十里大蒙城為景亳

湯所盟地因景山為名偃師為西亳帝嚳及湯所都（史記殷本紀正義引）二說不同然立政說文王事時周但長西土不得有湯舊都之民與南北西三亳之地此三亳者自為西夷與左氏傳之肅慎燕亳說文京兆杜陵亭之亳皆與湯都無與者也又春秋襄十一年同盟於亳城北（公穀作京城北公羊疏謂服氏經亦作京今左氏經傳作亳殆字之誤也）則為鄭地之亳史記五帝本紀集解引皇覽云帝嚳冢在東郡濮陽頓邱城南亳陰野中則為衛地之亳左氏傳公子禦說奔亳則為宋地之亳與皇甫謐所舉三亳以亳名者八九然則湯之所都果安在乎史記六國表言收功實者常於西北故禹興於西羌湯起於亳徐廣以京兆杜陵之亳亭當之蓋探史公之意以為說班固於漢地理志則云偃師尸鄉殷湯所都鄭玄亦以為湯都偃師皇甫謐以為湯居南亳（尚書正義引）括地志兼采二說以為湯始居南亳穀熟後居西亳偃師而漢書地理志山陽郡之薄縣臣瓚曰湯所都是湯

所都之亳亦有四說。余案瓚說是也。山陽之薄。即皇甫謐所謂北亳。後漢以薄縣屬梁國。至魏晉并罷薄縣。以其地屬梁國之蒙縣。故謐云蒙為北亳者。渾言之。杜預於莊十一年傳注云蒙縣西北有亳城。則析言之。蒙之西北。即漢山陽郡薄縣地也。今山東曹州府曹縣南二十餘里其為湯都有三證。一以春秋時宋之亳證之。左氏莊十一年傳。宋萬弒閔公於蒙澤。立子游。羣公子奔蕭。公子御說奔亳。南宮牛猛獲帥師圍亳。冬十月。蕭叔大心及戴武宣穆莊之族以曹師伐之。殺南宮牛於師。殺子游於宋。立桓公。猛獲奔衞。南宮萬奔陳。杜注以亳在蒙縣西北。如杜說則亳與曹接境。曹師之伐。先亳後宋。猛獲在亳。故北奔衞。南宮萬在宋。故南走陳。是宋之亳。即漢之薄縣。又哀十四年傳。桓魋請以鞌易薄。景公曰。不可。薄宗邑也。乃益鞌七邑。鞌桓魋之邑。地雖無考。當與薄近。是歲魋入於曹以叛。時曹地新入於宋。雖未必為魋采邑。亦必與雛邑相近則其所欲易之薄亦必與曹相近殆即前漢山陽郡之薄縣而此薄為宋宗邑尤足證其為湯所都然則此北亳者於春秋時為亳為薄於兩漢為薄縣晉時縣治雖廢而尚有亳城若南亳西亳不獨古籍無徵即漢以後亦不見有亳名其證一也二以湯之鄰國證之孟子言湯居亳與葛為鄰皇甫謐孟康司馬彪杜預酈道元均以甯陵縣（前漢屬陳留郡後漢屬梁國）之葛鄉為葛伯國謐且謂偃師去甯陵八百餘里不能使民為之耕以證湯之所都當為穀熟之南亳然穀熟之去甯陵雖較之偃師為近中間尚隔二百餘里若蒙縣西北之薄與甯陵東北之葛鄉地正相接湯之所都自當在此其證二也三以湯之經畧北方證之湯所伐國韋顧昆吾夏桀皆在北方昆吾之墟地在衛國（漢東郡濮陽城內）左傳世本說當可據而韋國鄭箋以為豕韋按續漢書地理志東郡白馬縣有韋鄉杜預亦云白馬縣東南有韋城古豕韋

氏之國。又白馬之津，史記曹相國世家亦謂之圍津。是韋與昆吾實為鄰國，與亳相距不過二百里。顧地無考，漢書古今人表作鼓。案殷虛卜辭云：王步於𡧊。𡧊當即鼓字。卜辭所載地名，大抵在大河南北數百里內，知亦距韋與昆吾不遠。且顧與昆吾，鄭語均以為己姓之國。故衞之帝邱城外有戎州己氏，而梁國蒙薄之北，漢亦置己氏縣。疑古顧國當在昆吾之南，蒙薄之北。然則亳於湯之世，居國之北境，故湯自商邱徙此，以疆理北方，逮北伐韋顧，遂及昆吾，於是商境始北抵河，王業之成，基於此矣。湯之時，方有事北方，決無自商邱南徙穀熟之理。至偃師之地，更與諸國風馬牛不相及。其證三也。自來說湯都者，紛歧無定說，故舉此三證質之。

說耿

尚書序：祖乙遷於耿。史記殷本紀作邢。索隱以為河東皮氏縣之耿鄉。然仲丁遷隞，河亶甲居相，其地皆在河南北數百里内，祖乙所居不得遠在河東。且河東之地自古未聞河患，耿鄉距河稍遠，亦未至遽圮也。段氏古文尚書撰異引說文邢鄭地有邢亭，疑祖乙所遷當是此地。然說文邢字下云：邢，周公子所封，地近河内懷。其云周公子所封，則指邢茅胙祭之邢（杜注在廣平襄國縣）。然又云地近河内懷，則又指左傳（宣六年）、戰國策（魏策秦圍有懷地邢邱，史記魏世家作懷地邢邱）之邢邱（杜注在河内平皋縣）也。邢邱即邢虛，猶言商邱、殷虛。祖乙所遷當即此地，其地正瀕大河，故祖乙圮於此也。

說殷

殷之為洹水南之殷虛，蓋不待言。然自史記以降，皆以殷為亳，其誤始於今文尚書書序訛字，而太史公仍之。書序：盤庚五遷，將治亳殷（馬鄭本古文同）。束皙謂孔子壁中尚書作將始宅殷，孔疏謂亳字摩滅，容或為宅。壁内之書，安國先得，治皆作亂，其字與始不類無緣誤作始字段氏古文尚書撰異謂治之作亂乃偽古文東廣微當晉初未經永嘉之亂或孔壁原文尚存祕府所說殆不虛按隋書經籍志晉世祕府所存有古文尚書經文束晳所見自當不誣且亳殷二字未見古籍商頌言宅殷土茫茫周書召誥言宅新邑宅殷連言於義為長且殷之於亳截然二地書疏引汲冢古文云盤庚自奄遷於殷在鄴南三十里史記索隱引汲郡古文盤庚自奄遷於北冢曰殷虛去鄴三十里今本紀年作自奄遷於北冢曰殷無在鄴南三十里六字束晳以漢書項羽傳之洹水南殷虛釋之見書孔疏今龜甲獸骨出土皆在此地蓋即盤庚以來殷之舊都楚語白公子張曰昔殷武丁能聳其德至於神明以入於河自河徂亳蓋用逸書說命之文今偽古文說命襲其語書無逸稱高宗舊勞於外當指此事然則小乙之時必都河北之殷故武丁徂亳必先入河此其證也史記既以盤庚所遷為亳殷在河南而受辛之亡又都河北乃不得不以去亳從河北歸之武乙今本紀年襲之然史

記正義引古本竹書紀年云自盤庚徙殷至紂之亡七百七十三年更不遷都雖不似竹書原文必檃括本書為之較得事實乃今本紀年於武乙三年書自殷遷於河北又於十五年書自河北遷於沬則又勦史記及帝王世紀之說必非汲冢本文也要之盤庚遷殷經無亳字武丁徂亳先入於河亶水之虛存於秦世此三事已足正書序及史記之誤而殷虛卜辭中所祀帝王訖於康祖丁武祖乙文祖丁羅參事以康祖丁為庚丁武祖乙為武乙文祖丁為文丁其說至不可易（見殷虛書契考釋）則帝乙之世尚宅殷虛史記正義所引竹書獨得其實如是則商居殷最久故亦稱殷詩書之文皆殷商互言或兼稱殷商然其名起於地名之殷而殷地之在河北不在河南則可斷也

周葊京考

宗周彝器言王在葊京者五（井鼎靜彝靜敦史懋壺遹敦）言王在葊者一（召伯虎敦）其字从

茻从㫄。㫄字雖不可識。然與旁鼎之㫄。旁尊之㫄皆極相似。當是从茻旁聲之字。蒡京蓋即詩小雅往城于方及侵鎬及方之方。鎬方二地。自來無說。案小雅云。薄伐玁狁。至於太原。又云。來歸自鎬。我行永久。極其所至之地曰太原。著其所由歸之地曰鎬。則鎬與太原殆是一地。或太原其總名。而鎬與方皆太原之子邑耳。太原。先儒或以為晉陽。或以為平涼。而據尚書禹貢春秋左氏傳之說。其地當在河東。禹貢記禹治冀州水。首壺口梁岐。次太原。次岳陽。次覃懷。次衡漳。而終以恒衛。其次實自西而東。則太原一地。當在壺口梁岐之東。太岳之西。即漢之河東郡地。又左氏昭元年傳。宣汾洮。障大澤。以處太原。考汾水經流千三百四十里。歷漢太原河東二郡地。而洮水大澤則皆在河東。續漢書郡國志。河東郡聞喜邑有涑水。有洮水。水經涑水注則云。涑水所出。俗謂之華谷。經云涑水出河東聞喜縣東山黍葭谷至周陽與洮水合。又云貫遼曰汾洮二水名司馬彪曰洮水出聞喜縣故王莽以縣為洮亭也然則涑水殆亦為洮水之兼稱乎云云是酈氏始以洮為涑之別源又疑為涑之異號觀傳文汾洮并舉殆非涑水不足當之則後說殆是也顧無論從何說洮水皆不出漢河東境內則有汾洮二水之太原正漢河東郡地與禹貢之太原在壺口梁岐岳陽間者地望正合太澤當即安邑鹽池或蒲坂張陽池亦河東地也後漢書西羌傳穆王西伐犬戎取其五王王遂遷戎于太原（此書當出原本竹書紀年）而穆天子傳天子至於雷首犬戎胡觴天子於雷水之阿此當是大戎既遷後事案雷首山在河東蒲坂縣雷水出焉則犬戎所遷之太原在河東可知周語宣王既喪南國之師乃料民於太原料民之事亦以河東為便不容東至晉陽亦無緣西至平涼也太原之地既定乃可求鎬方之所在余疑彝器中之葊京即小雅之方也靜敦上言王在葊京下言射

七

于大池適斆上言王在葊京下言呼漁于大池則葊京左右必有大池而河東諸湖澤有董澤有鹽池有張陽池今蒲州五姓湖鹽池既不可漁則所謂大池者董澤與張陽池必居其一而張陽池東西兩陂東陂東西二十五里南北八里西陂東西二十里南北五里去蒲坂一十五里較董澤之東西四里南北三里者為大若以此池當靜斆適斆之大池則所謂葊京者非蒲坂莫屬矣漢書地理志河東郡蒲坂故曰蒲秦更名今蒲州葊蒲聲相近又葊在陽部蒲在魚部為陰陽對轉之字又古方旁同字則小雅之方當即彝器之葊京秦漢之蒲坂矣彝器凡言王在葊京者多穆王時器而召伯虎敦作於宣王六年亦云王在葊與穆王遷戎宣王料民之事亦可相印證也周都豐鎬而葊亦稱京與唐都長安而建蒲州為中都者先後一揆余曩作玁狁考於方鎬之方未能實指其地故復著之

秦都邑考

秦之祖先起於戎狄，當殷之末，有中潏者，已居西垂，大駱非子以後始有世系可紀，事跡亦較有據，其歷世所居之地，曰西垂，曰犬邱，曰秦，曰渭汧之會，曰平陽，曰雍，曰涇陽，曰櫟陽，曰咸陽，此九地中，惟西垂一地，名義不定，犬邱涇陽二地，有異實而同名者，後人誤甲為乙，遂使一代崛起之地，與其經畧之跡，不能盡知，世亦無正其誤者，案西垂之義，本謂西界，史記秦本紀中潏在西戎，保西垂，又申侯謂孝王曰，昔我先酈山之女，為戎胥軒妻，生中潏，以親故歸周，保西垂，西垂以其故和睦，又云莊公為西垂大夫，以語意觀之，西垂殆泛指西土，非一地之名，然封禪書言秦襄公既侯，居西垂，本紀亦云文公元年居西垂宮，則又似特有西垂一地，水經漾水注以漢隴西郡之西縣當之，其地距秦亭不遠，使西垂而係地名，則酈說無以易矣，唯犬邱一地徐廣曰今槐里也案槐里之名犬邱班固漢書地理志宋衷世本注均有此說此乃周地之犬邱非秦大駱非子所居之犬邱也本紀云非子居犬邱又云大駱地犬邱夫槐里之犬邱爲懿王所都而大駱與孝王同時僅更一傳不容爲大駱所有此可疑者一也又云宣公子莊公以其先大駱地犬邱爲西垂大夫若西垂泛指西界則槐里尚在雍岐之東不得云西垂若以西垂爲漢之西縣則槐里與西縣相距甚遠此可疑者二也且秦自襄公後始有岐西之地厥後文公居汧渭之會甯公居平陽德公居雍皆在槐里以西無緣大駱莊公之時已居槐里此可疑者三也案本紀又云莊公居其故西犬邱此西犬邱實對東犬邱之槐里言史記之文本自明白但其餘犬邱字上均畧去西字余疑犬邱西垂本一地自莊公居犬邱號西垂大夫後人因名西犬邱爲西垂耳然則大駱之起遠在隴西非子邑秦

已稍近中國莊公復得大駱故地則又西徙逮襄公伐戎至岐文公始踰隴而居汧渭之會其未踰隴以前殆與諸戎無異自徐廣以犬邱為槐里正義仍之遂若秦之初起已在周畿內者殊失實也此稿既成後得楊氏守敬春秋列國圖西犬邱於漢隴西郡西縣地其意正與余合

史記於始皇本紀論贊後復敘秦世系都邑陵墓所在其言與秦本紀相出入所紀秦先公謚號及在位年數亦與本紀及六國表不同蓋太史公別記所聞見之異辭未必後人羼入也其中云肅靈公即秦本紀之靈公居涇陽為秦本紀及六國表所未及涇陽一地注家無說余曩作玁狁考曾據此及涇陽君高陵君之封以證詩六月之涇陽非漢安定郡之涇陽縣今更證之考春秋之季秦晉不交兵者垂百年兩國閒地在北方者頗為諸戎蠶食至秦厲共公十六年始塹河旁以兵二萬伐大荔取其王城則今之陝西同州府大荔縣也二十一年始縣頻陽則今之蒲城

同官二縣間地也。至靈公六年。晉城少梁。秦擊之。六國表作七年與魏戰少梁十三年城籍姑。皆今之韓城縣地。然則厲共公以後秦方東畧。靈公之時。又拓地於東北。與三晉爭霸。故自雍東徙涇陽。涇陽者。當在涇水之委。今之涇陽縣地決非漢安定郡之涇陽也。且此時義渠方強緜諸未滅。安定之涇陽與秦中隔諸戎。勢不得為秦有。即令秦於西北有斗入之地。而東畧之世。決無反從西北之理。厥後靈公子獻公徙治櫟陽。櫟陽在今高陵縣境。西距涇水入渭之處不遠。則涇陽自當在高陵之西。今涇陽之境矣。餘說詳玁狁考中。然則有周一代。秦之都邑分三處。與宗周春秋戰國三期相當。曰西垂。曰犬邱。曰秦。其地皆在隴坻以西。此宗周之世秦之本國也。曰汧渭之會。曰平陽。曰雍。皆在漢右扶風境。此周室東遷。秦得岐西地後之都邑也。曰涇陽。曰櫟陽。曰咸陽。皆在涇渭下游。此戰國以後秦東畧時之都邑也。觀其都邑。而其國勢從可知矣。

又案秦本紀。於獻公即位前。說秦以往者數易君。君臣乖亂。故晉復强奪河西地。孝公元年。下令國中。亦曰。會往者厲躁簡公出子之不甯。國家内憂。未遑外事。三晉攻奪我先君河西地。諸國卑秦。醜莫大焉。獻公即位。鎮撫邊疆。徙治櫟陽。且欲東伐云云。似靈公之世。國勢頗蹙。又未嘗東徙。秦始皇本紀後雖云靈公居涇陽。然於其陵墓。則云葬悼公西。悼公葬雍。則靈公亦葬雍。厥後簡公出子亦葬於雍。是靈公雖居涇陽。未嘗定都也。然以其經營東北觀之。則其居涇陽之事。殆無可疑。河西之失。亦非盡事實。本紀書簡公六年塹洛城重泉。而靈公之子獻公未立時亦居河西。則河西仍為秦有。不過疆埸之事。一彼一此。時有之耳。孝公下令。欲激發國人。故張大其辭。觀本紀六國表所紀靈公時事可知矣。

秦郡考

自史記秦始皇本紀載始皇二十六年從廷尉李斯議分天下以為三十六郡於是言秦郡者分為二說一以為三十六郡乃秦一代之郡數而史家追紀之一以為始皇二十六年之郡數而後此所置者不與焉前說始於班固漢書地理志後說始於裴駰史記集解而成於晉書地理志漢志所紀郡國沿革其稱秦置者二十七（河東太原上黨東郡潁川南陽南郡九江鉅鹿齊郡瑯邪會稽漢中蜀郡巴郡隴西北地上郡雲中雁門代郡上谷漁陽右北平遼西遼東南海）稱秦郡者一（長沙）稱故秦某郡者八（三川泗水九原桂林象郡邯鄲碭郡薛郡）中有始皇三十三年所置之南海桂林象郡三郡（由余所考定則九原郡亦三十三年置）裴駰不之數而易以鄣郡黔中并數內史為三十六郡晉志從之益以後置之閩中南海桂林象郡（由余所考定則閩中郡實始皇二十五年所置）為四十郡近者錢氏大昕用班說姚氏鼐用裴說二者爭而不決久矣原錢氏之意以漢志秦郡之數適得三十六與史記冥合又以班氏為後漢人其言較可依據余謂

充錢氏之說則以漢書證史記不若以史記證史記夫以班氏較裴氏則班氏古矣以司馬氏較班氏則司馬氏又古矣細繹史記之文無一與漢志相合始知持班裴二說者皆未嘗深探其本也今盡置諸家之說而於史記中求始皇二十六年所置三十六郡之數則秦本紀惠文君十年魏始納上郡十五縣秦於是始有上郡後九年司馬錯伐蜀滅之秦於是有蜀郡後十三年攻楚漢中取地六百里置漢中郡昭襄王二十九年大良造白起攻楚取郢為南郡三十年蜀守若伐取巫郡及江南為黔中郡三十五年初置南陽郡莊襄王元年初置三川郡四年初置太原郡始皇本紀又謂始皇即位時秦地已幷巴蜀漢中越宛有郢置南郡北收上郡以東有河東太原上黨郡則巴郡河東上黨三郡亦始皇以前所置也嗣後始皇五年初置東郡十七年内史騰攻韓以其地為郡名曰潁川二十五年王翦定

荆江南地。降越君。置會稽郡。此十四郡皆見於本紀者也。其散見於列傳者。則穰侯列傳云。穰侯卒於陶。而因葬焉。秦復收陶為郡。案昭王十六年。封魏冉陶為諸侯。陶在齊魏之間。蕞爾一縣。雖以立國。二十二年。蒙武伐齊河東為九縣。齊之九縣。秦不能越韓魏而有之。其地當入於陶。三十六年。客卿竈攻齊。取剛壽予穰侯。則陶固有一郡之地矣。趙策。秦下甲攻趙。趙賂以河間十二縣。又云。甘羅說趙。令割五城以廣河間。史記甘茂傳實用此文。河間共十七城。則亦有一郡之地。樊噲傳。河間守軍于杠里破之。是秦有河間守矣。漢初疆域。當因其故。故彭越王梁實都定陶。辟疆分趙。乃王河間。由前後證之。則始皇時實有此二郡也。東越列傳云。閩越王無諸及越東海王搖者。皆越王句踐之後也。秦已并天下。皆廢為君長。以其地為閩中郡。而始皇本紀繫降越君於二十五年。則閩中郡之置亦當在是年。本紀但書降越君置會稽郡。文有所畧也。匈奴列傳言秦昭襄王時有隴西北地上郡。築長城以拒胡。趙武靈王置雲中雁門代郡。燕亦置上谷漁陽右北平遼西遼東郡以拒胡。是秦之北鄙於上郡外固有隴西北地二郡。及滅燕趙。又得其緣邊八郡。故始皇二十六年前之郡。明見於史記者共二十有七。至項羽高祖二紀中之碭郡。高祖紀之泗川郡。（紀有泗川監平泗川守壯守監皆郡官）陳涉世家中之陳郡東海郡。皆見于始皇二十六年之後。然不得謂二十六年未有此郡。故秦郡之見于史記者共三十有一。今姑不論。而於漢書地理志求之。則邯鄲鉅鹿二郡當為十九年滅趙後所置。碭郡當為二十二年滅魏後所置。長沙九江泗水薛郡當為二十三年滅楚後所置。齊郡瑯邪當為二十六年春滅齊後所置。漢志之秦郡中除與史記複出外。求其真為二十六年前所有之郡。又得九郡。以益史記之二十七郡。共為三十六郡。（比之漢志之三十六郡則有陶郡河間閩）

中黔中而無九原南海佳林象郡

史記於始皇二十六年大書分天下為三十六郡即謂是也。自是以後，則三十三年畧取陸梁地為桂林象郡南海。又前年使蒙恬發兵三十萬人北擊胡，畧取河南地。是年又西北斥逐匈奴，自榆中并河以東屬之陰山，以為三十四縣。匈奴列傳作四十四

縣

此三十四縣者，優足以置一大郡，以地理準之，實即九原郡之地。三十五年除道，道九原抵雲陽，自是九原之名始見於史。故三十二年始皇之碣石，歸巡北邊，自上郡入；至三十七年始皇崩於沙邱，其喪乃從井陘抵九原，從直道至咸陽。明始皇三十二年以前未有九原郡也。至二世時則有陳守、東海守，見於陳涉世家，則秦之末年又置陳與東海二郡。故二十六年以後，於史記中又得六郡，并前為四十二郡，此秦一代之郡數也。然則秦郡遂盡於此乎？曰：據史文言之，似不能有他說矣。然以當時之建置言之，則余未敢信也。今以秦四十二郡還之六國，則

除六郡為秦故地（漢中蜀郡巴郡隴西北地上郡）六郡氐之胡越（會稽閩中南海桂林象郡九原）外楚得其八（南郡九江泗水東海長沙薛郡黔中陳郡）趙亦如之（太原上黨鉅鹿雲中雁門代郡邯鄲河間）燕得其五（上谷漁陽右北平遼西遼東）韓魏共得其七（河東三川東郡潁川南陽定陶碭郡）齊得其二（齊郡琅邪）夫齊地之大雖不若楚趙以視韓魏固將倍之且負海饒富非楚趙邊地之比也今舉全齊之地僅置二郡其不可解一也燕之五郡皆緣邊郡而無腹郡自薊以南古稱天府之地今虛不置郡其不可解二也余以為三十六郡之分在始皇二十六年齊國之滅近在是年之春距燕之亡亦不過一歲二國新定未遑建置故於燕僅因其舊置之緣邊五郡於齊畧分為齊與琅邪二郡其於區畫固未暇也訖於疆理既定則齊尚得五郡燕尚得一郡何以徵之曰漢書高帝紀曰以膠東膠西臨淄濟北博陽城陽郡七十三城立子肥為齊王博陽者濟南也（史記項羽本紀以田安為濟北王都博陽田儋列傳亦云田横走博陽漢書作田横走博蘇林以為即泰山博縣案漢書王子侯表齊孝王子博陽頃侯就下曰在濟南則漢初博陽當在濟南而田安之王濟北實兼濟南北之地也）此漢初之郡當因秦故而臨淄一郡實齊郡之本

名。加以琅邪。共得七郡。為田齊故地。如此則秦之疆理列國。庶得其平。故史記項羽本紀云。徙齊王田市為膠東王。立田安為濟北王。曹相國世家云。還定濟北郡。田儋列傳云。田榮反擊項羽於城陽。此濟東濟北城陽者。皆非縣名。膠東治即墨城陽治莒則非郡奚屬矣。故曰。齊於臨淄琅邪外。尚有五郡也。秦於六國故都。多為郡治。臨淄邯鄲。即以齊趙之都名其郡者也。餘如韓都陽翟。則秦潁川郡所治。楚都壽春。則秦九江郡所治。唯三川郡則不治魏都之大梁。而治周都之洛陽。燕則據漢志所載。僅得緣邊五郡。而自薊以南膏腴之地。以漢志郡國當之。當得廣陽國之四縣。涿郡之八縣。與渤海郡若干縣。此燕宗廟社稷所在。八百餘年籍以立國者也。其在秦時。不宜虛不置郡。水經灅水注言始皇二十一年滅燕。以為廣陽郡。高帝以封盧綰為燕王。更曰燕國。全氏祖望地理志稽疑力主是說。由今日觀之。此郡之果名廣陽與否。雖不可知。然其置郡之説。殊不可易。故曰燕尚有一郡也。此六郡者。於史雖無明徵。然以建置言之。乃所當有。且其分置或前乎南海六郡矣。由此言之。則秦郡當得四十有八。秦以水德王。故數以六為紀。二十六年始分天下為三十六郡。三十六者。六之自乘數也。次當增置燕齊六郡為四十二郡。四十二者。六之七倍也。至三十三年南置南海桂林象郡。北置九原。其於六數不足者二。則又於内地分置陳東海二郡。共為四十八郡。四十八者。六之八倍也。秦制然也。如謂不然。則請引賈生之言以證之。曰。秦兼并天下。山東三十餘郡。秦漢之間。自關以東謂之山東。今四十八郡。除六郡為關中地。六郡得之胡越。外其餘六國故地。適得三十六郡。故云山東三十餘郡。若秦郡之數不至四十八。則山東安得有三十餘郡乎。故三十六郡者。始皇二十六年之郡數。又六國故地之郡數。此語習於人口久矣。而豈固遽以是為秦一代之郡不已疏乎後人眩於漢志之說而於賈傅之所論史遷之所紀瞢若無覩或反據漢志以訂正史記及漢書紀傳此余所以不能無辨也

漢郡考上

班孟堅志漢地理畢而總結之曰本秦京師為内史分天下作三十六郡漢興以其郡太大稍復開置又立諸侯王國武帝開廣三邊故自高祖增二十六文景各六武帝二十八昭帝一訖於孝平凡郡國一百三志中各郡下又分注其沿革具稱高帝置者二十曰河内曰汝南曰江夏曰魏郡曰常山曰清河曰涿郡曰勃海曰平原曰千乘曰泰山曰東萊曰東海曰豫章曰桂陽曰武陵曰廣漢曰定襄曰楚國曰淮陽國具稱高帝時為某郡者三京兆尹曰高帝二年為渭南郡左馮翊曰高帝二年為河上郡右扶風曰高帝二年為中地郡稱高帝郡國者二中山

國曰高帝郡廣陽國曰高帝燕國稱故郡者一丹陽郡曰故鄣郡計爲郡二十三爲國三合於後序增二十六之數而後之祖述其說者亦小有異同續漢書郡國志舉信都而無武陵晉書地理志舉梁國而無鄣郡錢氏大昕舉内史膠東衡山而無渭南河上中地三郡皆求以足漢志二十六之數其是非暫置勿論要皆以班氏之說爲信而不可易也豈獨此數家而已自來讀漢書者殆無不以班氏之說爲信而不可易也自余考之則上所舉二十六郡國其眞爲高帝置者曾不及三分之一而世人莫之察焉是可異已諸郡中可確證爲高帝置者唯河内郡見於史記漢興以來諸侯王年表序清河常山二郡見於樊噲傳豫章郡見於黥布傳餘如汝南魏郡中山已不足徵至江夏涿郡渤海平原千乘泰山東萊桂陽武陵定襄十郡尤可證其非高帝所置江夏屬縣半爲衡山故郡吳芮之王衡山實都邾

縣及苅徙長沙而衡山為淮南別郡英布劉長迭有其地至文帝分王淮南三子而衡山復為一國武帝初伍被為淮南王畫策云南收衡山以擊廬江有尋陽之船守下雉之城結九江之浦絶豫章之口尋陽為廬江屬縣則下雉此時亦當屬衡山此四語者實分指廬江衡山九江豫章四郡皆屬王時故地也又云彊弩臨江而守以禁南郡之下則淮南所慮僅漢南郡之兵不言江夏武帝之初似尚無江夏郡逮元狩元年衡山國除次年於其地置六安國僅得衡山五縣江夏十四縣當以衡山餘縣及南郡東邊數縣置之則高帝時不得有江夏郡也前秦郡考言秦於燕之故都當置一郡其地有漢志之廣陽國四縣及涿郡渤海二郡之半漢初置燕國當仍其舊而涿郡之地介居漢志之廣陽河間二國間中葉以後廣陽河間各得四縣故中間得有涿郡之二十九縣若高帝時燕之内史與趙之河間郡

決非迫臨如此。則已無置郡之餘地。故史記酈商傳。商破燕王臧荼軍。食邑涿五千戶。號曰涿侯。至高帝十二年。以破英布功。改封曲周。若當時已置涿郡。決無以郡治為侯國之理。是歲盧綰稱亂。子建受封。燕地未平。而高皇晏駕。其於疆域。當無變革。是高帝時不得有涿郡渤海二郡也。平原千乘二郡。漢初為齊悼惠王封域。而平原實齊濟北郡之地。景武以後。濟北國境反居濟水之南。其在漢初。實跨濟水南北。史記曹相國世家云。還定濟北郡。攻著漯陰平原鬲盧。著於漢志為濟南縣。盧為泰山縣。文帝後濟北王所都漯陰平原鬲皆平原屬縣。故徐廣云。濟北分平原太山二郡。高帝時。齊既有濟北郡。則不得有平原郡也。史記諸侯王表文帝十五年。分齊為膠西國。都苑。徐廣曰。樂安有苑縣。按漢志齊地無苑縣。據水經瓠子河注所引。則作高苑。高苑千乘縣也。案史記功臣侯表有高苑侯丙倩。高祖六年封。武帝建元三

十六

年國除。膠西之都。以不應與侯國同處。然水經注實有東西二高苑。其所謂東高苑城者。膠西之都也。所謂西高苑城者。丙倩之邑也。東高苑城以今地望準之。當在樂安高苑之間。是漢初千乘之地屬於膠西。不得有千乘郡也。封禪書云。濟北王以為天子且封禪。乃上書獻泰山及其旁邑。天子以他縣償之。則泰山郡之置在武帝時。非高帝所置也。東萊一郡。處膠東膠西之北。漢志之膠東國僅得八縣。高密國（今膠西國）僅得五縣。故其北得置十七縣之東萊郡。漢初膠西。實有千乘之地。史記吳王濞傳言膠西王卬以賣爵事有姦。削其六縣。漢書膠西于王端傳。亦言有司比再請削其國去太半。則高密國五縣。當因膠西既削之餘。膠東八縣。恐亦非漢初舊域。東萊一郡。當置於二國削地後。非高帝所置也。故漢書高帝紀云。以膠東膠西臨淄濟北博陽城陽郡。立子肥為齊王。史記齊悼惠王世家數文帝時齊國別

郡。亦但舉濟北濟南菑川膠西膠東城陽。而無平原千乘泰山
東萊四郡。則高帝時無此四郡也。武陵桂陽二郡之地高帝時
為長沙國南境。故文帝賜趙佗書曰。前日聞王發兵於邊為寇
災不止。當其時長沙苦之。南郡尤甚。又曰。朕欲定地犬牙相入
者。以問吏。吏曰此高皇帝所以介長沙土也。朕不得擅變焉。則
長沙與南越之間。漢不得置郡。且長沙在文帝時不過二萬五
千戶。勢不能分置三郡。則武陵桂陽二郡非高帝所置也。定襄
一郡若為高帝所置。則其時當屬代國。案高帝封兄仲于代王
雲中代雁門三郡。後封子恆。王太原代雁門三郡。皆無定襄。史
記舉漢郡。亦但計雲中以西。而定襄則在其東。則定襄非高帝
郡也。此外如東海本秦郯郡。淮陽本秦陳郡。燕之國都亦秦之
一郡。而史失其名。則高帝所置之郡。其餘幾何。又漢志所舉秦
郡。當高帝時。南海桂林象郡入於南越。閩中入於閩越。九原入

於匈奴。漢志五原郡注秦九原郡武帝元朔二年更名若漢初尚有是郡者然武帝紀云元朔二年收河南地置朔方五原郡則此郡實武帝所開又史記匈奴傳匈奴收蒙恬所奪地與漢關故河南塞至朝那膚施事在楚漢之際則九原之沒久矣黔中一郡亦廢於楚漢之際則高帝時之郡數又得幾何即令漢志二十餘郡悉為高帝所置則汝南當屬淮陽常山清河中山屬趙涿郡渤海屬燕平原千乘泰山東萊屬齊東海屬楚豫章屬淮南鄣郡屬吳桂陽武陵屬長沙定襄屬代其得為漢郡者不過江夏魏郡廣漢三郡而此三郡亦無所徼故謂此二十餘郡為高帝所置其誤猶小若直以孝平時之疆域為漢初之疆域而謂此二十餘郡者悉為天子所有則全不合當時事實也然但據漢志以為說則此誤必不能免錢氏大昕謂高帝置郡二十六其十之八皆屬于王國此說極是他人未有明言之者此則不可以不辨也善夫太史公之言曰漢初內地自山以東盡諸侯地漢獨有三河東郡潁川南陽自江陵以西至蜀北自雲中至隴西與內史凡十五郡此十五郡者河東一河內二河南三所謂三河也東郡四潁川五南陽六自江陵以西至蜀則南郡七巴郡八蜀郡九北自雲中至隴西則雲中十上郡十一北地十二隴西十三而自山以西尚有上黨巴蜀之北尚有漢中共十五郡加內史為十六此高帝五年初定天下時之郡數也六年以雲中屬代則幷內史得十五郡至十一年復置雲中而罷東郡以益梁罷潁川郡以益淮陽則幷內史為十四郡史公習聞十五郡之名又習聞東郡潁川之為漢郡故既稱與內史為十五又幷數東郡潁川雖云疏漏然視班氏之誤則有間矣由是言之則高帝末年之郡除王國支郡外幷內史唯得十四而已至於文景之間亦僅有二十四郡故枚乘說吳王曰夫漢幷二十四郡十七諸侯其珍怪不如山東之府乘之說吳在景帝三年吳王舉兵之後而十七諸侯則為文景間之事史記諸侯王表唯文帝後七年及景帝元年共十七國夫十七諸侯既數文景間之諸侯知二十四郡亦數文景間之郡也乘於景帝三年說吳何以不數三年之

郡。而猶數元年以前之郡。曰猶吾輩今日之言十八行省二十二行省也。枚乘此書。劉奉世以其言齊趙事與史不合。疑為傳者增之。然雖有增飾。而十七諸侯二十四郡之數。不能鑿空為之也。此二十四郡者。除高帝時十四郡外。則左內史一。右內史二。漢志以分左右內史為武帝建元六年事。然百官公卿表紀景帝元年以鼂錯為左內史。則景帝初已分內史為三。又景帝紀中六年詔曰三輔舉不如法令者。路文稱三輔不容有誤。必漢志之誤也。東郡三。漢書賈誼傳請割淮陽北邊二三列城與東郡以益梁。則孝文之時。梁不得東郡。潁川四。淮陽五。淮陽王武於文帝十一年徙梁為郡。琅邪六。琅邪本齊別郡。文帝元年廢琅邪國以與齊。十五年齊文王薨。分其地為齊濟南濟北菑川膠西膠東六國。并城陽為七國。而琅邪不以封。其為漢郡當在此時矣。河間七。河間哀王以文帝十五年薨。國除為郡。益上十四郡。為二十一郡。其餘三郡。則當為汝南魏郡廣漢。此文帝末年郡數也。而漢郡之增。實在孝景之世。元年削趙之常山郡。二年削楚之東海郡。三年削吳之會稽鄣郡。是歲七國反。既平其地。又以其餘威削諸侯。於是始得平原千乘濟南北海東萊之地於齊。得涿郡渤海上谷漁陽右北平遼西遼東之地於燕。得鉅鹿清河於趙。得太原雁門於代。得沛郡於楚。沛郡本秦泗水郡。至項羽都彭城。後徙治彭城。遂名彭城郡。漢初為元王交所都。梁帝四年封劉禮為楚王續元王後始不盡與以彭城故地沛郡之置當在此時觀高帝十二年春吳濞尚為沛侯可知此時尚無沛郡是歲復豐沛二縣為天子湯沐邑其他縣城屬楚國水經獲水注謂楚元王冢在蕭縣之同孝山足證沛郡諸縣多屬楚國或分屬梁之碭郡史記謂內地自山以東盡諸侯地則漢初固不得有沛郡也得廬江豫章於淮南得武陵桂陽於長沙而諸侯地之以新封皇子者尚不與焉故史記諸侯王年表序言之曰吳楚時前後諸侯或以適削地是以燕代無北邊郡吳淮南長沙無南邊郡齊趙梁楚支郡名山陂海咸納於漢諸侯稍微此實善道當時之大勢者也至漢志所謂高帝增二十六郡國文景各六者參以史漢紀傳無一相合而自來未有理而董之者此則余所大惑不解也

漢郡考下

漢興矯秦郡縣之失大啟諸國時去六國之亡未遠大抵因其故壤專制千里建國之大古今所未有也當漢初定天下異姓諸王各據其手定之地韓信王楚彭越王梁張敖王趙韓王信王韓盧綰王燕英布王淮南吳芮王長沙此諸王者皆與高祖

素等夷又無骨肉之親外託君臣之名而內有敵國之實是時高帝之策在建同姓以制異姓故六年廢楚王信則分其地以王劉賈於荆弟劉交於楚又時齊代無王則王子肥於齊王兄仲於代而徙韓王信於太原收穎川郡以通東方之道明年韓王信叛而代王亦弃其國則以代王愛子如意九年廢趙王張敖則徙代王於趙而益以代地使陳豨以趙相國守之明年陳豨反則王子恆於代彭越反則王子恢於梁子友於淮陽英布反則王子長於淮南兄子濞於吳又明年盧綰反則王子建於燕當始封子弟時惟恐其地之不廣力不能有所禁禦也及異姓漸盡又慮諸子分地之不均也故新置之國率因其故洎吳濞受封始慮東南之亂未及半載而高祖遽崩呂后以嫡母之尊廢梁趙割齊楚以王張呂宮車朝駕而臨淄之兵夕起矣文帝之世亦第稍分齊趙以衆建其子弟惟梁代無王則王子參

於代子武於梁以控制東諸侯其所用亦高帝遺策所異者高以同姓制異姓文以親制疎而已孝景嗣位始大削吳楚趙而七國之亂隨之既平七國因以餘威宰制諸侯其分王諸子亦不過一郡之地昭宣以降王國益微及孝平元始中諸侯大者十餘城小者三四縣比漢初王國或不能得其十分之一變置既亟作史者但據後世版籍畧紀沿革而已故但據漢志之文以求漢初諸侯之疆域則其大小廣狹不能與實際同日而語今考漢初諸國之地則大者七八郡小者二三郡而後世所置之郡尚不計焉舉其目則屬齊者八曰臨淄曰菑川曰濟南曰濟北曰膠西曰膠東曰琅邪曰城陽漢書高帝紀以膠東膠西臨淄濟北博陽城陽郡七十三城立子肥為齊王史記齊悼惠王世家文帝十六年齊孝王將閭以悼惠王子楊虛侯為齊王故齊別郡盡以王悼惠王子子志為濟北王子辟光為濟南王子賢為菑川王子卬為膠西王子雄渠為膠東王與城陽齊凡七王皆不數琅邪然悼惠王世家云哀王八年高后割齊琅邪郡立營陵侯劉澤為琅邪王又云孝文帝元年盡以高后時所割齊之城陽琅邪濟南郡復與齊則漢初齊固得琅邪郡至文帝十五年齊文王薨無後其明年文帝分齊為六盡王悼惠王諸子獨琅邪不以封始於此時入漢也屬燕者六曰□□曰上谷曰漁陽曰右北平曰遼西曰遼東案燕國都所治之郡史失其名武帝元朔

（元年燕王定國自殺國除為郡則名燕郡漢書徐樂傳稱樂燕郡無終人是也無終漢志屬右北平此時當屬燕郡若以右北平為燕別郡故曰燕郡則景帝時右北平已屬漢矣至上谷五郡屬燕史雖無明文然司馬遷稱諸侯地皆外接於胡越景帝後燕代無北邊郡吳淮南長沙無南邊郡則景帝以前燕代諸國各有邊郡矣下代吳諸國倣此）屬趙者六曰邯鄲曰鉅鹿曰常山曰清河曰河間曰中山中間益郡三曰代曰鴈門曰雲中（趙國諸郡史無明文以史遷云內地自山以東盡諸侯地知之）屬代者三曰太原曰代曰鴈門（漢書高帝紀六年以雲中鴈門代郡五十三縣立兄宜信侯喜為代王十一年詔曰代地居常山之北與夷狄鄰趙乃從山南有之遠數有胡寇難以為國頗取山南太原之地益屬代代之雲中以西為雲中郡則代受邊寇益少矣是文帝王代時已以太原易雲中也）屬梁者二曰碭郡曰定陶中間益郡一曰東郡屬淮陽者曰陳郡曰汝南中間益郡一曰潁川（高帝紀十一年立子恢為梁王子友為淮陽王罷東郡頗益梁罷潁川郡頗益淮陽）屬楚者三曰彭城曰東海曰薛郡（漢書高帝紀以碭郡薛郡郯郡三十六縣立弟文信君交為楚王郯郡即東海碭郡乃彭城之誤楚元王云王薛郡東海彭城三十六縣是也）屬吳者三曰廣陵曰會稽曰鄣郡（高帝紀以東陽郡鄣郡吳郡三十三縣立劉賈為荊王及英布反并荊地吳王濞之封實因故荊國境東陽與廣陵實為一郡初治東陽故名東陽及吳濞乃都廣陵本傳云吳王起兵於廣陵是也後廣陵國廢小漢乃分其北置臨淮郡耳）屬淮南者四曰九江曰廬江曰衡山曰豫章（史記黥布傳布遂剖符為淮南王都六九江廬江衡山豫章皆屬布後漢王王淮南亦仍其封域）屬長沙者一曰長沙故高帝時諸侯之郡凡三十有九而諸郡之廣狹又當與漢志絕異漢志齊郡（即臨淄）十二縣菑川三縣高密（即膠西）五縣膠東八縣城陽廣陽（即燕□□郡）趙國（即邯鄲）河

間各四縣。梁國（即碭郡）八縣。淮陽（即陳郡）九縣。楚國（即彭城）七縣。魯國（即薛郡）六縣廣陵四縣。六安（即衡山）五縣。皆非漢初郡域。以理度之。則漢志北海之二十六縣。實得臨淄菑川之縣。平原縣十九。千乘縣十五。濟南縣十四。泰山縣二十四。實分齊之濟南濟北楚之薛郡之縣東萊縣十七。實得膠西膠東之縣。琅邪縣五十一。實得城陽之縣。涿郡縣二十九。渤海縣二十六。實得廣陽河間之縣。廣平縣十六。實得邯鄲之縣。沛郡汝南縣各三十七。一得碭郡彭城之縣。一得陳郡之縣。臨淮縣二十九。實得彭城廣陵之縣。江夏縣十二。實得衡山之縣。故漢初齊地。當得漢志之平原千乘濟南泰山齊郡北海東萊琅邪八郡及菑川膠東高密城陽四國。燕地當得涿郡渤海上谷漁陽右北平遼西遼東七郡及廣陽一國。趙地當得鉅鹿常山清河三郡與魏郡之半及趙廣平真定中山信都河間六國。梁地當得山陽濟陰二郡與沛郡之半及梁東平二國。淮陽當得汝南一郡與淮陽國。楚當得東海一郡與沛郡臨淮之半及魯楚二國。吳當得會稽丹陽二郡與臨淮之半及廣陵國。淮南當得廬江九江豫章三郡與江夏之半及六安國。長沙當得桂陽武陵零陵三郡及長沙國。此三十二郡與一十七國者。以元始中之郡國言之也。而班志於諸郡國下。其言故厶國。或厶年為厶國者。僅十三郡國。而不言故厶國者三十有六。使後之讀史者。疑若自高帝時即為漢郡者。此所以不能不表而出之也。

浙江考

浙江之名。始見於山海經史記漢書越絕書吳越春秋諸書。而漢書地理志及水經。皆有漸江水。無浙江水。說文解字於江沱二字下出浙字。曰江水至會稽山陰入海。為浙江。其後又出漸字。曰漸水出丹陽黟南蠻中東入海。乾嘉以來言水地者。率祖說文之說分浙漸為二水以今之錢唐江當漸水以漢志之分江水或南江當浙水是惑於班許水經之言而不悟先秦西漢之所謂浙江固指今之錢唐江也海内東經之說出漢人手姑置勿論試以史記定之史記浙江凡六見秦始皇本紀過丹陽至錢唐臨浙江水波惡乃西百二十里從狹中渡項羽本紀秦始皇帝游會稽渡浙江若謂此浙江即分江水則自丹陽至錢唐當先渡浙江不得云至錢唐臨浙江也若以浙江為漢志之南江則自錢唐至山陰不須渡浙江又錢唐之西百二十里不得復有浙江也則本紀之浙江正謂錢唐江也（其言水波惡尤惟錢唐江為然）又高祖功臣侯表堂邑侯陳嬰下云定豫章浙江都折（漢書侯表作都浙）費侯陳賀下云定會稽浙江湖陽（漢表作湖陵）蓋漢之定江南也陳嬰之兵自豫章至浙江之上游定太末黟歙諸縣陳賀之兵自會稽（時會稽郡治吳）至浙江之下游定錢唐餘暨山陰諸縣陳嬰所都之地史記作折

漢書作漸。蓋即漢志説文水經所謂蠻夷中地。非以水名地。即以地名水。尤漸漸為一之明證矣。湖陽漢表作湖陵。即越絶書及吳志孫静傳之固陵。即今西興固陵之為湖陵。猶姑孰之為湖孰矣。越絶書言浙江西路固陵城者。范蠡敦兵城也。其陵固可守。謂之固陵。漢初為楚守者。蓋亦據此城以拒漢。故陳賀定浙江後。即至湖陵。則侯表中之浙江。亦謂今之錢唐江也。越王句踐世家。楚盡取故吳地。至浙江北。貨殖傳。浙江南則越。即論衡所謂餘暨以南屬越。錢唐以北屬吳。錢唐之江。兩國界也。是實戰國以後楚越之界。與春秋吳越之界未必相合。而以山川大勢分之。最為易曉。故移以言吳越之界。是世家列傳中之浙江。亦謂今之錢唐江也。史遷親上會稽。吳越諸水。皆所經歷。所記不容有誤。且始皇經行。皆有記注。徹侯功伐。亦書故府。其言當有所本。是秦漢之間。已以今錢唐江為浙江。不自史記始。厥後袁康趙曄王充朱育韋昭等。凡南人所云浙江。無不與史記合。許叔重之說。自不能無誤。乾嘉諸儒過信其說。不復質之古書。是末師而非往古。重傳說而輕目驗。吾不能從之矣。

漢會稽東部都尉治所考

漢書地理志。會稽郡錢唐下云西部都尉治。回浦下云南部都尉治。太平御覽一百七十一引漢志。南部作東部。古書所紀亦但有會稽東部都尉。無南部都尉。則作東部者是也。吳志虞翻傳注引會稽典錄朱育對濮陽興曰。元鼎五年除東越。因以其地為治。（乃治之誤）而立東部都尉。後徙章安。陽朔元年。又行治鄞。或有寇害。復徙句章。此較漢志所紀沿革殊詳。考章安即回浦。續漢志無回浦。有章安。劉昭注引太康地記曰。章安本鄞縣南之回浦鄉。蓋光武初年省縣為鄉。後復立縣。因更其名也。惟班志言回浦南部都尉治。為平帝元始二年事。（班氏地理志用元始二年版籍）而朱育言陽朔元年已徙治鄞二說不同疑朱育之對於事實無誤而於年代則未必盡合嘗熟考之知都尉之治治與回浦乃前漢事其徙鄞與句章則後漢事也據漢志都尉當前漢之末尚治回浦後漢時改回浦為章安時都尉之治如故朱育云後徙章安從其後名也後漢書順帝紀陽嘉元年二月海賊曾旌等寇會稽殺句章鄞鄮三縣長攻會稽東部都尉頗疑都尉徙鄞實在是年朱育所云陽朔元年乃陽嘉元年之誤也至徙治句章則更在其後如此則班朱二說均可得而通至三國吳時東部都尉復治章安吳志孫亮傳太平二年以會稽東部為臨海郡是也又立南部都尉治建安賀齊傳言齊進兵建安立都尉府自是建安遂為南部都尉常治孫休傳永安三年以會稽南部為建安郡是也然則漢之東部都尉由治徙于章安吳則於章安置東部於治置南部漢志之譌東部為南部或因吳地而誤歟

後漢會稽郡東部候官考

續漢書郡國志會稽郡下有東部候國乃東部候官之譌惠氏棟後漢書補注錢氏大昕二十二史考異并已正之此實漢書地理志之冶縣也漢初名東冶見史記東越傳嗣後後漢書鄭弘傳魏志王朗傳吳志孫策賀齊呂岱傳亦作東冶漢書嚴助傳及吳志蔣欽傳則單作冶嚴助傳注引蘇林曰冶山名也今名東冶屬會稽郡蘇林魏人而曰今名東冶是後漢及三國亦尚呼其故名晉太康地理志云東冶後改為東候官後漢書鄭弘傳注引宋書州郡志云候官漢曰東候官此不知何時所改吳志虞翻傳作東部候官與續漢志合而孫亮全夫人及賀齊傳但作候官已畧東字要之東冶與冶者其故名東部候官若東候官者其新名而候官則又新名之畧也余謂因此一名得確知冶縣為前漢會稽東部都尉治所何則候官者都尉之屬也漢書地理志

敦煌郡敦煌下云中部都尉治步廣候官。續漢書郡國志張掖屬國都尉下亦有候官。又據近日敦煌塞上所出漢木簡知敦煌中部都尉下有步廣平望兩候官。玉門都尉下有玉門大煎都兩候官。其候官或與都尉同治。或分治。都尉下之有候官猶校尉下之有軍候。續漢書百官志部校尉一人比二千石。部下有曲。曲有軍候一人比六百石。都尉秩同校尉。候官之於都尉。當視軍候之屬校尉矣。揚雄云東南一尉。西北一候。尉謂都尉候則候官。此候官之名義也。竊意武帝初置會稽東部都尉。本治治縣。如朱育之說。後徙回浦。尚留一候官於此。以其地為東部都尉下候官所治。故後漢時謂之東部候官。或但謂之候官。因以為縣名。而東治之名轉廢。晉書地理志乃謂後漢改東治為候官都尉。通典仍之。候官都尉四字連言。不辭甚矣。

宋刊水經注殘本跋

宋刊水經注殘本存卷五末七葉又卷六至卷八卷十六至卷十九卷三十四卷三十八至卷四十凡十一卷有奇每半葉十一行行二十字宋諱闕筆至桓構二字止而光宗嫌名敦字不闕蓋宋南渡初刊本也本内閣大庫物案明文淵閣書目水經十二册至萬歷内閣藏書目錄僅存一册而光緒中葉所編内閣大庫書檔册數字庫中乃有水經二十一本其册數反增於文淵閣書目疑内閣書目之一册乃十一册之訛奪而光緒中編檔册當時固未必檢原書册數必照舊檔册謄之其二十一本當是十一本之訛誤衍二字也此十一卷半當原書四册許乃江安傅沅叔集諸家所藏殘本而成其卷十六至卷十九卷三十九之後半及四十出於吳縣曹氏餘出於寶應劉氏曹劉皆光宣閒故舍人掇拾於大庫廢紙中故合二家所藏乃得此數海内鄺書宋刊本殆盡於此矣先是曹氏書出嘉興沈乙庵

先生以一昔之力校出卷三十九之半及卷四十。余從之傳校。癸亥。余來京師。乃得盡假沅叔所藏校朱王孫刊本一過。宋本錯簡誤字。與有明一代抄本刻本大致相同。然佳處往往出諸本上。即朱全趙戴諸家所校正之字。有宋本不誤者。茲將宋本獨勝諸本而諸家未及校正者畧述一二。如卷十九渭水注東去新豐既近。何悬項伯夜與張良共見高祖乎。諸本近作遠。悬作由。乃與酈氏論旨相反。案本注云。渭水又東逕鴻門北舊大道北下坂下口名也。古有鴻𡨚。（中畧𡨚當作亭）郡國志曰。新豐縣東有鴻門亭者也。郭緣生（下脫述征記曰四字）或云。霸城南門曰鴻門也。項羽將因會高祖。危高祖。羽仁而弗斷。范增謀而不納。項伯終護高祖以獲免。既抵霸上。遂封漢王。案漢書注。鴻門在新豐東十七里。則霸上應百里。案史記項伯夜馳告張良。良與俱見高祖。仍使夜返。攷其道里。不容得爾。今父老傳在霸城南門（下當脫相去二字）數十里。於理為得。(以上郭緣生說)案緣生此記述行途經見，可謂學而不思矣。今新豐縣故城東三里有阪，長二里餘，塹原通道，南北洞開，有同門汏(汏當作狀)，謂之鴻門。孟康言在新豐東十七里，無之，蓋指縣治而言，非謂城也。自新豐故城西至霸城五十里，霸城西十里則霸水，西二十里則長安城。應劭曰：霸水上地名，在長安東二十里，即霸城是也。高祖舊停軍處，東去新豐既近，何思項伯夜與張良共見高祖乎？推此言之，知緣生此記乖矣云云。案郭、酈二氏相岐之點，郭氏謂如孟康漢書注，則鴻門距霸上百里，項伯無由夜見張良，仍以夜返，故主霸城南門為鴻門之說；酈氏謂新豐故城距霸上(酈謂霸城)僅五十里，不礙一夕中往返，故主故城東三里坂口為鴻門之說。若如今本，則酈說殆不可通矣。又酈氏謂新豐故城西至霸城五十里，如孟康說鴻門在新豐東十七里，則西至霸上亦不足七十里，何以緣生有百里之說？蓋緣生以孟康

見十二

二十六

時新豐縣治起算非以漢新豐故城起算太平寰宇記漢靈帝末移安定郡陰槃縣寄理新豐故城其新豐縣又移理於故城東三十里零水側則孟康時新豐縣治西去霸城八十里鴻門又在其東十七里則近百里矣故既言新豐故城東十七里無鴻門而又引申之曰蓋指縣治而言非謂城也如此則酈氏此注始可讀然非宋本近惡二字不譌何由知酈氏之論旨乎諸本中惟大典本明抄本與宋本同戴氏雖見大典本而亦從譌本蓋未深思酈氏之說也又卷三十八溱水注石本桂陽汝城縣諸本汝城幷作武城惟明抄本與此本同案桂陽無武城縣故朱箋疑為臨武之譌而沈炳巽則改桂陽為桂林趙戴從之不知武城乃汝城之訛晉宋桂陽郡固有汝城縣也卷四十漸江水注入山採旅諸本旅皆作薪案後漢書光武紀野穀旅生注旅寄也不因播種而生故曰旅今字書作穭音呂又獻帝紀

尚書郎以下。自出採稆注引埤蒼曰穭自生也稆與穭同酈云採旅。正與范書語合。諸本改作薪。蓋緣不知採旅為何語耳具他文字勝於明以後諸本處尚數十科。可以此類推。然宋刊價值尚不在字句之末。明以來抄刻諸本之源流。得此始可了然。蓋三百年來人間從未見此祕籍矣。

永樂大典本水經注跋

永樂大典卷一萬一千一百二十七至卷一萬一千一百三十四。凡四冊。全錄水經注河水至丹水二十卷。今藏歸安蔣氏傳書堂。壬戌二月。余假以校聚珍本一過。甲子春。復移錄於校宋本之書眉。始知大典所據原本。與傳氏所藏殘宋本大同。蓋傳本本明文淵閣物。永樂編大典時。或即從閣本移錄也。今宋本僅存十一卷有奇。而大典此書尚存半部。足彌宋本之闕。又道光時。張石舟穆曾校出大典酈書全部。今大典已闕。安得張氏校本出史彌大典之缺陷乎。

明抄本水經注跋

明抄本水經注四十卷，海鹽朱氏藏，每半葉十一行，行二十字，與宋刊殘本、明柳大中抄本、吳門顧氏所藏明影宋抄本行款并同。取宋刊殘本校此本，凡佳處、誤處與字之別構，一一相同。取永樂大典本、孫潛夫本、袁壽階所校明影宋抄本校之，亦十同八九，蓋即從宋刊本抄出也。今宋刊本僅存十一卷有奇，永樂大典本存二十卷，孫潛夫、袁壽階校本存十五卷，餘如柳大中本、歸震川本、趙清常本、陸孟鳧、錢遵王、顧抱沖諸家所藏舊鈔本，今已無可蹤跡，而此本獨首尾完具，今日鄺書舊本不得不推此本為第一矣。余既以此本校於朱王孫本上，以與舊校宋刊本、大典本相參證，復以宋本、大典本所闕諸卷就戴校聚珍本勘之，知戴本於明抄佳處亦十得八九，蓋本於大典，其有明抄不誤，而戴本仍從通行本或別本改者，如潁水注：潁水又東逕項城中，楚襄王所郭，以爲別都。都内西南小城，項縣故城也，舊預州治。案預者豫之別字，諸本并訛作潁。考項縣在漢魏時本屬豫州汝南郡，至後魏孝昌四年始置潁州，不得爲項縣地，而天平二年置北揚州，乃治項城，是項縣故城當是舊豫州治，不得爲後魏潁州治也。且下文云：又東逕刺史賈逵祠，刺史上不著州名，乃承上文舊豫州治言之（魏志本傳逵爲豫州刺史），則此本作預州是，諸本作潁者誤也。洧水注引世本舜居鐃内（明黄省曾刊本同），鐃内諸本并作嬀汭。案鐃内乃嬴内之譌，唐寫本尚書釋文於堯典末出嬴内二字，云：嬴字又作嬴，居危反，又水名；内音汭，如鋭反。周語武王反及嬴内，宋公序補音曰：上音嬀，下音汭，今案別本或作嬴，非是，古文尚書作嬴，與嬀同。案嬴字無讀居危反之理，當從別本作嬴（天聖明道本上嬴内作嬴，下故謂之嬴嬴作嬴，蓋即宋公序所謂別本也，宋校本盡改作嬴）。宋説非是，然可證梅本尚書本作羸内或譌為羸内羸羸饒字相近因譌為饒矣諸本改為嫣汭非是。溫水注林邑都治典沖中畧秦漢象郡之象林邑也中畧後去象有林邑之號諸本并作後去象林林邑之號案酈意謂林邑國號本出象林後省象字故為林邑若如諸本則不辭矣。葉榆水注晉太康地記封溪縣屬交阯馬援以西于治遠路遥千里分置斯縣諸本西于并作西南黄省曾本作西千案漢書地理志續漢書郡國志交阯郡皆有西于縣下注亦云其次一水東逕封溪縣南又西南逕西于縣南則上注亦當作西于明矣餘如汝水注䣩栢交陰諸本陰并作隂渠水注衞褚師圃亡在中牟諸本圃并作固又徙邦于大梁黄本同諸本邦并作都又以為夏州後滅之諸本滅并作城陰溝水注從事史右北平無終牟化諸本牟并作年睢水注蠡南如西諸本作蠡臺而西戴校作蠡臺如西又東與滭湖水合諸本滭并作澤又顧訪病嫗即其母也諸本嫗幷作姬。瓠子水注，揚雄河東賦，諸本東幷作水。泗水注，諸孔氏丘封，諸本幷奪丘字。巨洋水注，追至巨昧水上，黄本同諸本昧幷作洋。淄水注，淄水未下，諸本幷作淄水來山下。沔水注，溫泉水冬夏揚湯，諸本揚湯幷作湯湯。涓水注，初流淺狹，後乃寬廣，諸本寬廣幷作廣厚。江水注，吾閂大極，黄本同諸本幷作疲極，戴本作大亟。又劉備自涪攻之，諸本幷作劉備自將攻雒。葉榆水注，江北對交阯朱載縣，諸本北幷作水。均以此本為長，而戴校幷不從，不識大典本與此本有異同，抑由戴氏校勘未密，或竟舍大典本而從他本。要之，宋本與大典本既殘闕，益感此本之可貴矣。三百年來治酈氏書者，殆近十家，然朱王孫雖見宋本，而所校不盡可據，全氏好以己所訂正之處託於其先人所見宋本，戴氏則託於大典本，而宋本與大典本勝處，朱戴二本亦未能盡之。雖於酈書不為無功，而於事實則去之彌遠。若以此本為主盡列諸本異同及諸家訂正之字於下，亦今日不可已之事業歟。甲子二月。

朱謀㙔水經注箋跋

朱氏之書，自明以來毀譽參半。馮定遠云：朱鬱儀校水經精審之至，然直以俗本為據，意所不安，惟小注云宋板作某字耳，何尤乎不學之小生。余案馮氏之言，頗中朱書之病。朱書底本實用吳琯古今逸史本（吳本非不善，王奉常序吳本，深推江都陸弼與吳氏校正之功。余以宋刊殘本校之，凡吳本與宋本異處，其字皆剜改也，可證吳書原本之佳及校正之勤），而以宋本、黄本校注於下。國朝全、趙、戴三家始并朱氏所引之宋本而亦疑之。余以宋刊殘本校朱本，始知朱氏實見宋本。但其箋中所云宋本作某者，不必盡出宋本；而所云舊本作某、古本作某、當作某、疑作某者，往往與宋本合。今姑以卷六汾水諸注言之：朱氏所引之宋本十一條，與今宋本合者五條，不合者六條；云舊本作某而實合於宋本者六條；云一作某而實合於宋本者三條引他書校改而合於宋本者二條云當作某疑作某而合於宋本者九條餘卷倣此疑朱氏既以宋本校吳本其自己所校訂者亦書於其上歷年稍久乃不能自別於是誤以己所訂正之字為宋本字或以宋本之字為他本及己所訂正之字此一說也又或以己所訂正之字託諸宋本以宋本之字攙為己所訂正之字此又一說也又朱箋中校改之字與宋本合者或署己說或署孫汝澄說或署李克家說此又不脫明人標榜之習疑後一說為信矣（朱箋乃江西布政使司參政李長庚所刊而孫汝澄李克家二人校之疑亦為孫李所竄亂矣）然朱氏此箋實有大功於酈書又實親見宋本其方法之誤當校勘學萌芽之時固不能免觀於戴氏之校大典本固無庸深責朱氏矣

孫潛夫校水經注殘本跋

全謝山先生所見水經注舊抄校本凡三曰柳大中鈔本曰趙清常三校本曰孫潛夫校本三本時均在揚州馬氏小玲瓏山

館。而潛夫本即以柳趙二本校於朱王孫本上。實兼有二本之勝。其書當嘉慶初。顧千里得之揚州。以歸袁氏五硯樓。袁壽階復以顧氏小讀書堆所藏景宋抄本校之。袁氏書散。為其壻貝簡香所得。今亦藏傅沅叔處。存卷一至卷五。卷九至卷十六。卷三十八至卷四十。凡十有五卷。卷九後有孫氏小跋云。自此卷至卷十五。趙本失去。十二月初二日用柳大中抄本補對一過。餘卷均有趙清常跋。則兼臨趙氏本也。謝山謂趙以宋本謝本黄本分勘。其所謂別抄本者。則歸太僕家本。孫氏此校則已不復識別。即於柳趙二本亦不盡加識別。故全趙二家引此校。但渾稱孫潛夫本而已。余以全趙二家所引潛夫校語。核此殘本。則趙書所引不見於此本者凡三十七科。其中實多全氏說。全書所引不見于此本者凡七科。中有全氏說。有孫汝澄說。蓋謝山既校孫本後。復自有記注。并書其上。久之不能自別。無怪趙

東潛不能別也恐後人疑此本非潛夫手校或疑潛夫於此本外別有校本者故附論之

聚珍本戴校水經注跋

壬戌春余於烏程蔣氏傳書堂見永樂大典四册全載水經注河水至丹水二十卷之文因思戴校聚珍板本出於大典乃亟取以校戴本頗怪戴本勝處全出大典本外而大典本勝處戴校未能盡之疑東原之言不實思欲取全趙二家本一校戴本未暇也既而嘉興沈乙庵先生以明黃省曾刊本屬余錄大典本異同則又知大典本與黃本相近先生復勸余一校朱王孫本以備舊本異同亦未暇也癸亥入都始得朱王孫本復假江安傅氏所藏宋刊殘本十一卷半孫潛夫手校殘本十五卷校於朱本上又校得吳琯古今逸史本於是於明以前舊本沿譌得窺崖畧乃復取全趙二家書并取趙氏朱箋刊誤所引諸家

校本以校戴本，乃更恍然於三四百年諸家釐訂之勤。蓋水經注之有善本，非一人之力也。更正錯簡，則明有朱王孫，國朝有孫潛夫、黄子鴻、胡東樵；釐訂經注，則明有馮開之，國朝有全謝山、趙東潛；捃補逸文，則有全、趙二氏；考證史事，則有朱王孫、何義門、沈繹旃；校定文字，則吳、朱、孫、沈、全、趙諸家，皆有不可没之功。戴東原氏成書最後，遂奄有諸家之勝，而其書又最先出，故謂酈書之有善本，自戴氏始可也。戴氏自刊酈注，經始於乾隆三十七年（見孔葒谷序），而告成則在其身後。所校官本，刊於乾隆三十九年。逮五十九年，趙氏書出，戴氏弟子段懋堂氏訝其與戴書同也，於是有致梁曜北二書，疑梁氏兄弟校刊趙書時以戴改趙。道光甲辰，張石舟（穆）得謝山鄉人王臒軒（梓材）所傳鈔全氏七校本，乃謂戴、趙皆襲全氏，而於戴書攻擊尤力。至光緒中葉，薛叔耘刊全氏書於甯波，於是戴氏竊書之案幾成定讞。然全校本初刊時校勘者已謂王梓材重錄本往往據戴改全林晉霞顒山尤致不滿至詆爲贗造於是長沙王氏合校本遂不取全本一字然薛氏所刊全本實取諸盧氏林氏所藏黏綴底本及殷氏所藏清本非專據王梓材本未可以其晚出而疑之也余曩以大典本半部校戴校聚珍本始知戴校并不據大典本足證石舟之說（惟石舟謂提要所云脫簡有自數十字至四百餘字此又大典絶無之事今案卷十八渭水注中脫簡一葉四百餘字大典實有之張氏此說未諦）又以孫潛夫校本及全趙二本校之知戴氏得見全趙二家書之說蓋不盡誣何以知之趙氏本書即曰梁處素兄弟據戴改之矣然其朱箋刊誤中所引之全說戴氏何以多與之合也全氏之書即曰王艧軒據戴改之矣然全本校語及所引趙氏校語戴氏又何以多與之合也夫書籍之據他書校改者苟所據之原書同即令十百人校之亦無不同未足以爲相襲之證據也至據舊本校改則非同見此本不能同用此字如柳大中本孫潛夫本謝山

見於揚州馬氏者。東潛則見謝山傳校本。渭水注中脫簡一葉。全趙據柳孫二本補之。戴氏自言據大典補之。今大典原本具在。戴氏所補。乃不同於大典本而反同於全趙本。謂非見全趙之書不可矣。考全氏書未入四庫館。趙氏書之得著錄四庫。當在東原身後。（戴校本屢云此注內之小注與全氏說同而趙書題要則駁此說故知此篇非出東原手）而其書之入四庫館。則遠在其前。案浙江採集遺書總目。成於乾隆三十九年。其凡例內載浙江進書凡十二次。前十次所進書目。通編為甲乙至壬癸十集。而第十一第十二次所進者。則編為閏集。今攷趙氏水經注釋及沈釋旃水經注集釋訂譌。其目均在戊集中。則必為第十次以前所進書。亦必前乎三十九年矣。而東原入館在三十八年之秋。其校水經注成在三十九年之冬。當時必見趙書無疑。然余疑東原見趙氏書。尚在乾隆戊子（三十五年）修直隸河渠書時。東原修此書實承東潛之後。當時物力豐盛。趙氏河渠書稿百三十卷。戴氏河渠書稿百十卷。并有數寫本。又趙校水經注。全氏雙韭山房錄有二部。則全氏校本趙氏亦必有之。水經注為纂河渠書時第一要書。故全趙二校本。局中必有寫本無疑。東原見之自必在此時矣。至釐定經注。戴氏是否本諸全趙。殊不易定。據段氏所撰東原年譜。自定水經一卷。繫於乾隆三十年乙酉。段刊東原文集書水經注後一篇。亦署乙酉秋八月。此篇雖不見於孔氏刊本。然段氏刊文集及年譜。均在乾隆壬子。五十七年其時趙書未出。趙戴相襲之論未起也。則所署年月自尚可信。而東原撰官本提要。所舉釐定經注條例三則。至簡至賅。較之全趙二家說尤為親切。（全說見五校本題辭。趙說謹附見於朱箋刊誤卷末）則東原於此事。似非全出因襲。且金宇文虛中蔡正甫明馮開之已發此論。固不必見全趙書而始為之也。余頗疑東原既發見此事。遂以酈書為己一家之學。後見全趙書與己同。不以為助。而反以為讐。故於其校定鄭書也爲得此書善本計不能不盡採全趙之說而對於其人其書必泯其迹而後快於是盡以諸本之美歸諸大典本盡掠諸家釐訂之功以爲己功其弟子輩過尊其師復以意氣爲之辨護忿戾之氣相召遂來張石舟輩竊書之譏亦有以自取之也東原學問才力固自横絶一世然自視過高鶩名亦甚其一生心力專注於聲音訓詁名物象數而於六經大義所得頗淺晚年欲奪朱子之席乃撰孟子字義疏證等書雖自謂欲以孔孟之說還之孔孟宋儒之說還之宋儒顧其書雖力與程朱異而亦未嘗與孔孟合其著他書亦往往述其所自得而不肯言其所自出其平生學術出於江慎修故其古韻之學根於等韻象數之學根於西法與江氏同而不肯公言等韻西法與江氏異其於江氏亦未嘗篤在三之誼但呼之曰婺源老儒江慎修而已其治鄭書也亦然黄胡全趙諸家之說戴氏雖盡取之

而氣矜之隆雅不欲稱述諸氏是固官書體例宜然然其自刊之本亦同官本則不可解也又戴書簡嚴例不稱引他說然於序錄中亦不著一語則尤不可解也以視東潛之祖述謝山謝山之於東潛稱道不絕口者其雅量高致固有閒矣由此氣矜之過不獨厚誣大典本抹撥諸家本如張石舟之所譏且有私改大典假託他本之迹如蔣氏所藏大典本第一卷有塗改四處河水一遐記綿邈遐邈二字中惟辶辶二偏旁係大典原本叚邈二文皆係刮補乃從朱王孫箋（今官本作綿記邈當是再改之本）又令河不通利令字大典作今乃從全趙二本改令字下半作令天魔波旬大典與諸本同乃改天字首筆作夭以實其校語中夭妖字通之說河水二自析支以西濱於河首左右居也大典與諸本同作在右居也乃從全趙二本改在字為左（全趙從孫潛夫校）蓋戴校既託諸大典本復慮後人據大典以駁之也乃私改大典原本以實其說

其僅改卷首四處者當以其不勝改而中止也此漢人私改蘭臺漆書之故智不謂東原乃復為之又戴氏官本校語除朱本及所謂近刻外從未一引他本獨於卷三十一卷三十二卷四十中五引歸有光本今核此五條均與全趙本同且歸氏本久佚惟趙清常何義門見之全氏曾見趙何校本於此五條并不著歸本如此孫潛夫傳校趙本其卷四十尚存亦不言歸本有此異同以東原之厚誣大典觀之則所引歸本疑亦偽託也凡此等學問上可忌可恥之事東原胥為之而不顧則皆由氣矜之一念誤之至於掩他人之書以為己有則實非其本意而其迹則與之相等平生尚論古人雅不欲因學問之事傷及其人之品格然東原此書方法之錯誤實與其性格相關故縱論及之以為學者戒當知學問之事無往而不當用其忠實也甲子二月

觀堂集林卷第十三　史林五

海甯　王國維

鬼方昆夷玁狁考

我國古時有一彊梁之外族。其族西自汧隴。環中國而北。東及太行常山間。中間或分或合。時入侵暴中國。其俗尚武力。而文化之度不及諸夏遠甚。又本無文字。或雖有而不與中國同。是以中國之稱之也。隨世異名。因地殊號。至於後世。或且以醜名加之。其見於商周間者。曰鬼方。曰混夷。曰獯鬻。其在宗周之季。則曰玁狁。入春秋後則始謂之戎。繼號曰狄。戰國以降又稱之曰胡。曰匈奴。綜上諸稱觀之。則曰戎。曰狄者。皆中國人所加之名。曰鬼方。曰混夷。曰獯鬻。曰玁狁。曰胡。曰匈奴者。乃其本名。而鬼方之方。混夷之夷。亦為中國所附加。當中國呼之為戎狄之時彼之自稱決非如此其居邊裔者尤當仍其故號故戰國時中國戎狄既盡强國辟土與邊裔接乃復以其本名呼之此族春秋以降之事載籍稍具而遠古之事則頗茫然學者但知其名而已今由古器物與古文字之助始得言其崖畧倘亦史學家之所樂聞歟

此族見於最古之書者實爲鬼方易既濟爻辭曰高宗伐鬼方三年克之未濟爻辭曰震用伐鬼方三年有賞于大國詩大雅蕩之篇曰內奰于中國覃及鬼方易之爻辭蓋作於商周之際大雅蕩之篇作於周厲王之世而託爲文王斥殷紂之言蓋亦謂殷時已有此族矣後人於易見鬼方之克需以三年知其爲强國於詩見鬼方與中國對舉知其爲遠方然皆不能質言其地有以爲在北者干寶易注云鬼方北方國也（李鼎祚周易集解引）有以爲在西者宋衷世本注云鬼方於漢則先零羌是也（文選楊雄趙充國頌注引）有以爲

任南者。僞竹書紀年。武丁三十二年伐鬼方。次於荆。則以鬼方爲荆。以南之國。黄氏日鈔且以爲鬼方即荆楚矣。其餘異說紛紜。不知所極。年代遼遠。書闕無徵。固自不足怪也。唯竹書紀年稱王季伐西落鬼戎。此條見後漢書西羌傳及章懷太子注乃真紀年之文 可知其地尚在岐周之西。今徵之古器物。則宣城李氏所藏小盂鼎今佚 與濰縣陳氏所藏梁伯戈。皆有鬼方字。案大小兩盂鼎皆出陝西鳳翔府郿縣禮村溝岸間。其地西北接岐山縣境。當爲盂之封地。大盂鼎紀王遣盂就國之事。在成王二十三祀。吳氏大澂盂鼎跋以此鼎爲成王時作案銘中尚述殷人酗酒事以戒盂與酒誥辭意畧同吳說是也 小盂鼎紀盂伐鬼方獻俘受錫之事。在成王二十五祀。則伐鬼方事。在盂就國之後。鬼方之地。自當與盂之封地相近。而岐山郿縣以東。即是豐鎬。其南又限以終南太一。唯其西汧渭之間。乃西戎出入之道。又西踰隴坻。則爲戎地。張衡所謂隴坻之險隔閡華戎者也。由是觀之。鬼方地在汧隴之間。或更在其西。蓋無疑義。雖游牧之族。非有定居。然殷周間之鬼方。其一部落。必在此地無疑也。然其全境。猶當環周之西北二垂。而控其東北。梁伯戈雖僅有魖方緣及梁伯作數字可辨。然自為梁伯伐鬼方時所鑄。而梁伯之國。杜預謂在馮翊夏陽縣。史記秦本紀惠文王十年更名少梁為夏陽。漢志亦云夏陽故少梁。其地在今陝西西安府韓城縣。又在宗周之東。其北亦為鬼方境。故有爭戰之事。據此二器。則鬼方之地。實由宗周之西。而包其東北。與下所攷昆夷獯狁正同。此鬼方疆域之略可考者也。

至其種族之大小強弱。如何易稱高宗伐鬼方。三年克之。紀年稱王季伐西落鬼戎。俘其二十翟王。觀此二事。鬼方之非小部落可知。而小盂鼎所紀獻俘之數。尤為詳悉。雖字多殘闕。猶得窺其略。（此鼎唯有吳氏式芬釋文尚多譌略今取其獻俘一節更釋之）其文曰。王□盂以□□伐鬼方□□□□□□二人□馘□□□□馘孚人萬三千八十一人孚□□

口匹口車口兩孚牛口百口口口牛羊廿八羊。又曰。執嚚一人口口百卅七戴口口口口口孚口口三匹孚車兩云云。銘中鬼方下第三字。僅存下半口字。以下文執嚚一人在戴前例之。當為嚚字之泐。嚚者疑首之假借字。下文第九第十兩行。間尚有折嚚二字。殆即易所云有嘉折首。他器所云折首執訊矣。戴即馘字。虢季子白盤。桓桓子白。獻戓于王。其字从戈从爪。諸家或釋俘。或釋馘。今此字从或从爪。其為馘字無疑。嚚者折首。馘者截耳也。孚即俘之本字。手則三千二字合文。嚚與馘之數雖摩滅不可知。然俘人之數至萬三千有餘。則嚚馘之數亦可知矣。此事在宗周之初。自為大捷。而書闕不紀。又當成王全盛之時。而鬼方之衆尚如此。則其强大亦可知。梁伯戈時代雖無可攷。觀其文字。當在盂鼎之後。可知宗周之世尚有鬼方之名。不獨殷周間為然。此鬼方事實之畧可考者也。

鬼方之名。易詩作鬼。然古金文作䰢。或作魃。盂鼎曰。王□盂以□□伐䰢方。吳氏攈古䰢字半泐作戚然第八行有䰢字鬼字之首又稍廉泐合觀二字用筆位置知確是䰢字也其字从鬼从戈。又梁伯戈云。魃方蠻。卽蠻字其字从鬼从攴。二字不同。皆為古文畏字。案大盂鼎畏天畏。二畏字上作甶。下作𠴨。毛公鼎愍天疾畏。敬念王畏。二畏字皆作𠴨。皆从鬼从卜者。尚盤畏字作𢁺。則从甶說文甶鬼頭也从攴。卜與攴同音。又攴字之所從。當為攴之省。字而或从卜。在鬼字之右。或从攴在鬼字之左。或从攴在鬼頭之下。此古文變化之通例。不礙其為一字也。从戈之䰢。亦卽魃字。凡从攴从戈皆有擊意。故古文往往相通。如薄伐獫狁之薄。今毛詩作薄。薄者迫也。而虢季子白盤之搏伐。从干。不嬰敦之𦕡戟。从戈。師寰敦之軐。乃衆則又从卜。書之外薄四海。其義亦為迫。而釋文引一本作敷。詩常武之鋪敦淮濆。釋文引韓詩鋪作敷。後漢書馮緄傳亦引作敷敦。案敷敦卽戟𦕡。則字亦从攴。可知从卜从攴从戈皆可相通則𢦏字亦畏字也其中𩲃𢦏二字見於周初之器為字尤古後从卜之字變而作𩲃从戈之字變而作威古威字从戈从女邾公華邾公牼二鐘皆然虢叔鐘作𢦒亦戈形之變而鬼女二字皆象人跪形形極相似故變而从女上虞羅氏所藏古鉨有𢦏亡戩鉨亡戩即亡畏此𢦏威畏三字相關之證也𩲃字又變作𢾺王孫遺諸鐘之畏嬰（即畏忌）趩趩沇兒鐘之盤于畏義（即淑於威儀）皆如此作既从卜又从攴則稍贅矣由此觀之則𢦏𩲃二字確為畏字鬼方之名當作畏方毛詩傳鬼方遠方也畏遠雙聲故以聲為訓漢人始以𩲃為鬼字張平子東京賦況𩲃𢦏與畢方薛綜不識𩲃字以說文之鬾字釋之不知𩲃𢦏用小雅為鬼為蜮語尤為明白決非指小兒鬼之鬾是周時畏字漢人已用為鬼字故莊子天地篇之門無畏（釋文門無鬼司馬本作無畏）郭象本作門無鬼又雜篇之徐無鬼亦當為徐無畏之誤也（古人多以無畏無忌為名如左傳之申之舟名無畏）

是也

由是觀之漢人以隸書寫定經籍時改畏方為鬼方固不足怪此古經中一字之訂正雖為細事然由此一字可知鬼方與後世諸夷之關係其有裨於史學者較裨於小學者為大也

鬼方與昆夷玁狁其國名與地理上遞嬗之跡當詳於下其可特舉者則宗周之末尚有隗國春秋諸狄皆為隗姓是也鄭語史伯告鄭桓公云當成周者西有虞虢晉隗霍揚魏芮案他書不見有隗國此隗國者殆指晉之西北諸族即唐叔所受之懷姓九宗春秋隗姓諸狄之祖也原其國姓之名皆出於古之畏方可得而徵論也案春秋左傳凡狄女稱隗氏而見於古金文中則皆作媿（包君鼎包君盉鄭同媿鼎芮伯作叔媿鼎鄭公子敦五器皆如此作）經典所以作隗字者凡女姓之字金文皆从女作而先秦以後所寫經傳往往省去女旁如己姓之己金文作改（蘇魏改鼎蘇公敦）作妃（見番妃鬲虢仲鬲虢文公子敦皆女姓非妃匹之妃）今左傳國語世本皆作己字庸姓之庸金文作嫞（杜伯鬲）今詩美孟庸矣作庸字弋姓之

弋金文作㚤南旁敦今詩美孟弋矣穀梁傳葬我小君定弋皆作弋字任姓金文作妊蘇冶妊鼎鑄公簠等今詩與左傳國語世本皆作任字然則媿字依晚周省字之例自當作鬼其所以作隗者當因古文畏作𤰞隗作𨸏𤰞𤰞旁之卜與𨸏旁之𠂤所差甚微故又誤為隗然則媿隗二字之於畏字聲既相同形亦極近其出於古之畏方無疑畏方之畏本種族之名後以名其國且以為姓理或然也我國周後國姓之別頗嚴然在商世則如彭祖為彭姓𡛟邳之𡛟為𡛟姓皆以國為姓況鬼方禮俗與中國異或本無姓氏之制逮入中國與諸夏通婚媾因以國名為姓世本陸終取鬼方氏之妹謂之女嬇大戴禮帝繫篇及水經注洧水條所引作女隤漢書古今人表作女潰而史記楚世家索隱與路史後紀所引皆作女嬇鬼貴同聲故媿字亦通作嬇則女嬇女隤疑亦女媿女隗之變鬼方之為媿姓猶玁狁之為允姓也雖世本所紀

上古之事。未可輕信。又上古之女。亦不盡以姓為稱。然後世附會之說。亦必有所依據。而嬇隤二字。其音與媿隗絕近。其形亦與媿隗二字變化相同。或殷周間之鬼方。已以媿為姓。作世本者因傳之上古歟。此鬼方姓氏及其遺裔之畧可考者也。

混夷之名。亦見於周初之書。大雅緜之詩曰。混夷駾矣。說文解字馬部引作昆夷。口部引作犬夷。而孟子及毛詩采薇序作昆。史記匈奴傳作緄。尚書大傳則作畎夷。顏師古漢書匈奴傳注云。畎音工犬反。昆混緄并工本反。四字聲皆相近。（禮記袞亦作卷。是工本工犬二音相通之證）余謂皆畏與鬼之陽聲。又變而為葷粥。（史記五帝本紀及三王世家）為薰育。（史記周本紀）為獯鬻。（孟子）又變而為玁狁。亦皆畏鬼二音之遺。畏之為鬼。混（胡本反。或胡渾反）之為昆。為緄。為畎。為犬。古喉牙同音也。畏之為混。鬼之為昆。為緄。為畎。為犬。古陰陽對轉也。混昆與葷薰。非獨同部。亦同母之字。（古音喉牙不分）玁狁則葷薰之引而長者也。故鬼方。昆夷。薰育。玁狁。自係一語之變亦即一族之稱自音韻學上證之有餘矣然徵之舊說則頗不同鬼方混夷古人無混而一之者至混夷與獯鬻玁狁則又畫然分而為二孟子言太王事獯鬻文王事昆夷詩序言文王之時西有昆夷之患北有玁狁之難逸周書序亦謂文王立西距昆夷北備玁狁然孟子以獯鬻昆夷幷舉乃由行文避複之故據緜詩本文則太王所事正是混夷此詩自一章至七章皆言太王遷都築室之事八章云柞棫拔矣行道兑矣混夷駾矣維其喙矣亦當言太王定都之後伐木開道混夷畏其强而驚走也（經於第九章虞芮質厥成以下始言文王鄭箋以第八章繫之文王殊無所據）太王所喙者既為混夷則前此所事者亦當為混夷孟子易以獯鬻者以下文云文王事昆夷故以異名同實之獯鬻代之臨文之道不得不爾也此古書之不可泥者一也詩序所言亦由誤解經語案出車詩云赫赫南仲玁狁于襄又云赫赫南仲薄伐西戎既云玁狁

復云西戎。鄭君注尚書大傳據之。遂云南仲一行。并平二寇。序詩者之意。殆亦以昆夷當經之西戎。與鄭君同。不知西戎即玁狁。互言之以諧韻。與孟子之昆夷獯鬻錯舉之以成文。無異也。不嬰敦以玁狁與戎錯舉。正與出車詩同。此古書之不可泥者二也。然則舊說以昆夷與獯鬻玁狁為二。蓋無所據。昆夷之地。自太王之遷自北而南觀之。則必從幽北入寇。又史記謂自隴以西有緜諸緄戎翟豲之戎。楊惲亦謂安定山谷之間昆戎舊壤。則其地又環岐周之西。與上所考鬼方疆域。若合符節。而自殷之武丁。訖於周之成王。鬼方國大民衆。常為西北患。不容太王文王之時絕不為寇。而別有他族介居其間。後世玁狁所據之地。亦與昆夷畧同。故自史事及地理觀之。混夷之為畏夷之異名。又為玁狁之祖先。蓋無可疑。不獨有音韻上之證據也。獯鬻玁狁。皆宗周以前之稱。而當時書器。均不見獯鬻二字。其見於傳記者，以孟子為最古。史記五帝本紀稱黃帝北逐葷粥，匈奴傳亦云：唐虞以上有山戎、獫狁、葷粥，居於北蠻。晉灼曰：堯時曰葷粥。皆後世追紀之辭，不足為據。猶伊尹四方令、周書王會解并有匈奴，非事實也。然以理勢度之，尚當為玁狁以前之稱。葷、薰之音同於混、昆，而玁字，其聲雖同，其韻已變，合玁狁二字，乃得薰音。其名或當在獯鬻之後也。詩玁狁之玁，釋文云：本或作獫，音險。史記以降亦多作獫狁。古金文如兮甲盤、虢季子白盤作厰𤞤，不嬰敦作厰允，又作𡪶允。𡪶即厰之異文。說文厂部：厰，崟也。一曰地名。从厂，敢聲。案厰崟二字連文。厰崟即穀梁傳之巖唫（僖三十八年），公羊傳作嶔巖，則顛倒其文。孫愐唐韻厰魚音反，以為厰即唫字。然則厰字之用為厰崟之厰者，一變而作巖，再變而作險（古巖險同字。尚書序及墨子尚賢篇之傅巖，史記作傅險。左氏傳：制，巖邑也。孟子：不立乎巖牆之下。巖即險字，為韻巖險也）。其用為厰允之厰者，一變作玁，再變作獫。自其最後之字，厰自當讀險，不當讀魚音反。陸音是也。此字之音。與畏混葷獯異部。其變化唯可於雙聲求之。殆先有獯音而後有玁狁之二合音也。然則舊說之先獯鬻而後玁狁。或非無據矣。

獯鬻地理。一無可考。唯玁狁出入之地。則見於書器者較多。其見於詩者。曰焦穫。曰涇陽。曰鎬。曰方。曰朔方。曰太原。此六者。昔儒考證至多。未有定說也。更求之於金文中。則見於不嬰敦者。曰西俞。曰畧。曰高陵。見於兮甲盤者。曰畐盧。見於虢季子白盤者。曰洛之陽。此十一地中。方與朔方。畧與洛。當為一地。故得九地。九地之中。唯涇陽與洛陽（此雍州浸之洛非豫州之伊雒）以水得名。今尚可實指其地。而涇水自西北而東南。洛水自北而南。經流各千里。但曰涇陽。曰洛之陽。語意亦頗廣莫也。欲定其地。非綜此九地考之不可。案玁狁之寇周也。及涇水之北。而周之伐玁狁也。在洛水之陽。則玁狁出入。當在涇洛之間。而涇洛二水。其上游懸隔千里。

至其下流入渭之處乃始相近則涇陽洛陽皆當在二水下游涇陽既在涇水下游則焦穫亦當在涇水下游之北陳氏啓源毛詩稽古編詩數玁狁之惡故先言焦穫見其縱兵深入迫近內地繼又追本其始自遠而來故言鎬與方紀其外侵所經也卒曰涇陽紀其內侵所極也正義亦云鎬方雖在焦穫之下不必先焦穫乃侵鎬方其說均是也郭璞爾雅注以為在池陽瓠中者是也不嬰敦之高陵亦當即漢志左馮翊之高陵縣其地西接池陽亦在涇水之委然先儒多以漢時涇陽縣屬安定郡在涇水發源之處疑詩之涇陽亦當在彼不知秦時亦有涇陽在涇水下游案史記秦始皇本紀云肅靈公居涇陽考秦自德公以降都雍靈公始居涇陽靈公子獻公之世又徙櫟陽則涇陽一地當在雍與櫟陽之間而櫟陽漢之萬年縣西界向陵距涇水入渭之處不遠則靈公所居之涇陽自當在涇水下游決非漢安定郡之涇陽也又穰侯列傳云秦昭王同母弟曰高陵君涇陽君蓋一封高陵一封涇陽二君受封之年史所不紀然當在昭王即位宣太后執政之初時義渠未滅漢安定郡

之涇陽縣介在邊鄙，太后決不封其愛子於此；且與高陵君同封，亦當同壤。後昭襄王十六年，封公子市（即涇陽君。史記秦本紀索隱云涇陽君名市，穰侯列傳索隱乃云名顯，誤也）宛、公子悝（即高陵君）鄧為諸侯。宛、鄧二地相接，則前所食涇陽、高陵二地亦當相接。然則秦之涇陽當為今日之涇陽縣（漢之池陽縣），而非漢之涇陽。以秦之涇陽之非漢之涇陽，益知周之涇陽之非漢之涇陽矣。此三地者，皆在涇北。自此而東北，則至洛水。虢季子白盤云：「博伐嚴允于洛之陽。」兮甲盤（世稱兮田盤）云：「王初各伐嚴允于嚣盧。」嚣盧亦在洛水東北。嚣字雖不可識，然必為从𡆧嵒聲。盧則古文魚字。周禮天官𩿑人釋文本或作魰，𩿑、魰同字，知盧、魚亦一字矣。古魚、吾同音，故往往假盧、𩿑為吾。齊子仲姜鎛云：「保盧兄弟，保盧子姓」，即保吾兄弟，保吾子姓也。沇兒鐘云：「𩿑以宴以喜」，即吾以宴以喜也。敦煌本隸古定商書「魚家旄孫于荒」，日本古寫本周書「魚有民有命」，皆假魚為吾。史記河渠書「功無已時兮吾山平。吾山亦即魚山也。古魚吾同音。衙从吾聲。亦讀如吾。啚廣與春秋之彭衙爲對音。啚彭聲相近。廣衙則同母兼同部字也。史記秦本紀武公元年伐彭戲氏。正義曰戎號也。蓋同州彭衙故城是也。戲蓋廣之譌字矣。彭衙一地。於漢爲左馮翊衙縣。正在洛水東北方。鎬太原亦當於此間求之。然則宣王之用兵於玁狁也。其初在涇水之北。六月第三章是也。其繼也在洛水之陽。六月四章及兮甲盤號季子白盤是也。而洛水東北以往。即是西河太原一地。當在河東。禹貢既載壺口。治梁及岐。既修太原至于岳陽。鄭注孔傳。均以太原爲漢太原郡。然禹治冀州。水實自西而東。疑壺口梁岐而往。至霍太山。其地皆謂之太原。左昭元年傳。宣汾洮。障大澤。以處太原。則太原之地。奄有汾洮二水。其地當即漢之河東郡。非漢太原郡矣。疑太原之名。古代蓋兼漢太原西河河東三郡地。而秦人置郡。晉陽諸縣。遂專具名。以古書所紀太原地望證之，亦無不合。後漢書西羌傳：穆王西伐犬戎，取其五王，王遂遷戎于太原。此事當出真本竹書紀年。案范書西羌傳序大都取材于國語、史記、紀年三書。此節白鹿白狼事本國語、史記，則取五王及遷戎太原事當出紀年。章懷太子注雖不引紀年爲證，然郭璞穆天子傳注引紀年取其五王以東，則遷戎太原事必本紀年無疑。穆王所遷者，蓋即五王之衆。郭璞引紀年云：取其五王以東，則所遷之地亦當在東。穆天子傳：天子至于雷首，犬戎胡觴天子于雷水之阿。此亦犬戎既遷後事。案雷首山在河東蒲坂縣。今蒲州。紀年與穆傳所紀若果不謬，則太原在河東可知。後人或東傳之於晉陽，西傳之於平涼，皆與史事及地理不合者也。凡此八地，均在宗周東北，唯西俞一地則在宗周之西。不娶敦云：白氏曰：不娶馭方，嚴允廣伐西俞，王命余羞追于西，余來歸獻禽。今余命女御追于署，女以我車宕伐嚴允于高陵。蓋此時玁狁從東西兩道入寇，故既追于西，歸而復東追於洛。時西寇雖去，而東方之寇已深入，故未及至洛，而與之戰於涇北之高陵也。是西俞之地，實在周西，與爾雅之北陵西隃，趙策、趙世家之陘分先俞，皆不相涉。周西之地以俞、隃、榆名者頗多，皆一字一音之偶合，訖不能指為何地。然由羞追于西一語，可知玁狁自宗周之東北而包其西，與鬼方昆夷之地全相符合也。

玁狁之號，始於何時，訖於何代，其侵暴中國以何時為甚，亦有可討論者。詩詠伐玁狁事，有采薇、出車、六月三篇。六月之為宣王時詩，世無異論。唯采薇、出車二詩，毛傳及詩序皆以為文王時詩。然其詩云「王事靡盬」，又云「王命南仲」，又云「天子命我城彼朔方」，皆不似諸侯之詩。序以為文王以天子之命命將遣戍役，故其辭如此。然三家詩說殊不盡然。漢書匈奴傳謂懿王時戎狄交侵，詩人始作疾而歌之，曰「靡室靡家，玁狁之故」，又曰「豈不日戒，玁狁孔棘」，則班固以采薇為懿王時詩也。出車詠南仲伐玁狁之事，南仲亦見大雅常武篇，其詩曰「王命卿士，南仲太祖太師皇父。傳謂王命卿士南仲於太祖皇父為太師。白虎通。釋爵人於朝。封諸侯於廟。引詩曰王命卿士南仲太祖白虎通多用魯詩。是魯說亦與毛同。箋則以南仲為皇父之太祖。係文王時人。然漢書古今人表繫南仲於宣王時。在方叔召虎之下。仲山甫之上。而文王時別無南仲。後漢書龐參傳載馬融上書曰昔周宣獫狁侵鎬及方。孝文匈奴亦畧上郡。而宣王立中興之功。文帝建太宗之號。非唯兩主有明叡之姿。抑亦扞城有虓虎之助。是以南仲赫赫。列在周詩。亞夫赳赳。載於漢策。是班固馬融皆以南仲為宣王時人。融且以出車之南仲為即常武之南仲矣。今焦山所藏鄦惠鼎云。司徒南中入右鄦惠。其器稱九月既望甲戌。有月日而無年。無由知其為何時之器。然其文字不類周初。而與召伯虎敦相似。則南仲自是宣王時人。出車亦宣王時詩也。徵之古器。則凡紀玁狁事者。亦皆宣王時器。兮甲盤稱惟五年三月既死霸庚寅案長術宣王五年三月乙丑朔二十六日得庚寅此正與余既死霸之說合虢季子白盤云惟王十有二年正月初吉丁亥案宣王十二年正月乙酉朔三日得丁亥亦與初吉之語合而十二年正月丁亥為鑄盤之日則伐玁狁當為十一年事矣由是觀之則周時用兵玁狁事其見於書器者大抵在宣王之世而宣王以後即不見有玁狁事是玁狁之稱不過在懿宣數王間其侵暴中國亦以厲宣之間為最甚也

至玁狁之後裔如何經傳所紀自幽平以後至於春秋隱桓之間但有戎號莊閔以後乃有狄號戎與狄皆中國語非外族之本名戎者兵也書稱詰爾戎兵詩稱弓矢戎兵其字从戈从甲本為兵器之總稱引申之則凡持兵器以侵盜者亦謂之戎狄者遠也字本作逷書稱逷矣西土之人詩稱舍爾介狄皆謂遠

也。後乃引申之為驅除之於遠方之義。魯頌之狄彼東南。𢿌狄鐘之𢿌狄不龔。曾伯霥簠之克狄淮夷。皆是也。因之凡種族之本居遠方而當驅除者。亦謂之狄。且其字从犬。中含賤惡之意。故說文有犬種之說。其非外族所自名。而為中國人所加之名。甚為明白。故宣王以後。有戎狄而無玁狁者。非玁狁種類一旦滅絕。或遠徙他處之謂。反因玁狁荐食中國。為害尤甚。故不呼其本名。而以中國之名呼之。其追紀其先世也。且被以惡名。是故言昆戎。則謂之犬戎。薰鬻。則謂之獯鬻。嚴允。則謂之玁狁。蓋周室東遷以後事矣。考詩書古器。皆無犬戎事。犬戎之名。始見於左傳國語山海經竹書紀年穆天子傳等。皆春秋戰國以後呼昆夷之稱。而獯鬻玁狁亦被此名。後漢書西羌傳稱武乙暴虐。犬戎寇邊。周古公踰梁山而遷於岐下。是以獯鬻為犬戎也。後漢書西羌傳引紀年。穆王西征犬戎。取其五王。王遂遷戎于太原。又引夷王命虢公帥六師伐太原之戎。又引宣王二十七年王遣兵伐太原戎不克。而詩云薄伐玁狁至于太原。太原一地不容有二戎。則又以玁狁為犬戎也。由是觀之。古之獯鬻玁狁。後人皆被以犬戎之名。則攻幽王滅宗周之犬戎。亦當即宣王時之玁狁。不然。玁狁當懿宣之間。仍世為患。乃一傳至幽王時絕無所見。而滅宗周者乃出于他種族。此事理之必不可信者也。然則戎中最強大之犬戎。既即玁狁。其餘以戎名者。如汾晉間諸戎。當即唐叔所受之懷姓九宗。又河南山北之陰戎。伊川之陸渾戎。皆從自瓜州。所謂允姓之姦。居於瓜州者。亦玁狁同族也。春秋莊閔以後。戎號廢而狄號興。（春秋所書閔僖以後無單稱戎者唯云某戎或某某之戎而已）而狄之姓氏見于左傳者。實為隗姓。後世有謂赤狄隗姓。白狄釐姓者。（世本）又有謂隗姓赤狄。媿姓白狄者。（潛夫論）然秦漢以後之隗姓。皆出白狄故地。秦始皇時丞相隗狀。雖不知其所出。當為秦人。漢隗囂一族，則天水成紀人；魏之隗禧，見魏志王肅傳亦京兆人，則赤白二狄疑皆隗姓，皆鬼方玁狁後裔或同族。及春秋中葉，赤狄諸國皆滅於晉，河南山北諸戎亦多為晉役屬，白狄僻在西方，不與中國通，故戎狄之稱泯焉。爾後強國並起，外族不得逞於中國，其逃亡奔走，復其故土者，或本在邊裔，未入中國者，戰國辟土時，乃復與之相接，彼所自稱，本無戎狄之名，乃復以其本名呼之。於是胡與匈奴之名，始見於戰國之際，與數百年前之獯鬻玁狁先後相應，其為同種，當司馬氏作匈奴傳時，蓋已知之矣。

西胡考上

漢人謂西域諸國為西胡，本對匈奴與東胡言之。海外東經云：西胡白玉山在大夏東。又云：昆侖山在西胡西，白玉山及昆侖山即今之喀喇昆侖，是前漢人謂蔥嶺以東之國曰西胡也。山海經此篇中多漢郡縣名，是漢人所附益，然在建平元年劉歆所進十三篇中，是猶出前漢人手也。說文解字玉部：玪，石之有光者，璧玪也。

出西胡中。又邑部鄯善西胡國也。又糸部纚西胡毳布也。鄯善在蔥嶺東。毳布蔥嶺東西皆產之。壁琉則專出蔥嶺以西月氏罽賓大秦諸國。是後漢人於蔥嶺東西諸國皆謂之西胡也。魏晉六朝猶襲此名。後漢書西域傳贊云。逖矣西胡。天之奧區。宋雲行記云。鄯善城主。是吐谷渾第二息寧西將軍統部落三千以禦西胡。又云。惠生在烏場國二年。西胡風俗。大同小異。不能具錄。是南北朝人亦幷謂蔥嶺東西諸國為西胡也。西胡亦單呼為胡。漢書西域傳。西夜與胡異。其種類氐羌行國。逐水草往來。是其所謂胡。乃指西域城郭諸國。非謂游牧之匈奴。後漢以降。匈奴浸微。西域諸國。遂專是號。羅布泊畔所出之魏晉間木簡。所云胡浮屠胡犁支者。皆西域人名。而鄯善龜茲所產鐵謂之胡鐵。所作臿頭金謂之胡臿金。又魏晉以來。凡草木之名冠以胡字者。其實皆西域物也。六朝以後史傳釋典所用胡字。皆

不以之斥北狄而以之斥西戎釋道宣釋迦方志所謂此土又
指西蕃例為胡國者也隋僧彥琮始分別胡梵（續高僧傳一）唐人皆祖
其說（道宣釋迦方志智廣悉曇字記慧琳一切經音義皆然）然除印度外凡西域諸國皆謂之胡玄奘
大唐西域記又由其文字分胡為三種其於蔥嶺以東諸國但
云文字語言取則印度而已不別為之立名至蔥嶺以西分為
二種一曰窣利自素葉水城以西至羯霜那（史國）地名窣利人亦
謂焉文字語言即隨稱矣字源簡畧本二十餘言轉而相生其
流浸廣粗有書記豎讀其文遞相傳授師資無替二曰覩貨邏
此鐵門以南雪山以北之地分為二十七國語言去就稍異諸
國字源二十五言轉而相生用之備物書以橫讀自左而右文
記浸多逾廣窣利此外如梵衍那迦畢試尸棄尼商彌等國皆
云文字同覩貨邏國語言稍異則亦覩貨邏之一支案奘師此
言蓋本印度舊說大智度論（二十五）謂敝生處者安陀羅舍婆羅（原注裸國）

也兜佉羅（原注：小月氏）修利安息大秦等考安陀羅即西域記之案達羅國與裸國俱在印度之南安息大秦在印度之西則兜佉羅修利當在印度之北兜佉羅即覩貨邏修利即窣利審矣唐僧利言梵語雜名胡之梵言形為 Suli 聲曰蘇哩蘇哩亦即窣利但利言專以蘇哩為胡玄奘則但以窣利為胡之一種故又云自黑嶺以來并為胡俗則蔥嶺東西與媯水南北雖非窣利仍是胡國慧超行記與慧琳西域記音義所說畧同道宣釋迦方志并謂雪山以西至於西海名寶主也偏饒異珍而輕禮重貨是為胡國則波斯大秦亦入其中故西域諸國自六朝人言之則梵亦為胡自唐人言之則除梵皆胡斷可識矣是故以形貌言則漢書言自宛以西至安息國其人皆深目多鬚髯北史言自高昌以西諸國人等皆深目高鼻又言康國人深目高鼻多鬚髯顏師古漢書注言烏孫人青眼赤鬚西域記及唐書皆言

踈勒護蜜人并碧瞳。均與波斯大秦人相似。以言語言。則漢書言自宛以西至安息國。雖頗異言。然大同。自相曉知也。又近日西人於新疆南北路發見三種古文字。一粟特語。二覩貨邏語。三東伊蘭語。覩貨邏語與玄奘所稱名同。粟特當玄奘之所謂窣利。東伊蘭語則當其所謂葱嶺以東諸國語也。三者皆屬阿利安語系。與印度波斯大秦語族類相同。而粟特語與東伊蘭語。尤與波斯語近。以風俗言。則漢書言自宛以西至安息國。其人善賈市。爭分銖。貴女子。西域記言寶主之鄉。無禮義。重財賄。短製左衽。斷髮長髭。有城郭之居。務貨殖之利。又言黑嶺以來。莫非胡俗。大率土著。建城郭。務田畜。性重財賄。俗輕仁義。嫁娶無禮。尊卑無次。婦言是用。男位居下。吉乃素服。凶則皂衣。亦與大秦波斯俗尚畧同。是故言乎稱號。則同被胡名。言乎形貌言語風俗。則雖有小異。無害大同。於是此種胡人種族之疑問起。

即此種胡人果從東方往抑從西方來之疑問是也

西胡考下

自來西域之地凡征伐者自東往貿易者自西來此事實也太古之事不可知若有史以來侵入西域者惟古之希臘大食近世之俄羅斯來自西土其餘若烏孫之徙塞種之徙大夏之徙大月氏之徙匈奴之徙嚈噠之徙九姓昭武之徙突厥之徙回鶻之徙蒙古之徙莫不自東而西即如玄奘所稱窣利覩貨邏二種亦有西徙之跡玄奘謂自素葉水城以西至羯霜那地名窣利是窣利之地東盡康居故境西盡九姓昭武之地諸國之中康為宗國北史謂康本康居之後又謂其王本月氏人舊居祁連山北昭武城因被匈奴所破西踰葱嶺遂有國支庶各分王故康國左右諸國並以昭武為姓其稱九姓昭武亦如三姓葛祿九姓回鶻十姓突厥廿姓突厥卅姓拔悉蜜為北方游牧

人種之名稱是窣利之人本出東方文字豎讀尤近漢法至覩貨邏則西徙之跡尤歷歷可指考覩貨邏之名源出大夏（嘉興沈乙庵先生并西人馬括德等并創是說）大夏本東方古國逸周書王會解云禺氏騊駼大夏茲白牛犬戎文馬又伊尹獻令云正北空桐大夏空桐與禺氏（即月氏）犬戎皆在近塞則大夏一國明非遠夷史記封禪書云齊桓公西伐大夏涉流沙此本管子佚文呂氏春秋古樂篇伶倫自太夏之西乃至阮隃之陰漢書律曆志說苑修文篇風俗通音聲篇同紀此事阮隃皆作昆侖昆之為阮聲之近（說文𨸏部阮讀若昆）侖之為隃字之誤也綜此二說則大夏當在流沙之內昆侖之東較周初王會時已稍西徙穆天子傳云自宗周瀍水以西至于河宗之邦陽紆之山三千又四百里自陽紆西至于西夏氏二千又五百里自西夏至于珠余氏及河首千又五百里自河首襄山以西南至于舂山珠澤昆侖之邱七百里是西夏氏西距昆侖二

千又二百里與管子呂覽所記大夏地望正合惟海外東經云國在流沙外者大夏豎沙居繇月支之國又云西胡白玉山在大夏東與周秦間故書不合此出漢通西域後所附益非其本文矣大唐西域記十二云于闐國尼壤城東四百餘里至覩貨邏故國國久空曠城皆荒蕪案于闐國姓實爲尉遲而畫家之尉遲乙僧張彥遠歷代名畫記云于闐人朱景元唐朝名畫錄云吐火羅人二者皆唐人所記是于闐與吐火羅本同族亦吐火羅人曾居于闐之證又今和闐以東大沙磧唐書謂之圖倫磧唐書西域吐谷渾傳李靖等軍且末之西伏允走圖倫磧將託于闐是圖倫磧在且末于闐間今謂之塔哈爾馬干磧皆覩貨邏磧之訛變是覩貨邏故國在且末于闐間與周秦間書所記大夏地位若合符節唐書西域傳云大夏即吐火羅具言信矣大夏之國自西踰葱嶺後即以音行除史記漢書尚仍其故號外後漢書謂之兜勒和帝紀及西域傳序六朝譯經者謂之兜佉勒婆沙論卷九世尊種知兜佉勒語勝生兜佉勒中者兜佉

羅。（大智度論卷二十五見上）魏書謂之吐呼羅。隋書以下謂之吐火羅。西域記謂之覩貨邏。皆大夏之對音。其從蔥嶺以西。蓋秦漢間之事。希臘地理學家斯德拉僕所著書。記西歷紀元前百五十年。時覩貨邏等四蠻族。侵入希臘人所建之拔底延王國。是大夏之入媯水流域。前乎大月氏者僅二十年。故大夏居媯水南而大月氏居其北。此其侵畧先後之次序也。此事中國印度希臘古籍全相符合。則覩貨邏一族。與月氏同出東方。可斷言矣。窣利覩貨邏既同出東方。則其同語系之種族。若印度若波斯若大秦。當無一不出自東方。特其遷徙。當遠在有史以前。此前說之結論必歸於是。又與民族西徙之事實相符合也。雖然。侵畧者自東往。貿易者自西來。二者皆史實也。凡西徙之種族。於其所征服之國。不過得其政權及兵權。而自成統治者之一級。其時人民之生活。仍如故也。慧超行傳。於西域諸國。屢言土人是胡。王是突厥。或言土人是胡。王及兵馬并是突厥。凡東方民族侵入西域者殆無不然。且西域人民。以國居東西之衝。數被侵略。亦遂專心職業。不復措意政治之事。是故希臘來則臣希臘。大夏月氏來則臣大夏月氏。嚈噠來則臣嚈噠。九姓昭武來則臣九姓昭武。突厥來則臣突厥。大食來則臣大食。雖屢易其主。而人民之營其生活也如故。當時統治者與被治者間言語風俗。固自不同。而統治一級人數較少。或武力雖優而文化較劣。狎居既久。往往與被治者相融合。故此土之言語風俗。非統治者之言語風俗。實被治者之言語風俗也。世或以統治者之名呼其種族及言語。如大月氏人覩貨邏語之類。蓋非盡當。考古書所載此土人民。本與波斯大秦同是一族。漢書言自宛以西至安息國。雖頗異言。然大同。自相曉知也。其人皆深目多鬚髯。善賈市。爭分銖。貴女子。女子所言。丈夫乃決正。是其形貌言語風俗本同西方。自漢訖唐。蟬嫣未變。北史言康國人善商賈。粟特人多詣涼土販貨。大月氏人商販京師。唐書言康國人好利。丈夫年二十去旁國。利所在。無不至。玄奘慧超所記胡俗。無不同。貫又西域記於素葉水城及怛羅斯城。皆云各國商胡雜居。於颯秣建及迦畢試國。云異方奇貨。皆聚此國。是大食未興以前東西貿易。悉在此種胡人之手。故自漢以來。人民頗復東向。北史言高昌以西諸國人等。皆深目高鼻。是漢時此族。以大宛為東界者。至南北朝已越葱嶺。而以高昌為其東界。雖此種人民或於有史以前本居東土。然於有史以後自西徂東。亦為事實。故高昌以西。語言文字。與波斯大秦同屬一系。漢魏以來總呼為胡。深合事理。然則論西胡之事。當分別統治者與被治者二級觀之。否則鮮不窒閡矣。

西胡續考

自漢書西域傳言自宛以西至安息其人皆深目多鬚髯後世所記胡人容貌如世說新語六記康僧淵太平廣記二百四十八引啟顏錄記隋三藏法師又四百三十五引朝野僉載記宋蔡事無不如是北史于闐傳言自高昌以西諸國人等皆深目高鼻惟此一國于闐貌不甚胡唐書突厥傳言頡利族人思摩以貌似胡疑非阿史那種故但為夾畢特勒而不得為設是胡之容貌顯與他種不同而其不同之處則深目多鬚四字盡之隋唐以來凡非胡人而貌類是者亦謂之胡劉賓客嘉話錄言楊國忠知吏部銓呼選人名引入於中庭不問資序短小者通道參軍胡者云湖州文學李匡乂資暇錄下云俗怖小兒曰麻胡來不知其源者以為多髯之神李商隱驕兒詩或謔張飛胡或嘲鄧艾吃東觀奏記上宣宗問宰臣白敏中曰有一山陵使胡而長其人姓氏為誰敏中奏景陵山陵使令狐楚僕射錄四王晉卿嘗過舉洛

間道旁有後唐莊宗廟默念始治終亂意斯人必胡及觀神象兩眼外皆鬚也是中國人貌類胡人者皆呼之曰胡亦曰胡子此名當六朝時本施之胡人藝文類聚（三十五）載梁簡文帝謝安吉公主餉胡子一頭啟云方言異俗極有可觀山高水遠宛在其貌即用世說所載康僧淵事蓋謂真胡人至唐而中國人貌類是者亦謂之胡子太平廣記（二百四之五）引御史臺記云邵景蕭嵩俱授朝散大夫二人狀貌類胡景鼻高而嵩鬚多同時服朱紱對立於庭韋鏗簾中獨窺而詠曰一雙胡子著緋袍一個鬚多一鼻高云云又雲谿友議載唐陸巖夢桂州筵上贈胡子女詩云自道風流不可攀那堪蹙頟更頹顏眼睛深却湘江水鼻孔高於華岳山是自唐以來皆呼多鬚或深目高鼻者為胡或胡子此二語至今猶存世人呼鬚及多鬚之人皆曰胡子俗又製鬍字以代之北夢瑣言（七）載蔡押衙詩云可憐洞庭湖却到三冬

無髭鬚。以具不成湖也。是唐人已謂髯鬚為胡。豈知此語之源。本出於西域胡人之狀貌乎。且深目多鬚。不獨西胡為然。古代專有胡名之匈奴。疑亦如是。兩漢人書雖無記匈奴形貌者。然晉時胡羯。皆南匈奴之裔。晉書石季龍載記云。太子詹事孫珍問侍中崔約曰。吾患目疾。何方療之。約素狎珍。戲之曰。溺中可愈。珍曰。目何可溺。約曰。卿目睕睕。正耐溺中。珍恨之。以告石宣。宣諸子中最胡狀。目深。聞之大怒。誅約父子。又云。冉閔躬率趙人誅諸胡羯。無貴賤男女少長皆斬之。死者二十餘萬。屯據四方者。所在承閔書誅之。於是高鼻多鬚至有濫死者。安祿山事跡下云。高鞠仁令范陽城中殺胡者重賞。於是羯胡盡死。小兒擲於空中。以戈承之。高鼻類胡而濫死者甚衆。事亦相類。夫安史之衆。雖號雜胡。自兼有突厥奚契丹諸部。晉之羯胡。則明明匈奴別部。而具狀高鼻多鬚。與西胡無異。則古之匈奴。蓋可識矣。

自後漢以來匈奴寖微。而東胡中之鮮卑起而代之。盡有其故地。自是訖於蠕蠕之亡。主北垂者。皆鮮卑同族也。後魏之末。高車突厥代興。亦與匈奴異種。獨西域人民與匈奴形貌相似。故匈奴失國之後。此種人遂專有胡名。顧當時所以獨名爲胡者。實因形貌相同之故。觀晉書載記之所記。殆非偶然矣。

西域井渠考

今新疆南北路通鑿井取水。吐魯番有所謂卡兒水者。乃穿井若干。於地下相通以行水。伯希和教授以爲與波斯之地下水道相似。疑此法自波斯傳來。余謂此中國舊法也。史記河渠書。武帝初發卒萬餘人穿渠。自徵引洛水至商顏下。岸善崩。乃鑿井。深者四十餘丈。往往爲井。井下相通行水。水頹以絕商顏。東至山嶺十餘里間。井渠之生自此始。此事史家不紀其年。然記於塞瓠子（元封二年）之前。時西域尚未通也。又大宛列傳云。宛城中無井。汲城外流水。又云。宛城新得秦人。知穿井。是穿井為秦人所教。西域本無此法。及漢通西域。以塞外乏水。且沙土善崩。故以井渠法施之。塞下。漢書烏孫傳。漢遣破羌將軍辛武賢將兵萬五千人至敦煌。遣使案行卑鞮侯井。欲通渠轉穀積居廬倉以討之。孟康曰。卑鞮侯井。大井六通渠也。下流涌出在白龍堆東土山下。井名通渠。又有上下流則確是井渠。沙州圖經云。大井澤在州北十五里。引漢書辛武賢事云。遣使者案行。悉穿大井。是漢時井渠。或自敦煌城北直抵龍堆矣。漢於鄯善車師屯田處。當亦用此法。波斯之水。與蔥嶺以東畧同。北史西域傳言波斯地多沙磧。引水溉灌。西域記言波剌斯國引水為田。皆不言具引水之法。劉郁西使記言穆錫地無水。土人隔嶺鑿井相沿數十里。下通流以溉田。所言與漢井渠之法無異。蓋東來賈胡以此土之法傳之彼國者。非由彼土傳來也。元王禎農書農器圖譜十三灌溉門所載陰溝法即古井渠之遺明陰溝菽園雜記一陝西城中舊無水道井亦不多居民日汲水西門外參政余公子俊知西安府時以爲關中險要之地使城閉數日民何以生始鑿渠城中引灞滻水從東入西出環甃其下以通水其上仍爲平地迫邊作井口使民得就以汲此永世之利也可見井渠之制歷代行之無廢今京師陰溝用以洩潴儲水者亦用是法也